职业教育发展柳州模式

（理论卷）

潘旭阳 等著

北京
国家行政学院出版社

图书在版编目（CIP）数据

职业教育发展柳州模式．理论卷/潘旭阳等著．—北京：国家行政学院出版社，2019.8
ISBN 978-7-5150-2375-5

Ⅰ.①职… Ⅱ.①潘… Ⅲ.①职业教育—发展模式—柳州 Ⅳ.①G719.2

中国版本图书馆CIP数据核字（2019）第151289号

书　　名 职业教育发展柳州模式（理论卷）
ZHIYE JIAOYU FAZHAN LIUZHOU MOSHI（LILUN JUAN）
著　　者 潘旭阳　等
责任编辑 陆　夏
出版发行 国家行政学院出版社
（北京市海淀区长春桥路6号　100089）
（010）68920640　68929037
编 辑 部 （010）68929009
经　　销 新华书店
印　　刷 北京虎彩文化传播有限公司
版　　次 2019年8月北京第1版
印　　次 2019年8月北京第1次印刷
开　　本 170毫米×240毫米　16开
印　　张 16
字　　数 290千字
书　　号 ISBN 978-7-5150-2375-5
定　　价 48.00元

本书撰写委员会

顾　问：姚尹意

主　任：潘旭阳

副主任：李　莉　周海燕　史庭宇

成　员：卞新明　韦晓华　付　云　范桂佳　曾苡萱　杨林

徐荣国　阮志南　高　停　唐满燕

序

柳州市，又称龙城，是西南工业名城、“西江经济带”国家新战略的龙头城市，工业体系完备，汽车产业发达，工程机械享誉中外。

职业教育是柳州经济发展的重要支撑，它已发展成为全市产业升级转型的“催化剂”、园区建设的“服务器”和“三农”发展的“加速器”。

柳州职业教育的最大特色是产教深度融合，其深度和广度都是令人瞩目的，它的发展方向与党和政府对新时期职业教育的总要求——“深化产教融合、校企合作”保持高度一致，它的发展成效证明了职业教育与经济发展应该形成匹配关系和互动关系。

职业教育是推进柳州经济发展的重要法宝，它已经与经济发展构成良性互动关系，在经济发展中能够主动发挥人才培养输送和技术服务作用。从柳州职业教育发展的各个层面来看，政府的规划布局、政策和投入等保证了职业教育发展的科学性；职业院校与企业之间建立的多元、紧密的合作关系成为产教融合的重要基础；而职业教育的高位运行又不断实现了改革和创新，产生了大量成果，积累了许多可借鉴经验。通过分析、比较、参照等方法不难看出，这种职业教育已经形成一种模式，这一模式包含政府和政策引导方式、经济和教育互动方式、学校的办学教学模式等综合运行方式，以及因此形成的发展方式。总结职业教育柳州模式，对新时期职业教育的发展，对凸显职业教育的中国特色具有重要意义。

柳州市教育局牵头编撰《职业教育发展柳州模式》一书，通过逻辑分析和案例佐证，展示了职业教育柳州模式的完整形态，诠释了柳州模式的深刻内涵——“政府领航、双元一体、教产相伴、融合发展”。柳州模式为中国职业教育的锦绣篇章增添了精彩的一页。

2018 年 12 月

前　　言

一

改革开放以来，中国职业教育经过40年的发展，改变了原有的企业办学、行业办学的格局，在社会主义市场经济的大环境中，逐步适应了中国的国情，形成以政府办学为主，社会各界共同参与办学的体制及公立学校和民办学校共同发展的格局。职业学校基本形成独立的教学体系，政府对职业教育的管理、投入和导向作用日益突出，企业成为职业教育的合作方，其参与职业教育的行为体现了自主和自觉的特征。

职业教育新格局面临的最大挑战是学校作为办学主体，与企业形成新的关系，即从原来的隶属关系转变为合作关系。这一转变深刻影响了职业教育。21世纪初，随着社会主义市场经济的发展成熟，企业生存状况十分严峻，大部分行业从政府全包、全管转制为企业自负盈亏，大部分企业面临竞争和生存问题。因此，行业与企业这两个我国职业教育最重要的办学主体，绝大多数不再愿意承担开办职业学校的责任。由于我国人才市场、劳动力市场的成熟，行业、企业的用人渠道逐步以市场化配置为主，职业学校对企业人才培养的作用不再至关重要。这一变化带来的直接问题，是职业教育中企业角色的缺位。

同时，职业学校在培养人才、提高就业水平等方面有不可替代性。特别在企业、行业的办学角色逐步淡化的情况下，职业学校的办学意义至为重要。我国是一个人口大国，每年从中学、大学毕业的学生有两千万，提高学生的就业能力，特别是提高中等学历学生的就业能力，是一项极为重要的任务。同时，企业从劳动力市场获取的人力资源，随着劳动力密集型生产向技术密集型生产的转变，这些资源的低端和粗放性影响了企业的技术升级和规模发展，也需要职业学校系统培养大批技术技能型人才。职业学校承担了本应由企业承担或本应由企业与学校共同承担的重任。

职业教育的办学需要与企业密切关联的几大要素包括以下几点。一是教学内容，它应该源于企业典型技术全面、及时地呈现。二是训练条件，它应该是企业的真实岗位，即使一部分是模拟的训练条件，也应是与企业的当下设备密切联系的。三是教师队伍，应该是由学校教师和有经验的企业师傅组成。但是，在企业与职业教育的原有关系转变以后，这些重要的办学要素逐步缺失了，从理所当然变为珍稀可贵。试看我国职业教育几个重要项目，都是在新的环境下的一种努力，这种努力可谓艰难。一是职业教育的专业和课程建设及精品专业和精品课程建设，以及以人才培养为目的的课程体系建设，都是把企业生产技术转化为教学内容的努力。二是职业教育的实训基地建设，这是我国职业教育的独有名词，正是在企业难以提供真实的训练环境和训练设备的情况下才提出的，以至于国家和地方财政要投入大量资金给予支持。三是职业教育的教师队伍建设，学校作为办学主体，很难从企业获得大批有经验、高素质的人员担任教师，因此，双师型教师的提出，兼职教师的提出，以及“现代学徒制”的提出，都是这一难题带来的反应。可以说，这些重要的办学要素在企业缺位的情况下，已经严重困扰了职业教育的办学者。所以，我国职业教育最根本的问题是校企合作问题。

从世界范围看，校企合作问题并没有像在我国显得如此严峻，如此尖锐。世界职业教育是以培训为主导的，举办主体大多是企业或培训机构。从世界几大著名的职业教育办学模式来看，加拿大、美国的 CBE 模式，它的核心是把职业能力转换为教学内容，实施主体是以培训为主业的职业学校，教学内容呈菜单式，学生按需求选择课程。德国“双元制”模式是企业招收学徒，并安排学徒到学校学习文化和专业知识，实施技能教学的是企业，具体而言是企业的教师和师傅，学校则主要提供文化知识和专业课程的教学。瑞典、德国的 MES 模式，字面含义实际就是“模块培训”，它是培训机构创设的一种教学内容构建方式。澳大利亚 TAFE 模式的文字本义是“技术提升教育”，TAFE 学院是一种完全以培训为主业的学校。日本虽然在普通学校从小学高年级开始直至高中都开设了职业课，但与实际的职业岗位联系并不紧密，而高端的职业教育是企业对员工实施的内部培训。

学校举办职业教育并迫切需要形成校企合作关系，是中国职业教育模式的出发点。国务院印发的《国家职业教育改革实施方案》指出，要推动校企全面加强深度合作，并提出对产教融合型企业给予“组合型激励”，鼓励发展股份制、混合所有制职业院校和各类职业培训机构。这些新的政策框架，将进一步推进柳州职业教育的改革，推进柳州模式的发展。

二

中国职业教育的基本模式，就是以职业学校为主，政府、企业和其他社会组织共同参与的一种模式。基于我国职业学校绝大多数是公办学校这一事实，政府成为职业教育主导者的情况更为突出。

职业教育关系就业、关系民生，是政府毋庸置疑的职责。一方面，职业教育能提高就业水平、提高公民生活水平和技术文化水平；另一方面，职业教育培养技术技能型人才，能够提高整个社会的生产力，改善生产方式。政府对职业教育的责任是难以推卸的，但是高度重视与有效引导、承担责任与有效管理是两码事。有好的意愿不能保证取得好的成效。有效推动职业教育发展，提高职业教育办学水平，提高职业教育为经济服务的水平，是各级政府始终面临的重大问题。职业教育跨越教育和产业两个领域，这是政府管理、推进职业教育的难点。对公办职业教育，政府是实际的办学者，它对学校的专业设置、课程教学、实习实训、经费管理、设施改善等，不但有发言权，而且是实际的主管者。但是对产业，特别对企业，它的权力是有限的。政府对产业布局可以规划，对企业生产可以引导或限制，但都需要市场经济杠杆才能实现。仅以校企合作而言，政府可以指令学校实施校企合作，但不能指令企业参与校企合作，甚至对学校的办学规模和专业布局，政府也不能用指令的方法来管理，而是要通过市场，通过那只“看不见的手”来实现理想目标。由此可见，政府要引导职业教育健康、科学地发展并非易事。

中国新时期职业教育的目标是为产业培养合格技术技能型人才，要实现这一目标必须先实现产教融合。党的十九大报告中与职业教育直接相关的内容是：“完善职业教育和培训体系，深化产教融合、校企合作。”深化产教融合，直指校企合作这一终极问题，没有校企之间高水平的、十分紧密的合作，怎能实现产教融合？怎能实现产业和教育的水乳交融？产教结合的办学模式是当前职业学校开辟的一条新的发展之路，但也是刚刚起步，还是一个需要通过努力奋斗才可能实现的目标。

产教融合是指职业学校和企业共同合作，把生产与教育教学过程密切衔接，融教育教学、生产服务、素质培养、技能提升于一体，形成产教结合、校企共进、互惠双赢的良性循环的职业教育独特办学模式。产教融合的其中一个要素就是职业学校的教学过程与企业的生产过程相结合，这为学生提供了必要的实习条件和锻炼机会。在生产实践和管理实践中，学生把学到的书本知识运用到实践中，从而加深对知识的理解，增强应用知识和解决实际问题的能力。产教结合激发学生创造、创新的愿望和热情，激励他们在实践中不断探索、不断创新，而这种创新意识、创新能力、创新人才的培养正是职业教育的办学方向。在产教融合中学校还可以根据自身发展实际兴办校办企业，让学生参与生产或经营，取得一定的报酬，在客观上也为学生工学结合、勤工俭学创造了条件。学校创办企业，为广大教师特别是专业课教师参加实践、提高实际工作能力提供了条件和机会，而且在实际工作中，教师把理论知识与生产实践相结合，把教学与科研相结合，不仅有利于提高自身业务素质，提高教学质量，也对职业院校建立一支过硬的师资队伍有着十分重要的意义。产教融合还有一个重要意义，就是教育为产业服务。职业教育对产业的服务本身就是第一目标，产教融合使学校对产业的服务不再局限于培养学生到企业就业，而是在技术支持、产品或专利开发等多方面服务企业，使企业需求与学校教学无缝衔接。有人提出校企合作、产教融合中学校是主动方，学校要主动找企业，主动与企业结合，主动向企业靠拢，但毋庸赘言，这种态度仍然会陷入“剃头挑子一头热”的局面。没有企业的主动参与，没有企业基于自身需求的参与愿望，就谈不上有效的校企合作，更谈不上产教融合！

就政府管理与产教融合这两个问题来看，柳州模式提供了可供借鉴的答案。

三

职业教育柳州模式是指在柳州市社会经济发展条件下形成的“政府领航、双元一体、教产相伴、融合发展”的职业教育发展模式。它的基本构架是“政府领航、双元一体”的两个发展条件和“教产相伴、融合发展”的两个发展成效，包括四个方面的基本内涵：

第一，“政府领航”的职业教育发展动力。柳州职业教育是柳州“实业兴市、开放强柳”战略的重要组成部分，是在政府政策和战略设计的直接指导和推动下的职业教育。

第二，“双元一体”的职业教育发展环境。企业和学校一体、产业园和职教园一体并结成的多条纽带，相互渗透、相互嵌入、相互依托、相互扶持，成为柳州区域职业教育发展的特色，是柳州市产教融合得以深入发展的重要环境，是柳州职业教育发展的必要条件。

第三，“教产相伴”的职业教育发展形态。教产相伴是指产业和教育在一定平台上全方位深度融合，职业教育发展与企业发展同步，企业发展到哪里，职业教育的服务就伴随到哪里，实现企业高效运行，学校高质量办学的双赢局面。它是柳州职业教育发展最突出的成效，标志着柳州职业教育“高位运行”的发展水平。

第四，“融合发展”的职业教育发展特色。融合发展成为柳州职业教育发展的亮点，为新时代职业教育发展提供了范例，展示了远景。

正如前文所述，在以学校为主体举办职业教育的情况下，政府的主导作用极为重要。政府要根据市场需要，合理配置职业教育资源，要推进教学与产业的对接和匹配。但是政府在市场经济中并不是万能的，特别在与市场经济紧密结合的职业教育领域，在推进企业参与职业学校办学，在促进专业对接产业，在提高学校的办学水平以适应经济发展等方面，政府的能力是有限的。柳州市政府不是靠行政命令，而是靠科学的设计规划和有效的引导，大力支持职业院校开展广泛的“引企入校”和“引校入企”，引导学校建立校企合作的科学机制，从而形成校企深度合作、产学交融的理想状态。例如，将产业园区与职教园区同步规划，对接产业发展进行专业布局调整，将专业链建在产业链上。在实现职业教育资源的优化和效益方面，柳州市通过构建现代职业教育体系，形成高职带动中职、高水平专业带动一般专业、好学校带动一般学校、城市学校带动乡村学校的良好发展态势。为了适应柳州市的经济发展，推动柳州市企业走向世界，柳州市政府牵线搭桥，促进职业院校引进国际标准，鼓励学校举办国际化教育，以满足柳州市企业国际化生产对人才的需求。

柳州模式建立起密切的校企合作关系，解决了困扰我国职业教育的终极问题。柳州职业教育为什么能够实现深度产教融合？靠的就是紧密的校企合作关系。柳州人把校企合作关系称为“双元一体”，它的经验告诉世人，校企合作关系的建立不是靠一方的努力，也不是靠金钱杠杆的驱动。柳州的校企合作是建立在双方互为需求、互为依靠的基础上，它的四条纽带的核心就是人才供需纽带。柳州人能够长期对准企业需要培养人才，对准支柱产业培养人才，这种恒心和坚持使这一纽带极为牢固。这对那些经常根据就业和招生情况变更专业的学校来说应该有所启迪。柳州人重视校企共建项目，这不仅是利益的捆绑，还是命运的捆绑，情感的捆绑。共建项目提高了校企间的相互信任，从而形成共同的目标，从

“合作”上升到“一体”。柳州的校企合作是建立在相互服务相互依托的基础上，学校不但要依托企业，而且能为企业提供十分丰富的服务。

正是因为这种“双元一体”的校企合作关系，才有了柳州职业教育的产教深度融合，使柳州职业教育能伴随企业走出去，实现教产相伴。柳州的经验可以概括为五大方面。一是培养目标和企业标准的融合。二是做学融合。在干中学，在做中教已经成为柳州职业院校教学的基本理念，并形成丰富的教学经验。三是师资队伍融合。企业师傅和技术人员与学校专职教师共同教学，一岗双师，师傅进入教学环节不再成为难以解决的问题。四是实训设备融合。在柳州的职业院校，既有实训设备，又有实训环境，这给学生的实习实训提供了优越的条件。五是校企文化融合。企业文化进校园，民族文化进校园，把这些文化渗透教育教学的各个方面，极大丰富了产教融合的内涵，凸显了产教融合题中应有之义。深度的融合实现了柳州职业院校培养的技术技能型人才伴随企业“走出去”，实现了柳州职业院校提供的技术技能服务伴随企业走出去，实现了中国标准伴随企业“走出去”。

衡量一个事物的发展不仅要看其发展水平，还要看其发展趋势。创新是一个事物发展的重要标志，是这一事物具有生命力和可持续发展潜能的关键所在。柳州职业教育创造性地实现了党和政府对新时期职业教育的目标，创造性地完成时代赋予职业教育的任务和使命；打造了中高本融合发展的特色职业教育体系；创新实践了城乡融合发展的帮扶式办学模式；搭建了产教研融合的创新型平台；实践、探索了校企融合的“现代学徒制”；推进了职业标准融合的国际化办学；助力传统和现代融合的民族传承专业特色建设。这些创新性实践助推了柳州职业教育的可持续发展，走出了柳州职业教育融合发展的特色之路。

柳州模式为我国职业教育模式的最终成型提供了一个范例。之所以说柳州模式是中国职业教育模式的重要组成部分，是因为这一模式针对我国教育的基本情况，较好地解决了校企合作的基本问题，成功探索了一条适合中国国情的职业教育发展途径，形成能够达到培养目标、具有较大办学效应、对社会和经济发展具有巨大支持作用的职业教育办学经验。

著　者

2019年3月

目　　录

第一章 职业教育模式

职业教育模式是对改革发展中的职业教育各个层面新事物、新经验、新方法或新途径的归纳总结。职业教育模式在职业教育界得到广泛使用。

一、模式的概念

模式是一种系统的、比较固定的、有一定成效或比较成熟的（客观的）形态或（主观的）做法。模式一词在英语里没有完全与之对应的词语，查看英语词典中相关词语，例如，“mode”的意思是样式、风格；“method”的意思是方法、条理；“model”的意思是模型、模特；“pattern”的意思是样式、图案；“schema”的意思是图解、计划等，但这些词也经常被用以表示“模式”的意思。《现代汉语词典》中的解释是：“某种事物的标准形式或使人可以照着做的标准样式。”我国改革开放以来实施的基本国策和经济社会发展方式，被称为“中国式发展模式”。可见，模式还是一个不断发展、内涵逐渐趋于丰富的概念。

二、职业教育模式

职业教育模式是职业教育在一定社会条件下形成的具体样式。职业教育是由多个主体承担的，以训练、培养技能型人才为目标的教育。职业教育不仅与通识教育有很大不同，也与许多高等院校的专业教育有较大不同。这种不同，表现在办学主体、办学方式和途径、教学组织和实施的方法等多个方面。在不同的历史阶段、不同的国家和地区、一个区域中不同的学校，其差异往往是非常明显的。特别是我国改革开放以来，随着市场经济发展和用人机制的深刻变化，促使职业教育开展了多种途径的探索和多种方式的尝试，推进了职业教育的多元发展，从办学主体、办学方式、教学方式、监控方式、投入方式、招生就业方式等各个方面，出现了大量各具特色的样式，形成很大差异，为了区分、比较、研究这些差异，模式这个概念就在职业教育领域得到较多应用。

（一）职业教育模式的类别划分

1. 现行职业教育模式

现行职业教育模式包括：订单式培养模式、理论实践一体化模式、工学交替教学模式、两段式预分配模式 4 种。

2. 职业教育工学结合模式

基础是工厂与学校相结合，特点是工作与学习相结合，重点是工人与学生相结合，亮点是工具与学具相结合，难点是工时与学时相结合，融点是工资与学费相结合。

3. 中国特色职业教育模式

中国特色职业教育模式分以下 6 个方面。

一是法律框架下的合作模式，即国家有关部门制定一系列法规，让职业学校在法规推动下与当地企业建立协作关系，实行合作教育。

二是学校与企业联合办学模式，即政府积极发动企业参与职业教育。企业在输送学员、提供导师、共同协商课程建设方面发挥重要作用。

三是企业访问模式，即学生通过走访企业，了解企业及其业务，最终确定将来的就业机构和岗位。

四是契约模式，即由政府教育行政管理部门、学校、企业、行业协会、家长、学生等签订契约，约定学校与企业之间建立互惠互利的合作关系。

五是职业资格证书与学历证书互通模式，即实行职业资格证书与学历证书相互融通，以适应求学者多种多样的求学需要。

六是企业定向模式，即职业院校与企业签订合同，为特定企业培养技术型人才。

可以说，职业教育模式是对某一个历史阶段、某一种办学方式或某一种教学实施方式的归纳。

（二）职业教育模式的层次划分

职业教育模式按层次划分可以分为办学层面、教学安排层面、教学方法层面和区域发展层面。

1. 办学层面：一般称为“职业教育办学模式”

职业教育办学模式是指办学主体、合作办学、招生就业渠道方式等综合因素共同构成的一套学校运行的方式。这个概念还可以细分。例如，就办学主体而言，新中国成立后，职业教育主要由行业和企业主办。改革开放以来，办学主体从行业和企业逐步转移到政府。进一步分析则可以发现，新中国前30年的职业教育尽管是由行业和企业主办，但由于行业是政府的组成部分，所以行业主办的中专学校等，其实际办学主体仍是政府。而且当时企业主办的技工学校等，由于企业是国有的，所以与在市场经济环境下企业主办的学校有很大不同，可以称为“准政府办学”。改革开放的40年，随着市场经济的发展，行业企业逐步走向市场，由于财力、精力、用工机制的限制，绝大部分企业不再办学，职业学校的办学主体逐步转为政府。从理念出发，企业在任何情况下都应该是职业教育的办学主体，但是实际情况是直至目前，我国企业在办学方面无论是在能力还是财力上，都勉为其难。值得指出的是，我国职业教育的办学主体从行业、企业转向政府，有一个重要契机，就是从20世纪80年代中期到90年代初期，一大批职业高中的产生。这些学校的产生与发展，是由各区域政府直接主导、推动的。它为政府最终成为职业教育主体的大局奠定了基础。

在办学模式方面，还有一个重要的影响因素，即校企合作。这一因素实际也是从办学主体演化过来的。自从行业企业事实上不再成为职业教育的办学主体以后，校企合作就成为职业教育成败的关键。过去，在行业或企业主办职业教育的情况下，课程、教学、教师、实践条件、就业等环节，企业因素全面渗透，根据企业需求制定的人才培养目标实施基本没有障碍。而在政府办学以后，学校与企业的关系是合作关系，合作的深度和成效直接关系到学校的办学成败。因此，在对各个学校办学模式的分析陈述上，校企合作的方式成为十分重要的内容。

2. 教学安排层面：一般称为“人才培养模式”

人才培养模式的提法从20世纪90年代开始得到广泛运用。人才培养模式是整个学制阶段针对学生发展所作的改革性安排，是对整个培养设计的概括性提炼，是对课程体系改革的依据。这一概念的产生，直接起源于职业教育的实践教学。随着对职业教育培养目标的深入理解，就业能力和技能水平成为职业教育教学最重要的目标之一。在计划经济时代，由于职业学校（中专、技校等）都实施“包分配”政策，教学质量特别是技能教育教学的质量并没有得到充分重视。改革开放以来，教学直接关系到学生就业，技能教学成为重中之重，从而产生了一系列变革。重点是技能教学的组织，它导致传统教学计划的颠覆。实践设备和教学时间以及组织方法的限制，使职业学校安排实践教学包括实习等方面需要进行合理性、可行性考虑。在打破传统教学计划，重建教学体系的过程中，“人才培养模式”这一概念应运而生。从高职院校的示范校建设到中职学校的示范校建设，其建设核心都是人才培养模式的构建，以及以技能教学为重点的新课程体系或教学计划的建设，它们构成了示范校建设的主要成果。凡是参与示范校建设的专业，都构建了自己的人才培养模式。以某一个学校为例，该校有 7 个专业参与示范校建设，构建了 7 种人才培养模式，它们的区别可以从时间要素、场所要素、方式要素 3 个方面进行分析。（1）汽车专业巴斯夫涂装“2＋1”模式：在时间安排上，三年教学中两年在学校学习，一年在企业实践；在实践环境建设上，企业提供校内实训设备，提供企业生产性实训岗位；在理论与实践的结合上，分成理论教学与实践教学两个部分。（2）汽车机电工程的“双元制”模式：在实践安排上，主要在第三、第四学期开展，一周内分为两部分，或者在周之间交替；在实践环境建设上，有固定的训练场所，一般设在校内，在训练车间配有一体化教师；在理论与实践的结合上，学习和劳作“双交叉”。（3）数控技术应用专业“小班化、模块化、项目化”人才培养模式：在时间安排上，主要在第三、四学期开展；在实践环境建设上，校内有一些生产型实训基地；在理论与实践结合上，小团队、知识与技能结合模块、生产项目。（4）建筑专业工学结合人才培养模式：在时间安排上，三阶段实习，第一年两周认知实习、第三年上半年作业型实习、第三年下半年就业实习；在实践环境建设上，教学型实习内容集中在校内，就业型实习在校外；在理论与实践结合上，突出作业型实习。（5）会计专业“411”人才培养模式：在时间安排上，前 4 个学期校内学习实训短时段交叉，第五学期长时段校内实训，第六学期校外定岗实训；在实践环境建设上，以校内训练场所为主，校外企业以订单班为基础；在理论与实践结合上，实施项目教学。（6）证券投资与管理专业“3111”人才培养模式：在时间安排上，前 3 个学期理论教学，第四学期校内实训，第五学期理论教学，第六学期校外实习；在实践环境建设上，校内有完备的实训设施，校外有较大的合作企业，并有就业项目的合作；在理论与实践结合上，实施项目教学。（7）税务专业“1311”人才培养模式：在时间安排上，第一学期以课堂教学为主，第二、第三、第四学期，课堂教学与实训各占一半，第六学期顶岗实习；在实践环境建设上，以校内实训基地为主干，税务机关提供有限的实习岗位；在理论与实践结合上，有较多的理论和实践一体化教学。可见，人才培养模式是以实践教学为核心对整个教学过程的安排。

3. 教学方法层面：往往被称为“教学模式”

教学模式是就某一课程或项目系统的、有一定特色并行之有效的某种教学策略。由于职业教育的技能教学与传统的课堂教学迥然不同，与传统师徒相传的教学方法也根本不同，就具体专业和课程来说，绝大多数是没有先例需要探索和实验的。因此，通过大量的实践探索和经验总结，最终形成了大量各具特色的、系统的教学方法，这些教学方法往往被称为教学模式。经过几十年的发展，职业学校、高职院校的广大教师探索、总结、提炼了大量教学方法，从课程的一个环节、一个单元、一个模块，发展到整个课程。大致可以归于好几个大类，如实验教学法、案例教学法、情景教学法、任务教学法等。它们的基本特征都是“讲”“做”结合。

4. 区域发展层面：可以称为“职业教育发展模式”

“发展模式”一词，来源于国家发展模式。改革开放以来，对我国社会主义发展路线的设计、探索是在总结前人经验、比较各国发展历史和现状，创造性运用马克思主义理论的基础上进行的。发展模式用来研究人类发展历史各个阶段，特别是当代各国发展的途径和方式，承载着重要的意义，产生了十分丰富的内涵。一个省、一个地区、一个城市的职业教育发展模式，是经济和教育互动方式、政府和政策引导方式、学校办学教学模式综合运行方式的总和，是对这些方式共同作用于区域职业教育发展的概括性描述。就一个区域的职业教育发展来说，职业教育受到政策、动力、经济环境、办学能力等方面的制约，呈现出不同的发展样式，通过分析、归纳、总结提炼规律和经验，从而形成区域职业教育发展模式。这些模式对区域职业教育的持续发展，对其他区域的交流借鉴，对把握国家职业教育发展中长远目标的确定和途径，都具有重要意义。

三、世界职业教育主要模式

世界职业教育模式是一个比较模糊的概念。一般是从某一国家或地区的教育特点出发，大致描述这一国家或地区的职业教育。因此，其模式的内涵千差万别。有些国家的职业教育特点表现在国家层面的设计和主导，有些则表现在学校办学模式；有些注重校企合作关系的建设，有些则注重投入和办学质量监控。在模式描述中，这些特点往往成为主要内容，甚至办学机构的样式和教学组织方式由于其特殊性，也成为某些模式的主要内容。由于国际职业教育模式的概念重点在于比较和引入，所以本文并不注重对这些国家和地区职业教育的全面概括和深入描述，也并不顾及其系统性和全面性。

世界职业教育中，对我国职业教育有重要影响的模式有以下几种。

1. CBE 模式

CBE 模式是在北美（加拿大、美国）比较典型的一种职业教育模式。CBE 是 Competency-Based Education 的缩写，意思是以能力为基础的教育。这一模式的核心是把职业能力转换为教学内容，其实施主体是以培训为主业的职业学校。教学内容是菜单式，学生按需求选择课程。根据美国教育学家布鲁姆的教育思想，只要在提供恰当材料和进行教学的同时，给予适当的帮助和充分的时间，90％的学生都能掌握规定的目标。而这一目标，其实就是达到某一技能的水平。这一模式的核心是能力分析，把能力分解（细化）为转向能力和综合能力，再把这些分解出来的能力转化为课程教学内容。能力分析被我国职业教育界引入，成为课程建设的重要手段和基础。从本质上看，这一模式是一种教学模式。当然，这一模式从教学内容转换出发，既影响了课程和教学，也影响了办学方式。

2. 德国“双元制”

德国“双元制”最早被我国引进，其特征是企业招收学徒，并安排学徒到学校学习文化和专业知识。其实施的关键是政府在教育机制上给予支持，使一大批就业的员工同时具备学生的身份，并保证企业给予这些员工比较充分的学习实践。而在具体实施过程中，企业实际承担了技能教学的主要任务，学校承担的是文化知识等通识教育的部分。可见，这一模式没有我国职业教育意义上的校企合作问题，因为实施技能教学的是企业。客观上看，我国引入德国“双元制”并不顺利，因为企业并没有对员工进行技能教育的义务。但如果没有企业的支持，学校单方面实施“双元制”，以“一元”做“双元”，其困难可想而知。

3. MES 模式

MES 模式（瑞典、德国）实际就是“模块培训”的意思。它是培训机构创设的一种教学内容构建方式，是以每一个具体职业或岗位建立岗位工作描述表的方式，确定该职业或岗位需具备的全部职能，再把这些职能划分为各个不同的任务。我国劳动部门的培训机构率先引入这一模式，用于培训项目的建设。但是这一模式与实施主体有很大关联性，引入后逐步产生我国职业培训机构的培训菜单，虽然也被许多职业学校引入和运用，但其零散化、碎片化和灵活性与学校的系统化教育大相径庭。MES也是一种职业教育教学模式。

4. 澳大利亚TAFE模式

TAFE文字的本义是“技术提升教育”。这一模式最主要的特征是学院。TAFE学院是一种完全以培训为主业的学校，它每年提供数以千计的职业课程。学院的教学内容与我国许多培训机构的办学模式相似。培训机构根据企业需求制定项目，企业参与课程设计，甚至直接提供课程资源。所以，TAFE的文凭得到各行业、雇主及大学的广泛认可，对就业而言，证书的含金量很高。由于TAFE学院致力于岗位能力，所以在教学组织方面采用小班制，在教学上注重方式，教学成效很高。也可以说，它的教学模式产生于有特色的教学机构。澳大利亚TAFE模式，是一种以机构特征为出发点进行描述的职业教育模式。

5. 英国BTEC模式

BTEC是Business & Technology Education Council的缩写，是英国商业与技术教育委员会的简称。该委员会自1983年起，在英国的400多所学院和大学开设了BTEC课程。BTEC模式的核心是课程。这一课程致力于将学术传统和现实工作中所需的主要技能的开发和评估结合在一起，以综合能力的培养和发展为根本宗旨，目标是使完成BTEC课程的学生能够将学到的知识有效运用在自己的职业和个人生涯中。另外，这一模式将课业的学习和实际工作经验相结合，以培养学生的独立工作能力和团队合作精神。BTEC模式的一个特点是评价方式：每一门BTEC课程学习结束以后，学生可以对现实工作中遇到的问题进行自我评估并最终找到解决问题的办法。因此，本质上英国BTEC是一种教学模式。

6. 日本职业教育模式

日本的职业教育分层举行。低端：在普通学校从小学高年级开始，直至初中和高中都开设职业课程，内容有烹饪、手工、农艺等，与实际的职业岗位联系不紧密。中端：是政府办的公共职业训练中心，提供通识性技能教育，以及帮助残疾人等社会弱势群体的就业教育。高端：企业对员工的内部培训，这类培训质量非常高，由于日本的家族企业传统和以企业服务年限为基础的养老金体制，企业对自己培养高技能人才有很高的积极性。

7. 我国港、澳、台地区职业教育模式

这一模式也是对一个大区域的职业教育状况作的总体概括性描述，由于文化环境、历史渊源等因素，内地和这些地区在职业教育环境和发展方式上有许多相同或相似之处。职业学校和培训机构并举，构成职业教育的主体，在这方面内地和港、澳、台地区极为相似。就目前的情况来看，这些区域中相当一部分职业学校的专业课程、技能型课程的教学内容所占比例日趋减少，升学成分逐步提高，很像内地许多职业学校的发展趋势。值得指出的是，我国台湾地区曾经推行过类似大陆的校企合作，称为“建教合作”。但是，随着劳动力市场的发展和企业用人结构的变化，企业参与职业教育的积极性逐步减弱，这一合作形式的衰微影响了职业学校的办学方向。

第二章　职业教育的区域发展模式

职业教育的区域发展模式是职业教育模式的重要组成部分，是对一个区域职业教育发展方式及其规律的归纳总结。由于我国幅员辽阔，各个地区的职业教育发展水平不平衡并各具发展特点，对这些不同地区特点的发展情况和经验总结，形成了区域发展模式。尽管各个区域的发展模式内涵不同，但是都要遵循职业教育发展的基本规律，都要处理好与经济社会及其他方面的关系，都需要抓住校企合作、产教融合这一关键。所以，区域职业教育发展模式内涵的一些基本要素是可以分析的。

一、职业教育区域发展模式的核心

职业教育区域发展模式的核心是指职业教育在与产业互动中保持主动性。但如果要提出一种发展模式，其前提是发展本身是有成效的，并具有创新性。什么是职业教育的有成效发展？有两个基本点需要考虑。

（一）职业教育本身目标的实现

人力资源通过职业教育向产业供给的水平，可以称为产业发展对人力资源的依赖度。在传统产业中，往往对职业教育的依赖程度不高，究其原因，或者产业的工艺水平低，不需要高技能的从业者；或者产业发展缓慢低迷，不需要人力资源的有力支持。事实证明，职业教育必须在向产业提供高质量的从业人员过程中体现其价值。

（二）职业教育自身的发展

1. 职业教育的自身发展是在与产业的互动关系中形成的

产业对职业教育的依赖度直接影响职业教育的发展。反之，职业教育得到真正的发展，必然取决于产业的发展。强调这种因果关系是因为，在我国职业教育发展的某些阶段，其发展主要体现在规模上，但并没有构成与产业的互动关系，没有向产业提供有力的支持。在这种情况下，职业教育并没有得到真正的发展，考究其内涵和质量水平都不高。特别表现在教学内容与就业岗位的匹配度不高，学生的就业质量不高等几个方面。因此，职业教育必须在与经济发展的互动关系中谋求发展，职业教育规模发展取决于内涵发展。

2. 职业学校与普通教育学校的不同点

（1）职业教育有较强的适应经济、服务社会的能力。事实上，职业学校是通过用工市场或人才市场来适应经济发展、提高服务社会能力的。有一些学校或主管部门简单理解职业教育与经济的关系，一个区域有哪些产业就建设哪些相关专业，一个区域出现了新产业就马上建设相关的新专业。这种简单做法不能实现专业与产业的匹配度。因为某一个产业的发展，它的岗位和用人需求十分复杂，职业学校的某些专业只能对应其中的一部分岗位，甚至是极少部分岗位。而且职业学校的专业都有一定规模，产业只能吸收其中一小部分毕业生，学校的教学成效难以提高，学生的就业水平就难以提高，最终将影响学校的发展。由此可见，适应经济发展，提高服务社会的能力，并不是一件简单的事情。因此，对产业的适应能力可以作为考量学校办学水平的重要指标。

（2）在适应经济发展的同时保持自身的相对独立。职业教育不能随着产业的消长而随波逐流。凡是高质量的职业院校一般都有较长的办学历史，形成丰厚的积淀，具备了丰富的办学经验，这些都得益于其直面经济和市场时的相对独立性。职业教育的独立性由两个因素决定。一是作为职业学校的长线培养和系统教学特征。职业教育包括教育和培训两个方面，“短平快”是职业培训的特征。职业学校既要引入培训的一些方法，又要遵循教育的一般规律。这一理念的核心是人的发展能力。许多人质疑“学校与企业无缝对接”“毕业就能上岗”等提法，就是因为教育和培训是不同的。“无缝对接”是把教学内容限制在某一个狭小的领域，限制了学生的职业选择能力和发展能力。产业的发展又是瞬息万变的，有限的教学内容对学生以后的职业生涯很可能毫无价值。二是职业教育要以不变应万变。所谓不变，不是指学校的专业不变、教学方法不变、设备条件不变，而是指办学的理念不变、办学的宗旨不变、培养的目标不变。这种相对的独立性带来的相对稳定性，是职业学校应对社会发展、产业发展的重要法宝。可以说，这种相对独立性是办学方法创新、教学方法革新、教学条件提升的保障。

二、职业教育区域发展模式的重要内涵

要研究职业教育区域发展模式的内涵就必须梳理好几大关系，即发展与经济需求之间的关系，发展水平与发展目标之间的关系，满足经济需求与满足学生需求之间的关系。对这些关系的把握是区域政府制定职业教育政策、规划，有效推进职业教育发展的重要前提。

职业教育既要在与经济的互动关系中实现发展，又要在实现目标和达到成效的基础上得到发展。

（一）职业教育发展与经济需求之间的关系

职业教育的发展和经济需求之间的关系，是构成发展模式的最重要关系。没有需求就没有发展，什么样的需求决定了什么样的发展，需求的变化决定了发展的模式，各类需求之间的消长和对立决定了发展中的平衡。

“什么样的需求决定了什么样的发展”是一个十分重要的命题。也就是说，各个地方对职业教育的需求是不同的，这些不同的需求决定了职业教育发展必须选择与之相适应的模式。由于我国经济发展水平地区差异很大，决定了对应经济发展需求的职业教育在发展模式上必然是各不相同、各具特点的。

由于各地经济发展水平差异，可以把区域职业教育的发展大致归纳为以下4种类型。

1. 自然发展型

自然发展型主要表现为当地的第二产业技术相对滞后，生产方式转变缓慢，制造业产值总量不高，对职业教育的需求不明显。这里所谓的不明显是指要求职业教育适应产业发展、紧贴产业变化的驱动力不强。劳动力市场提供的大量缺乏相关技能和素质的普通劳动力可以满足产业低水平的现状。在这样的状态下，职业教育缺乏能够提升自主发展意识、推动自主发展行为的应激机制。因此，职业教育处于自然发展水平，也就是说，在传统的惯性下自然发展。由于产业发展的低水平以及对职业教育缺乏要求，难以检验职业教育的办学质量。自然发展类型的职业教育是在教育既定的环境下自然形成的，在计划经济体制下，这种发展类型比较典型，计划招生和包分配制度不会对这类职业教育存在的缺乏主动性、目标性和发展意识问题提出质疑。

处于自然发展型的职业教育，一般因缺乏主动发展意识，也就不会有主动、强烈的规划发展意识。在这些地方没有必要制订规划，即使制订了规划，也不会是一个真正有指导价值、有前瞻性的规划。

2. 主动发展型

主动发展型是本文使用的特定概念。它是指以下两种情况：一是力图摆脱当地产业对职业教育需求疲软的状况，跳出区域需求发展空间的类型；二是在忽视客观发展条件和需求后，凭借主观臆断盲目发展的类型。在我国一些欠发达地区，当地产业虽然仍处在较低的发展水平，但是职业教育部门或学校迫于发展困境和希望有所作为的事业心，力图寻找新的发展空间，寻求一种迂回的发展目标。这类职业教育的发展虽然没有得到当地产业需求的推动，但是会受到职业教育受众即学生和家长的推动。例如，目前许多学校主动与发达地区的学校、企业合作，为这些地区的产业培养技术型劳动者，满足家长和学生的需求。我国职业教育的大量异地办学模式，本质上就是这一发展类型的表现。在推动中西部职业教育的发展、推动农村和落后区域劳动力转移中，发挥了积极作用。但是平心而论，这种外向型的职业教育发展方式不是一种理想的职业教育发展类型。由于它不立足于为当地经济服务这一基础，从而难以实现教育与产业的高度合作与长期互动，不利于持续提高职业教育办学质量。所以，主动发展型处在一种比较低的发展水平。

3. 被动发展型

被动发展型面临的环境是，当地产业迅速发展，产业技术水平提高，生产方式从劳动密集型向技术密集型转变，对职业教育的需求日益明确和迫切。目前，职业教育还处在自然发展阶段或外向型发展阶段，不能很好地满足经济的需求，所以这时的职业教育发展处于被动状态，受到当地产业的促进和推动。这些区域和学校的许多工作，诸如调整专业、改革课程、建立校企合作平台等，往往不是主动的行为，而且被动局面也迟早会打破。但是，职业教育机构的意识和理念决定了转变被动局面的时间。发展的意识和理念树立得越早，转型行动的发起和实施就越早。被动发展类型是在外部经济环境较好的情况下形成的，它促使教育和产业之间和谐关系的形成，尽管是一种被动的形态，但职业教育发展已经处在较高水平。

被动发展类型的产生有一个重要条件，就是产业发展的技术水平和生产方式要达到一定程度。当企业的生产岗位包含了很多技术、能力以及素质等要素以后，技能型劳动力不能被一般劳动力取代时，经济和产业才会对职业教育提出明确需求。在这一程度上，在整个企业岗位中，有一批岗位是大学生不愿意选择且不容易干好的，也是一般劳动者（如素质和能力都不高的外来务工人员）难以胜任的。这种情况只有在产业发展到一定程度时才会产生。因此，职业教育如果没有刚性需求，职业教育的发展就受到制约。在这一水平上，职业教育必须也必然要发展。

4. 互动发展型

互动发展型主要表现为职业教育与当地产业基本匹配，但由于产业的发展变化是常态，职业教育在满足经济、产业需求的过程中不断出现新的距离，同时有自发的调整机制不断进行调整以缩短距离，形成必要的张力。互动发展类型是职业教育最理想的类型，职业教育和产业之间、学校与企业之间高度互动的发展，应该成为衡量职业教育发展水平的重要指标。互动发展型，是职业教育办学主体与经济社会各组织间互相促进形成的一种发展类型。其中，经济的发展起主要作用。经济的需求会迫使职业教育逐步贴近经济，通过合作提高自己的发展能力。

（二）职业教育发展水平和发展目标之间的关系

从对发展的方向和途径缺乏意识和实践，到对发展的谋划有一定的实践是一个过程；同时，从原来的办学方向转向一个新的发展方向，也是一个过程，其实际就是办学主体和办学机构总体水平提高的过程。根据主体对发展意识、发展方向的把握程度和制订规划经验的积累程度，可以把制订规划的学校和部门分为几个类型。第一，发展方向明确。其特征是认准方向，不断探索，有大量经验，有较为成熟的团队。第二，发展方向模糊。其特征是目标不清楚，主体处在混沌模糊的状态，或处在举棋不定的状态，总体上缺乏发展意识和开创意识，不注意总结发展中的经验，不注意建立目标意识和发展意识，对发展持放任的态度。第三，发展方向偏差。其特征是主体或者对我国职业教育发展的既定方针、目标不清楚，或者对职业教育服务经济的要求不清楚，或者对当地职业教育需要转型的客观要求不清楚，或者对如何满足这些客观需求的方法和途径不清楚，主体处在自以为是或者束手无策的状态。

（三）职业教育满足经济需求与满足学生需求之间的关系

关系包括职业教育服务经济发展的问题，以及为受众提供优质教育服务的问题。发展职业教育的目标应该有两个，一个是为经济社会服务，另一个是为受教育者服务。这两个目标并不经常保持一致。在实践中发现，经济发展对职业教育的需求表现在某一时段、某一地域、某一类岗位上的一些特殊要求，它与学生对职业教育需求的发展性、全面性和延伸性往往有一定矛盾。特别是产业大发展需要劳动力时，或者某些岗位劳动力供给不足时，职业教育对两个目标难以统一，在处理两方面关系时就必须面对抉择。即使在经济需求和学生需求基本统一的时候，即学生就业取向与企业用工取向基本统一的时候，两个目标的差异还是存在——学生的就业取向不能囊括学生全部职业生涯发展的要求。我们认为，无论在怎样的情况下，职业教育都应该首先致力于满足为受教育者服务的要求。

1. 发展目标

职业教育以培养高素质、高技能人才为目标，这与经济发展需要高技能人才是一致的。一个完全以地方经济发展目标为转移的职业教育发展目标，往往是一个急功近利的目标。经济市场化导致的对劳动力的流动需求，与学生就业的稳定发展、与学生通过稳定的职业发展实现术业有专攻的目标和谐统一。如果学校以企业的需求为依据发展，最终必将处于被动的地位。职业教育的发展目标既然定位在培养人才，就必须力求经济需求和学生需求的一致。在处于明显不一致的时候，即经济发展对人力资源的短期需求十分迫切的时候，职业教育部门和学校应该坚持把培养人才的目标放在发展首位。当然，在具体实践中既要寻求实习机会、就业机会，又要开展各类实训教学，对企业的依赖导致企业的功利化意志对教育的渗透，都可能使职业教育目标发生偏移。实际上，职业教育的发展目标一直处在不断修正的状态中，在两个需求之间实现平衡可能是职业教育规划发展的永恒主题。

2. 发展思路

对职业教育服务目标二元性的把握，决定着职业教育的发展思路。有两种可以对照的情况：其一，我国中部某地区长期处于贫困和欠发达状态，经过政府的招商引资，当地迅速发展了一批劳动密集型产业，就用工需求来说，这些企业正需要大批报酬低廉、能够充实大量密集型劳动岗位的劳动力。但是就职业教育的在读学生来说，这些岗位不是他们的职业理想。当地政府和学校面临两种选择，一种是完全以地方产业需求为目标，让教育紧贴当地产业，但这样却违背了学生的意志；另一种是不把地方产业需求作为主要目标，而是根据学生的职业理想，对准发达地区的经济需求。其二，在东部沿海经济发达地区，整体经济发展已经为职业学校的学生提供了比较多的具有技术含量的岗位，但是与该地区的整体职业水平相比，一般的一线技能型劳动力的待遇较低，而高技能人才又不是职业学校可以培养出来的。产业的需求与学生的需求仍然有很大差距。这些地区如果鼓励学生继续升学，或者创造更多的升学通道，就是一个符合实际情况的选择。

值得一提的是，在目标二元性难以统一的时候，职业教育首先选择学生发展目标，其背后还存在另外一个可以弥补的因素，就是大量流动的劳动力和活跃丰富的劳动力市场。职业教育外向型发展思路，是以当地涌入大量外来劳动力为依托的，即一方面本地职业学校的学生向东部流动，另一方面外地的劳动力又涌入本地，实现了供求平衡。以上第二例也是由于大量劳动力的支持，为本地职业学校的学生继续升学提供了空间。

另外，目标的二元性并不影响两个目标的最终一致。当一个地区经济发展水平的提高能够提供高质量的职业岗位时，外向型职业教育就自然转向服务本地区经济，甚至大量已经在外就业的学生也会回归家乡。从这个意义来看，外向型职业教育培养的人才最终还是为本地经济服务，只不过一开始呈现的是人才储备的形态。而学生通过升学提高了职业竞争力和发展能力后，可以在更合适的岗位上为经济服务，这无疑也实现了职业教育的最终目标。

3. 规划的具体项目

把握好职业教育的二元需求，最终体现在规划的具体项目上。甚至可以说，越是涉及校企合作内容或要素的环节，越需要把握保持二元需求平衡的原则。

在课程设置和教学安排上，二元需求之间的冲突十分激烈。例如，在基础课和专业课的设置方面，在专业课程实践教学部分的内容选择、设备选择和教法选择上，在实习实训阶段的管理上都面临着许多抉择。基础课对学生的发展有直接意义，但对服务经济来说，即就学生的就业能力来说，难以体现直接的效益。又如，在专业课程实践教学的内容上，由于选择具体的工作任务是作为课程内容的基础，所以选择哪些任务就与企业的利益构成相关性。对企业来说，选择与它们近相关的任务作为课程，对培养企业需要的人才极为有利。但是对于学生来说，偏重于某一类岗位的技能学习，在职业选择和发展方面并不完全有利，容易沦为被动。再如，在实习实训管理上，企业的利益与学生的利益也会发生冲突，对这些过程越强调教学化，学生的利益越可能得到保证，但企业承担的责任和付出的成本也会更大。

三、职业教育区域发展模式实例

在大力发展职业教育的大背景下，各地职业教育通过开拓创新，逐步形成各具特色的发展模式，对模式的归纳和提炼凸显了当地职业教育发展的途径、方式，总结了实践经验。

1. 广州技工教育模式①

广州技工教育模式可以概括为：与企业用工需求紧密结合的、致力于做学一体的校企共同发展模式。在办学模式上，体现为“政校企”一体。广州技工教育系统的政府主管部门，技工学校和相关企业、行业形成联动机制，共同发挥各自的作用，协同完成技能人才的培养任务。其间，市人力资源和社会保障部门在技能人才培养过程中处于主导地位，发挥着引导、支持、协调和统一的作用。而广州市的技工院校与企业开展深度合作，按照企业对技能人才的需求制定培养目标、开设专业、设计课程，实现技工院校学生毕业和就业的零距离对接。同时，学校为企业生产、服务提供了大批高素质的技术技能型人才，为企业技术研发提供了高水平的技术和科研支撑。在“工学评”一体培养模式上，技工教育工作者基于职业资格分析，确定了工作与学习相结合的人才培养目标，围绕工作过程系统化开发出一体化课程并有效整合优化课程资源建设。在“技艺道”一体成才模式上，以培养学生综合职业能力和职业素养为目标，明确了技工院校学生的职业成长应遵循“从初学者到专家”的逻辑发展规律，其发展过程分为初学者、高技初学者、有能力者、熟练者和专家 5 个阶段。广州是全省拥有技师学院数量最多的城市，全市技工院校在校生超过 10 万人，各校自主办学、积极探索，形成了百花齐放、共创辉煌的良好局面。

2. 沈阳职业教育模式②

沈阳职业教育模式可以称为以系统化建设为核心的发展模式。示范专业的系统化建设就是从职业教育的示范专业入手，以专业建设为平台，开展职业教育办学和教学的整个系统建设，从整体上审视专业建设的结构和功能，厘清专业建设内部各要素之间的关系，以及专业建设系统与周围环境之间的关系，从而在专业

① 崔仁泉、黄远飞：《广州模式——现代技工教育体系探索》，北京：中国劳动社会保障出版社 2011 年版。

② 沈阳市教育局：《职业教育示范专业系统化建设理论与实践研究》，沈阳：沈阳出版社 2011 年版。

建设中达到统筹兼顾、系统改革、整体推进的目标。示范专业系统化建设通过典型示范、实践开发、标准指导、个案研究的方法，形成科学化、理性化的改革模式，以期少走弯路。通过推进中的步骤、目标、安排，为沈阳市职业教育的深入推进打下扎实的基础，为职业教育的进一步发展寻求更大的空间。示范专业系统化建设是以区域职业教育和学校办学的原有基础为起点进行提升和发展。所以，这一建设把总结教育教学经验作为重要的一环。沈阳市提出了基于专业系统化建设的职业教育战略发展思路。第一，示范专业系统化建设以全面提高专业水平为目标，努力扭转专业建设长期以来缺乏全盘考虑、教学改革缺乏长远部署、各工作环节缺乏统筹协调的局面。第二，以示范专业系统化建设为载体，与国家级重点中等职业技术学校、国家级高水平示范校建设相结合，与国家级示范专业、省级示范专业建设相结合，与国家级示范性实训基地、区域性综合实训基地建设相结合。第三，示范专业系统化建设以实践教学为重点，根据职业教育实践教学的特点改变原有的学科教学系统，建设新的职业教育教学系统。第四，以建设专业系统化建设标准为抓手。专业系统化的建设标准是指导专业系统化建设的重要文件体系，这一文件体系用于规定专业建设各主要环节的地位、作用，规范各相关过程的运行、管理，对改革过程进行指导。

第三章　校企合作与产教融合

党的十九大报告提出，要“完善职业教育和培训体系，深化产教融合、校企合作”。这是职业教育发展的重要目标。

任何一种职业教育发展模式，都必须把产教融合、校企合作作为重要内容。它们既是职业教育发展的平台，也是相当重要的发展目标，更是考量其发展水平的主要内容。

产教融合与校企合作并不是互不关联的事物，而是互为因果、共生共荣的。校企合作是产教融合的基础，产教融合又促进校企合作的稳定和发展。

一、校企合作概念的由来

职业教育是根据职业需求实施的教育。为了就业实施的职业教育往往归于职前职业教育；为了改变就业环境或再就业实施的教育往往归于职后职业教育。但不论是怎样的类型，都要根据职业的要求来确定教育目标和安排教育内容。实施职业教育的是学校等教育机构，它们是独立于企业而从事教育的社会组织，这种独立性又决定了学校和企业不可能完全融为一体，即它们承担着不同的社会职能。学校的职能是组织教学，完成规定的教学任务，开展各类与教学有关的业务；企业的职能是组织生产，完成规定的生产任务，开展的业务也应该与生产有关。这两个独立的主体承担不同的职责，在不同的目标下形成各自的独立性，这是学校与企业之间具有天然距离的原因所在。

学校与企业各负其责，这对于一般的学校来说是顺理成章的。但对于职业学校来说，情况就不是这么简单了。职业学校从事的是与职业有关的教育，要根据职业的要求来实施教育，实际上就是企业的要求，是企业各个岗位的要求。这些岗位千差万别，要求各异，而且会随着企业产品结构的调整、科学技术的发展而不断发生变化，这就必定会带来对职业要求的变化。职业学校要从事职业教育，就必须深刻了解、全面掌握相关的职业要求，必须了解企业的发展。换句话说，就是要与企业构成紧密的联系。

在市场经济环境下，企业与职业学校各负其责，它们之间没有天然的联系，学校与企业之间的距离客观存在。同时，学校又要通过与企业的紧密联系来合理组织教学，提高教学质量。这就构成一对矛盾，即：企业与学校之间客观存在的距离和职业教育要求缩短距离的矛盾。可以说，这是职业教育所面临的一个主要矛盾，而解决这一矛盾的最基本途径就是开展校企合作或产教融合。

将矛盾的双方——学校和企业之间做一个比较可以发现，对解决这一矛盾的意愿，学校比企业更加强烈。企业的主业是组织生产，虽然劳动力是一个重要因素，但是职业学校并不是企业补充劳动力的唯一来源。企业可以通过劳动力市场获得劳动力的资源。职业学校的主业是教育，最终目的是培养学生并保证把他们输送到企业，实现顺利就业。这种校企不对等的关系决定了学校在与企业的合作中，必然面临大量的困难、障碍，必须发挥学校的积极性和创造性。

校企合作的概念一般指更为宽泛的合作形式和合作途径，有较为宽广的外延，从历史发展各阶段看，其合作的类型和途径十分庞杂。从我国职业教育发展的历史看，校企合作经历了比较长的历史阶段。从大量的历史材料来看，新中国成立后的前 30 年，校企合作在很长时期都是一个重要的办学口号，在“教育与生产劳动相结合”的总要求下，开展各种学校与企业的合作，不仅范围不限于职业学校，合作内容也十分丰富，层次高低不一。特别是在高等院校与企业合作进行技术开发方面，成果十分突出。但是平心而论，当时的各类校企合作总体上还是局部的、浅层次的。所以校企合作的概念不能涵盖产学合作的全部关系。

之所以这样说，我们有以下两方面的依据。

1. 当时的合作还没有渗透教学过程的内部

普通中小学和职业学校都有局部的合作，当时的合作项目如学生下厂劳动，企业人员到学校作讲座都不是教学内容的组成部分，这些活动与整个教学过程是分开的、相对独立的。教学内容的决定、教学方法的选择、教学评价的方法都与这些合作没有根本关系。所以合作本身对学校的办学不发生深刻影响，这些合作的重要性也十分有限。对于当时的职业学校来说，校企合作相对有一定深度，合作的范围较大，稳定性较高，在实习阶段学校与企业的联系更为紧密。但是，这些合作与学校的教学实施没有根本联系，学校的教学自成体系。即使当时的职业学校都是企业或行业举办，但学校仍然沿用了学科教育的教学组织方法，采取传统教学的实施方法。劳动课是一个完整的教学计划的附属品，实习主要是进行劳动锻炼。企业与学校的合作并没有对教学本身产生很大影响，它们之间缺少能够影响教学的互动关系。教材是由行业或教育部门统一编写，企业岗位、技术、生产方式发生的变化不能及时反映到教材中。专业课的教师是学校的专职教师，他们有较好的理论根底，但缺少实践经验。这些情况反映了历史上校企合作的一般特征——局部合作和浅层次合作。

2. 校企合作不是职业学校十分迫切的意愿

可以说，在很长一个历史阶段，校企合作是作为政治口号进行理解和贯彻的。在计划经济体制下，各类学校特别是职业学校并不需要通过与企业的合作来谋求发展。职业学校本身就是由企业或行业举办的，因此决定了学生就业渠道的畅通。在包分配的制度下，学校的教育不需要通过学生的就业水平来检验，职业学校对企业的依赖，企业对学校毕业生的兼容并包，淡化了对学生职业能力的培养，也使职业学校失去了与企业进行深层合作的动力。在计划经济体制下，企业并没有就业员工的选择权，也没有强烈的选择意愿。对职业学校毕业的学生，由于主办企业或行业采取的是宽容的态度，允许学生在进入企业后再经过一个较长时期的锻炼来适应环境，提高技能。所以，校企合作对学校的发展没有像今天这样具有至关重要的意义。

二、产教融合是高层次的校企合作

产教融合是在校企合作的基础上形成的。这种融合重在开拓和发展合作的途径，而不仅限于有一定程度的、局部的合作。它在合作内容上超越了校企合作的范围，实现了全方位合作；在合作深度上大大深化了合作内涵，在许多环节实现了深度合作；在合作渠道上实现了多元合作；在合作方式上不断开拓合作关系、创新方法。从教育教学过程对全部的教学环节进行考察可以发现，产教融合是将产业的诸多因素（如企业因素、岗位因素、职业因素、能力因素等）渗透职业教育教学的各个环节。如果说产教融合也是一种校企合作，那么这一合作关系与传统的校企合作相比发生了根本的变化。产教融合是一种高层次的校企合作，具有更加丰富的内涵、更加紧密的合作纽带，对教学和整个人才培养模式产生更加深刻的影响。

校企合作与产教融合的根本区别是，校企合作强调的是学校和企业两个主体的合作，产教融合则是强调企业因素向职业教育办学和教学的注入。在这一阶段，学校和企业之间在形式上的合作不再是主要因素，而是把企业的要求和因素融入学校教学、办学的全过程中。也就是说，即使在一些办学环节没有企业的直接参与合作，产教融合的特征照样可以凸显出来。例如，一些职业学校规划建设的校内实训基地，企业并不直接参与规划和建设，但学校会注意按照企业的生产组织形式和环境设计要求来建设基地，还会引入企业的运行方式来优化基地的运转，这样的建设思路和方法都强调了产教融合。可见，产教融合并不注重学校和企业在形式上、表面上的合作，而是注重在办学思想和教育教学实施的方法上强调企业的因素，是从思路和理念上关注生产与教育的结合，并把这些思想渗透实践中。

需要强调的是，校企合作是产教融合的前提和基础，没有稳定的、深度的校企合作，产教融合的基本渠道就会断裂。将校企合作与产教融合刻意分割，认为可以相对独立、互不关联的想法，是违背事物发展基本逻辑的。

产教融合在以下几个环节表现得极为突出。

1. 专业和课程建设

传统的校企合作对专业和课程建设产生一定影响，但并不产生根本性影响。产教融合与之相比有两个特点：第一，在产教融合层面上发生的校企合作是在专业和课程建设的始终，而不是在某一环节。在此层面，企业通过专业人员的参与、企业与学校合作项目的建设，直接形成从专业和课程开发环节到实施环节、保障环节的合作。在专业设置和课程开发伊始，企业的因素（如对岗位技术的要求、素质的要求、设备的影响、岗位迁移的趋势等）都已经作为专业和课程建设必须考虑的因素。企业人员直接参与专业和课程的设计与安排，保证了企业影响的有效性。第二，在产教融合层面，大量的企业岗位因素和环境文化因素进入课程。而传统的校企合作在这一环节上，一般通过增加一定的附属课程来实现。这些课程虽然充分体现了企业的影响，但这些课程本身游离在整个课程外，不对课程产生很大影响。

2. 教学方式

传统的校企合作不对教学方式产生明显影响，因为在这一阶段，一些采用实践教学方法的课程是在课程主体系之外的附属品。在产教融合阶段，企业已经渗透教学的全过程，一些具有革命性的教学方法产生了重大影响。在专业课程中，以实践教学、学用结合为特征的教学方法占据了重要地位。这些方法在传统的校企合作阶段，在有限的课程教学中是不可能得到发展的。例如，在当前专业教学中经常采用的一些比较成熟的实践教学方法，都是在企业参与的直接推动下形成并臻于成熟的。团队式教学直接来自企业生产中的团队合作，可以说是来自企业的生产环境。任务式教学则直接来自企业生产环境下的师徒制教学方法，在一个任务的引导下完成教学任务——在任务实施的过程中、在解决问题的过程中学习知识和技能。课题式教学来自企业技术攻关，是带着问题研究的一种方法。学生是在知识不具备的情况下，通过对课题的研究、攻关来学习。可以说，只有在产教融合的层面上才真正实现了教学方法的革命。在此层面还实现了一项重大创新，就是在技能比武与竞赛中实施教学，这是一种针对关键目标集中进行实践教学的教学方法。这一教学方法也被大量运用在生产性实训教学中。

3. 教学组织形式

在产教融合层面，教学组织方式的变革比传统的校企合作深刻得多。由于要根据企业的要求组织教学，大一统的教学组织形式就不再适合新的要求。根据企业的要求有针对性地进行人才培训，直接引发了订单班培养模式的产生。订单班是根据企业要求进行定位培养，即把一些学生组织起来，根据企业的要求进行培育，毕业后直接送到对口企业就业。这种订单制作、量体裁衣的方法打破了传统的统一教学管理模式，有利于把企业的因素迅速、完整、有效地吸收到教学中。在产教融合层面，也产生了一整套校内实训的组织与教学模式。在传统的校企合作阶段，学校也有一定的校内实训教学，但是一般采用学校传统的教学方式。而在产教融合阶段，由于企业的参与，可以把企业的环境、生产组织方式引入学校实训环境，这就产生了一些创新型的组织形式，如“三班制”“预顶岗”等。在这一阶段，还产生了适应企业需求的实习模式。在计划经济体制下，学生实习作为任务分配到企业，企业必须承担这一义务和责任。而在市场经济体制下，企业不再承担此义务和责任，学生到企业实习首先必须征得企业同意，这就要求学校根据企业的需求来安排实习，使企业和学生的利益都能得到兼顾。例如，在一些职业学校形成极富创新的实习模式：公路运输管理专业基于运输高峰周期的“旺入淡出，学做交替”模式；水运管理专业基于认知、见习、顶岗的“锯齿型”工学交替模式；基于物流企业真实生产任务的轮流顶岗实习模式；适应智能交通岗位职业能力的“进阶式”工学交替模式；适应电子企业岗位任务的“轮流顶岗，学做合一”模式等。

4. 教师队伍建设

与低层次的校企合作相比，产教融合对教师队伍的要求是以实践教学、技能教学等具有职业教育教学特点的活动为出发点，在对教师素质和队伍结构新的认识基础上形成的。由于在普通教育领域是进行学科知识的传授，专职教师可以承担全部的教学任务，而在职业教育领域，实践知识和技能的要求使专职教师不容易承担全部的教学任务。所以，职业教师队伍的建设是通过产教融合的平台来完成的。从整体上看，产教融合与教师队伍建设的关系有两个方面：一是产教融合的程度是教师队伍建设的基础；二是教师队伍建设又是产教融合水平的重要条件。就第一方面而言，有两个原因：其一，提高专职教师的技能素质和生产经验，主要途径是到企业的真实生产环境中进行学习、体验。而教师要进入企业完成学习任务，就必须以企业愿意接受教师进入车间并愿意提供相关技术岗位为前提。这一前提的实现取决于学校和企业的产教融合程度。其二，改变教师队伍的结构，使学校能够在教师队伍中保持一个稳定的、由企业技术人员组成的兼职教师比例。就此而言，几乎产学合作的一切重要项目，都要以教师队伍的建设为条件。如教学项目、科研项目的开发等，都需要高质量的、结构合理的教师队伍作为支撑。

5. 实习实训环境建设

产教融合的教育教学把实习实训环境作为重要的外部条件给予特别关注，这是因为职业教育产教融合的本质是要培养具有高素质、高技能的职业人才。所谓高素质是指高水平的职业素质，所谓高技能是指岗位操作技能和管理技能，它们都需要在一个真实或仿真的环境中才能有所掌握。实习实训环境就是要在学校内或有条件的企业中建设一个用于实现职业教育教学目的的环境。同样，实习实训环境的建设也需要产教融合的基础，即只有企业与学校共同建设的实习实训环境，才有可能成为能够完成教学任务的优质环境。在这样的合作中，企业既可以通过参与共建把企业的岗位因素、技术因素、环境因素引入教学环境中，形成仿真的环境，也可以在自己的生产车间中提供一定量的技术岗位，与学校共建真实的实习实训环境。

第四章　职业教育柳州模式的“政府领航”

“政府领航”是职业教育柳州模式的基本特征。就职业教育的本质来看，政府承担推进发展职业教育的主要责任。由于职业教育既是为产业发展输送人才，又是为提高公民就业能力和就业水平实施的教育培训，不仅关系一个国家的整体经济社会发展，同时也是一项公益性与惠民性极强的事业。当今世界各国政府均给予高度重视，并且在推动其发展过程中发挥着不可或缺的作用。我国先后颁布了《中华人民共和国职业教育法》《国务院关于大力推进职业教育改革与发展的决定》《国务院关于加快发展现代职业教育的决定》《教育部关于加快发展中等职业教育的意见》《职业学校校企合作促进办法》《国务院办公厅关于深化产教融合的若干意见》等政策法规，以推动我国职业教育发展。

本书第二章已经深入探讨了政府在发展职业教育中的重要作用。柳州市政府的做法正是通过实践探索，把握职业教育发展规律，从而形成了一套科学、有效的做法。

柳州市政府制定了《深化教育领域综合改革加快推进教育发展总体方案》《柳州市加快发展现代职业教育的实施意见》《柳州市职业教育国际化发展行动计划（2014—2020）》《柳州市开展职业教育“现代学徒制”试点工作实施方案》《柳州市职业教育专业布局与结构调整规划（2015—2020 年）》《柳州市推进县级中等专业学校综合改革统筹工作方案》《柳州市中等职业学校布局调整和专业结构优化方案》等一系列职业教育相关政策，对柳州市职业教育的发展起到了领航作用。从职业教育顶层设计、政策支持、资金投入到环境优化，直至职业教育的具体目标和教学内容与当地产业的匹配，都成为柳州市政府高度重视、积极实施的项目和任务，在柳州市职业教育的发展轨迹上留下深刻的政府施政印痕。

一、谋划产业布局，明确职业教育发展方向

“抓职业教育就是抓工业经济”是柳州市政府长期坚持、一以贯之的指导思想。

2014年，柳州市政府为柳州市产业发展制定了四大发展战略，也为柳州市职业教育的发展指明了方向。

一是开放体系建设战略。战略包含深化利用外资战略，引进新型商贸企业形成物流枢纽节点，建设各类开放平台；提出“目标链主体化”，把招商和发展重心放在三类项目（即对整个产业链具有支配作用的项目、对市场资源具有整体作用的项目、对产业集群发展具有引导作用的项目），为职业教育的专业发展指明方向。

二是产业转型升级战略。战略目标的定位是以打造西江经济带新型工业中心城市为引领，以工业物流中心建设为依托，以加快发展高端新兴制造业为核心，以现代服务业和优质高效农业为支撑的产业体系。使柳州形成以鲜明的机电、汽车等制造业和现代服务业为主的产业链，为柳州职业教育的学校布局、专业设置奠定了基础。

三是区域联动发展战略。战略提出柳州市要成为接受我国东南沿海经济辐射的核心城市；成为西南地区最重要的先进制造业中心和物流中心；成为区域性的龙头城市，并提出了重点突破和整体带动相统一的战略思路，成为柳州职业教育规模化、均衡化、带动发展和整合发展的重要战略基点。

四是软环境建设战略。战略内涵是优化高效务实的政务环境、优化公开公正的法制环境、优化法德并举的诚信环境、优化开放包容的人文环境、优化更具活力的创新环境，为柳州职业教育发展营造了良好的发展氛围。

柳州职业教育发展成为全市产业升级转型的“催化剂”、园区建设的“服务器”和“三农”发展的“加速器”。

二、做好顶层设计，实施职业教育十大重点工程

柳州市政府设计并主导实施了柳州职业教育十大重点工程：职业教育园区升级工程、职业教育集团建设工程、职业教育国际化发展工程、专业布局优化与结

构调整工程、职业教育师资队伍能力提升工程、职业教育贯通发展工程、职业院校特色品牌建设和人才培养质量提升工程、职业教育扶贫富民及服务产业能力提升工程、职业能力建设及“双证融通”发展工程、职业教育信息化建设工程。政府对职业教育发展的顶层设计，保证了职业教育的高位运行和持续发展。

（一）实施职业教育园区升级工程

柳州市职业教育的最大特色就是校企一体化合作。为深入实施产教深度融合，市政府按照“城校互融、资源共享，园校互融、校企共建”的建设思路，科学规划产业园区的建设，将产业园区与职教园区同步规划，同步建设；将职业院校嵌入产业园区，营造校企互补互动局面，把企业变成学校的“后花园”，探索推动职教园区、产业园区和城市新区融合发展。成立由柳东新区、市教育局和相关院校等共同参与的职教园区管理委员会，共同协调以加快柳州职业技术学院机电分院等职教园区项目建设，完善园区内市政和生活配套服务设施。作为广西壮族自治区首个职教园区，该园区目前总投资已达 28 亿多元，征地 5 236 亩，一期建设工程基本结束。位于柳州市职教园共享区的在建项目“广西（柳州）职业技能公共实训基地”（柳州市现代学徒中心），计划总投资近 10 亿元。职教园区目前有柳州职业技术学院、柳州铁道职业技术学院、柳州城市职业学院、柳州市第一职业技术学校、柳州市第二职业技术学校等 5 所院校入驻办学，在校生总计 5 万余人。

到 2020 年，要将职教园区建设成为职业教育国际化交流平台、国家级职教师资培训基地、国家级装备制造与汽车技术人才培养培训基地，成为柳州市引领广西职业教育改革发展的示范窗口。

（二）实施职业教育集团建设工程

柳州市按照产教深度融合、校企紧密合作、城乡一体联动、中高职协调发展的思路，大力推进职业教育集团化办学。充分利用工业的强大优势，充分整合政、校、企的资源和力量，紧密结合柳州支柱产业组建职业教育集团，开展“一联盟四平台”建设，即构建一个相关行业、企业和职业院校共同参与的“协同发展合作联盟”，搭建人才培养、就业创业、技术研发、技能培训“四个平台”，打造柳州职教园区升级版，有效推进产教深度融合，深入探索校企“双赢”合作机制。职业教育集团建设能促进资源的集成和共享，优化资源配置，服务柳州产业发展，促进柳州职业教育改革创新，推动集团内企业、院校在人才培养、教学科研、实习实训、就业指导、项目开发、信息咨询、技能培训、技术服务等方面的交流融合。

2014 年，以柳州职业技术学院、上汽通用五菱为牵头单位，联合企业、职业院校、科研机构、行业协会等组织，组建了“广西汽车产业职业教育集团”，推进柳州产业龙头企业与柳州市职业教育骨干院校专业群的有机衔接，在专业规划、课程开发、实训基地建设、师资队伍培养等方面实现深度合作，形成产教对话机制和协作机制。广西轨道交通工程职教集团、柳州市工程机械职教集团、柳州现代服务业（生产性服务业）职业教育集团、柳州市现代物流职教集团、柳州汽车技术人才培养培训职教集团、柳州建筑装饰职教集团等教育集团的建设也积极推进。这种由职业技术学院和龙头企业牵头，相关行业、企业，应用型本科、高职、中职、县级职教中心和科研机构参加的，具有显著行业性、区域性，特色鲜明地覆盖全产业链的职业教育集团，能促进柳州职业院校之间，校企之间，应用型本科、中高职之间全方位合作，实现资源共享、优势互补，扩大办学规模，形成产业链和人才培养链融合发展新格局。

（三）实施职业教育国际化发展工程

柳州市按照职业教育国际化发展与本土化转移相结合的发展思路，制订了《柳州市职业教育国际化发展行动计划（2014—2020）》，在其中明确了柳州市职业教育国际化的发展目标：“到 2016 年，职业教育国际化交流合作平台与运行机制基本建立，在职业教育国际化理念学习和资源引进方面取得重大进展，全市职业教育国际交流与合作成效初显，职业教育国际化水平走在广西前列；到 2018 年，职业教育国际化交流合作平台与运行机制健全顺畅，初步实现与国际职业教育平等对话交流，输入与输出相结合，全市职业教育国际交流与合作取得深入进展，国际化主要指标跻身全国优秀行列。到 2020 年，建立与柳州经济社会发展水平相适应的完整的职业教育国际化体系，在资源输出、参与国际竞争方面取得突破，柳州职业教育形成国际化品牌，职业教育整体实力显著提升，职业教育国际化水平达到全国一流水平，把柳州职教园区建成国内先进、国际知名的国际化职教园区，使柳州成为我国西部地区职业教育对外开放与合作交流中心、东盟先进制造技术技能人才培养与输出基地，形成‘学技术到柳州、要技术人才到柳州’的氛围，助力‘柳州智造’与‘柳州技艺’走向全国，走向世界”。

柳州市政府积极引进国际优质职业教育资源，主动服务本地职业院校参与国际竞争。引入“双元制”“现代学徒制”和“双轨制”等国际先进职业教育人才培养模式，构建符合国际标准的本土课程和教育教学体系，重点开展职教园区国际化升级、国际化理念学习、国际化资源引进、国际化师资培养、国际化院校结对、国际化平台建设、国际化对外服务七大行动，健全完善职业教育国际化工作机制，普遍提升教师的国际素养，丰富优质职业教育资源，大幅提升人才国际化培养水平，努力实现职业教育国际化发展与柳州本土化转移的有效衔接。

自2015年起，柳州从市财政“两费”中安排职业教育国际化专项经费。2016年，遴选了“中德职业教育机械制造合作项目”“中英物流业‘现代学徒制’项目”“轨道交通职业教育国际化发展项目”等5个项目，涵盖7所院校5个专业集群，探索引入国际职业教育资格标准和行业、企业先进标准。

根据规划，柳州市将在建立中德广西（柳州）职业教育国际交流中心，成立德国AHK职业培训中心等平台基础上，引进德国AHK职业资格证书培训认证体系。通过培训资源共建、培训师资共育的形式，开展系列专项合作计划，推动中德职业教育合作全面深入。

市政府积极支持职业院校开展国际化项目建设，仅柳州职业技术学院就开展了多项国际化教育合作项目。

柳州市德国AHK职业培训中心建设项目。根据合作备忘录的约定，将在柳州职业技术学院引进德国AHK职业资格证书，促进德国AHK职业资格证书的本土化和企业认可；合作开展师资培训，借鉴德国企业实训教师培养经验，引进优质培训资源，开展职业教育骨干教师和企业师傅培训；根据柳州市经济社会发展需要，引进德国标准，就机械、机电、汽车等行业开展中德职业教育合作专门项目，提升人才培养质量，为区域经济发展提供高素质技术技能人才支撑。根据项目计划，将在该院设立德国AHK职业培训中心，并将该中心建成德国“双元制”职业教育在我国西南地区及东盟成员国的职业教育推广示范基地。柳州职业技术学院紧紧依托AHK上海办事处提供的平台，组织学校教师、企业培训师赴上海参加培训，学习“双元制”人才培养模式、课程开发流程、课程教学实施、实训基地建设、AHK考试组织等相关内容，让专兼结合的教师团队对“双元制”的运行体系有了全面认识。自2015年至今，共培养了29名校内培训师，10名企业培训师。

机械设计与制造专业中德“双元制”教育项目。柳州职业技术学院与柳州采埃孚机械制造有限公司合作开展机械设计与制造专业“双元制”本土化教学试点，目前该专业试点班有学徒 30 名。试点班充分借鉴德国“双元制”人才培养模式，通过德国 AHK 上海办事处引入职业能力标准，并根据柳州汽车零部件制造企业用人需求，按照企业人才培养要求，与合作企业共同完成了机械设计与制造专业人才培养方案的开发、师资培养、实训基地建设、学徒遴选等工作。目前，正按照“双元制”的课程教学要求实施教学，初步建立了基于国际职业能力标准、具有本土化特点的“双元制”人才培养机制。项目中引入德国职业能力标准体系，构建具有本土特点的“双元制”课程体系，以培养具有国际化视野的现代职业人为出发点，通过 AHK 上海办事处引入德国职业能力标准体系，并根据企业工作岗位需求和学生可持续发展需要，按照“新手—技术专家”的职业能力发展四阶段理论序化课程，构建学校、跨企业培训中心、企业协同实施课程教学的本土化“双元”课程体系（见表 4-1、图 4-1）。

表 4-1　机械设计与制造专业“双元制”试点班专业课程体系

学校——学习领域课程	跨企业培训中心——培训模块课程	柳州采埃孚机械制造有限公司——企业顶岗课程
专业认知	专业认知	劳动与安全、企业管理制度等企业生产活动认知
手动加工零部件	手动加工	零件批量生产顶岗
用普通机床加工零部件	车削加工	
	铣削加工	
	钻、磨加工	
用数控机床加工零部件	数控加工	
机械结构及零件设计（三维 CAD）	工艺装备制作	机床保养
零部件制造工艺开发	机床装调与简单维修	企业生产工艺优化
工艺装备设计（三维 CAD）	AHK 毕业考试 1	生产组织与管理
机床电气液控制认知	AHK 毕业考试 2	生产质量过程控制

物流管理专业英国“现代学徒制”试点项目。该项目是柳州职业技术学院与敦豪物流（北京）有限公司柳州分公司、英国瑞尔学徒制公司合作开展的物流管理专业“现代学徒制”试点。试点实施英国“现代学徒制”培养模式，引入英国国家职业资格高级学徒（三级）认证标准，建立“评估师＋内审员＋外审员”三位一体的质量监控体系，培养 10 名认证评估师，打造一支具有国际化视野的专兼结合教师队伍，进行 20 名高级学徒认证，制定与“现代学徒制”相关的专业、课程、认证、质量监控等标准，形成“双元育人”的教学管理体制及运行机制。

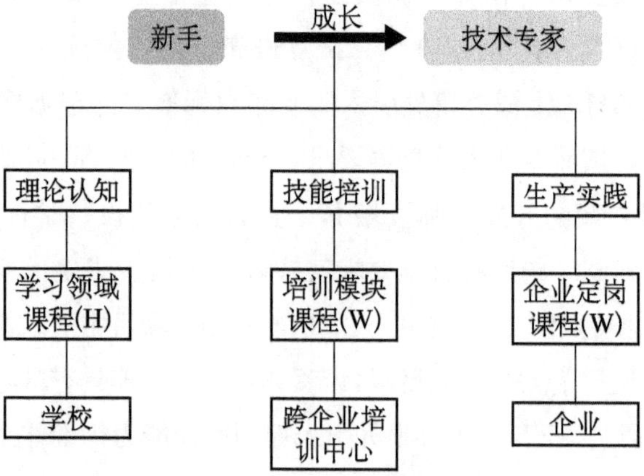

图 4－1　本土化“双元”课程体系模型

项目全程导入英国国家职业资格高级学徒（三级）认证标准，实行“2＋1”的“现代学徒制”培养方案，即学徒前两年在学校学习公共基础课程及专业课程，第三年在企业当学徒，同时完成 8 个模块的学徒课程学习。进入企业开展带薪岗位工作和学习期间，采用“5＋1”的方式安排教学过程，即每周 5 天由企业师傅培养学徒的安全意识及职业素养，指导学徒进行具体操作，1 天进行学徒课程学习。由评估师队伍共同教学，评估师每周与学徒进行沟通交流，关注其在工作中遇到的问题并进行指导。目前，所有学徒均已通过 ERR、ESW 的测评。学习结束时，有 20 名学徒获得英国国家物流职业资格高级学徒（三级）资格证书；有 6 名担任主管助理、2 名担任班长、7 名担任班长助理、5 名担任专职审计员。同时，培养了 10 名评估师并获得评估师资格，其中本校评估师 8 人，企业评估师 2 人；在本校的 8 名评估师中培养了内审员 3 名并获得内审员资格。

中德职业教育汽车机电合作项目（SGAVE）。该项目旨在校企共同开发与应用在中国广泛适用的德系汽车企业相关培训标准及证书体系。它充分利用和借鉴了德国在汽车领域的技术和经验，支持在我国职校中建设符合现代汽车维修和维护行业标准需求的汽车机电人才培养培训体系。该项目的核心目标是既为在中国的五大德系汽车公司培养优秀员工，也为职业院校培养符合现代汽车维修与维护行业的师资力量。项目实施过程中，先进的教学理念和培训模式因产生后发力而获得源源不断的“复制”和辐射功能，最终将带动实现人才培养质量国际化与现代化的提升。该项目构建了以客户为中心、以实践为基础、以能力为导向的课程体系，根据德方教育机构和五大汽车制造商提供的教学大纲，将各个学习情境结合相应的客户订单进行分类，合作开发了融入专业技术和职业素质培养的 8 个学习领域，43 个学习情境，完全打破了传统的“基础课—专业基础课—专业课”课程体系；开发了以维修和诊断任务为导向，以问题和行动为主导的典型工作任务；建立了以“学校＋企业”为主体的综合评价体系；带动和引领了学校的校企合作机制建设。

工程机械运用技术专业——柳工海外服务专员培养项目。自 2003 年以来，柳州职业技术学院与柳工合作开办了 8 期“柳工班”，共同制定培养方案，共同实施课程教学，开展柳工海外服务专员培养，已培养了近 300 人，其中近 1/3 服务于东盟国家，近 10 人已经走上区域负责人的岗位，帮助柳工进行国际化战略人才储备。同时，通过柳工康明斯发动机培训中心、东风康明斯广西区域服务培训中心，为柳工开展全球技术人员培训，为柳工培养国际化人才。

（四）实施专业布局优化与结构调整工程

职业教育的专业设置与产业发展是相互适应、不断调整的关系。产业受到市场经济和技术发展的制约，是一种动态的、波动的状态。一个产业从兴起、发展到衰落，作为一个生命周期，极大地影响了相关专业的发展。在市场经济环境下，职业教育专业适应经济发展的能力是逐步增强的，但专业的发展往往滞后于产业的发展，同时专业的弹性和灵活应变性较差。仅靠一校之力来适应地方的产业需求，又是力不从心的。由此，政府在这方面的工作就显得尤为重要。

柳州市政府先后颁布了《柳州市职业教育专业布局与结构调整规划（2015—2020 年）》《柳州市中等职业学校布局调整和专业结构优化方案》，直接领导并推进职业院校的专业布局优化与结构调整。围绕柳州市打造“区域性先进制造业基地、区域性现代服务业中心、区域性交通枢纽”的工作实际，以满足柳州经济社会发展对技术技能型人才的需求为宗旨，遵循“适应需要、适度超前，科学规划、特色发展”的原则，构建“规模适宜、布局合理、特色鲜明”的职业教育发展新格局，推动职业教育专业链与地方产业链之间的紧密融合和升级。

坚持“撤、补、建、强”链原则优化专业布局。“撤”：对专业师资力量薄弱、教学基本建设不足、生源萎缩、布点过多、发展后劲不足的专业进行关停。例如，撤销了部分职业院校的文秘、计算机网络技术、电子技术应用、供用电技术等专业。“补”：围绕产业链的上、中、下端要求，对产业链上缺失的专业进行补充。新增了新能源汽车、汽车车身维修技术、汽车服务与营销等专业，以补充汽车产业在物流、金融、销售及保险、交通信息、二手车交易方面的需求。初步形成以汽车制造与装配专业为引领的汽车制造专业群、以汽车检测与维修专业为引领的汽车售后服务专业群，打造了“零部件制造—整车制造—销售与运行服务”汽车产业链全程对接、汽车前后市场全覆盖的专业体系。“建”：围绕“中国制造2025”“互联网+”“一带一路”以及柳州产业转型升级需求，新建就业形势好的专业，以应对新兴行业产业需求。新建了工业机器人技术、空中乘务、智能产品开发、动车组检修技术、电子商务技术等23个专业。“强”：重点建设面向汽车、机械、信息、现代服务业、轨道交通产业的“产业—专业”集群。确定了现代装备制造、汽车商务、通信技术等17个“产业—专业”集群，旨在打造一批特色鲜明、优势突出、国内一流、国际知名的“产业—专业”集群。2014—2017年，柳州市中、高职院校分别新增专业16个和64个，分别撤销专业12个和31个。2018年，柳州市职业学校共新增专业19个，撤销专业8个，停招专业38个。通过调整优化专业结构，实现了专业链与产业链紧密对接，专业服务产业能力进一步增强，有力促进了柳州经济社会转型升级。

构建专业建设对接产业发展的动态调整机制。依托广西汽车产业职教集团等平台，探索建立职业院校专业动态调整机制，即根据企业用人标准、岗位要求和区域产业结构调整需求，调整专业结构、课程设置等，形成与产业结构相适应的专业布局。积极引导职业院校依托柳州支柱产业办好重点专业。提出“依托产业办专业、办好专业兴产业”。编制了《柳州市职业教育专业布局与结构调整规划（2015—2020年）》，重点发展面向汽车、机械等支柱产业所需的先进制造、汽车类专业，大力发展面向现代服务业所需的物流、商贸、旅游会展、信息服务类专业，适时发展面向新兴产业的新材料、新技术、新能源类专业；确定了现代装备制造、汽车商务、通信技术等17个“产业—专业”集群，打造和培育了职业院校品牌专业，引导各院校精准定位、错位竞争、优势互补、特色发展。

到2020年，建成一批面向汽车、机械支柱产业的国际知名、国内一流的装备制造、汽车服务、现代物流及轨道交通类专业；建成一批在国内有影响力、广西一流的生产性服务及城市服务类专业。

（五）实施职业教育师资队伍能力提升工程

组建企业师傅团队。柳州市进一步完善和落实市属各职业院校实行（实名制或非实名制）教师管理制度及有关政策，支持各职业院校根据专业和实验实训教

学需要，扩大聘请行业企业专家、工程技术人员、生产技术骨干担任专业教师工作力度，遴选一批企业师傅担任指导教师，成立了工装制作国家级技能大师郑志明大师工作室、侗族木构建筑营造非遗传承人杨似玉大师工作室、高级工艺美术大师张礼全技能工作室、侗族刺绣韦清花技能大师工作室、柳工彭智峰大师工作室等，大批行业技能大师走上职业院校讲台。

实施教师队伍强质增量工程。为进一步提升职业院校师资队伍整体水平，市政府实施了职业院校教师培养“5121”计划，即：2014—2017 年，每年投入经费 100 万元，通过“理论进修＋企业实践＋技术研发”等途径，培养 5 名行业教育领军人物、10 个优秀教学团队、20 名专业带头人、100 名专业骨干教师。同时，柳州市教育局对新入职教师、骨干教师、文化课教师、专业带头人、管理人员等组织开展了校本培训、国内培训、企业实践挂职、行业企业培训、出国出境培训等形式多样的培训，全市职业院校教师素质全面提升。

实施职业教育教师海外学习培训计划。为打造具有国际视野的专业师资队伍，柳州市政府实施了职业教育教师海外学习培训计划。紧扣国际化技术技能型人才培养对专业教师教育教学能力的要求，将选派优秀教师出国进修与邀请国外专家到校培训有机结合，打造国际化专业教学团队。近年来，累计组织职业院校专业骨干教师上百人次走出国门，前往德国、英国、奥地利、新加坡等国进行培训学习和交流。初步打造了一支具有国际新观念、宽视野、高素质，专业能力强的教师队伍。

（六）实施职业教育贯通发展工程

柳州市系统构建从中职、高职、应用型本科到专业学位研究生的培养体系，满足各层次技术技能型人才的教育需求，拓宽高等职业院校招收中等职业学校毕业生、应用技术类型高等学校招收职业院校毕业生通道，以拓宽职业院校学生的成长空间。2014 年，柳州市政府在《加快推进教育发展总体方案》中提出，要促进中高职院校专业布局统筹与衔接，强化示范专业人才培养体系的有机衔接，积极发展五年一贯制、“2＋3”和“3＋2”等多种形式的五年制高等职业教育。柳州市政府大胆创新现代职业教育学制体系，探索建立中职—高职—应用型本科、中职—应用型本科的职业教育学制体系。支持柳州职业技术学院与广西科技大学，柳州铁道职业技术学院与广西民族大学联合举办本科专业试点；引导高职院校与中职学校组建中职—高职发展共同体。组织柳州职业技术学院、柳州铁道职业技术学院、柳州城市职业学院3所高职院校和柳州市第一职业技术学校、柳州市第二职业技术学校、柳州市交通学校在工业机器人技术、计算机及网络维护、旅游服务与管理等10个专业展开合作。共建中高职衔接的专业课程体系，共享师资、教学资源与实训基地，共同开展师资培训与专业建设。中高本协同发展，让有限的职教资源发挥最大效益，也成为柳州市专业建设一大亮点。

（七）实施职业院校特色品牌建设和人才培养质量提升工程

柳州市政府引导柳州区域内各职业院校围绕柳州基础产业和支柱产业，以优势特色专业群建设为核心，全面提升职业教育办学水平和人才培养质量，打造柳州职业教育特色品牌，大力抓好品牌专业（集群）和实训基地建设。2014年，市财政投入3 350万元，重点建设汽车零部件精密制造教学工厂等10个“开放共享、工学结合、服务生产”的大型公共实训基地。2015年，再投入5 100万元，重点支持先进制造技术、整车制造技术、生产型物流等专业集群实训基地、教学平台建设，还特别安排了300万元专项经费支持广西生态职院、广西商业学校的特色专业实训基地建设。

柳州职业教育以项目建设为抓手，以品牌特色专业建设提升人才培养质量。一是通过特色优势专业建设工程，遴选一批理念先进、定位明确、改革深入、模式创新、特色鲜明、质量过硬的专业为特色专业，提升专业服务产业发展能力，为其他专业建设和改革起到示范和引领作用。以“特色专业＋实训基地”建设工程、专业教学资源库建设项目、民族文化传承创新工程、重大校企合作项目、示范性基地建设项目，以及以优质核心课程、精品课程、配套教材建设为重点的课程建设项目等为载体，进一步优化教学资源配置，建立和完善与区域经济社会发展相适应的、体现学院办学特色、协调发展的专业体系，全面提升和形成职业院校特色专业、优势专业的品牌和核心竞争力，提升专业服务产业发展能力。二是通过课程体系建设工程，进一步完善体现专业定位和地方特色的课程标准建设。与地方企业和兄弟院校密切合作，实施国家级、省级、院级专业教学资源库建设项目，丰富网络教学资源。积极引进、吸收世界职业教育发达国家的职业教育培养体系和课程与质量标准，吸收和转化德国、澳大利亚等国家成熟的培训包和课程标准，丰富教学资源，推动国际化人才培养。

经过项目建设，柳州市建成国家示范性高职院校1所，自治区示范性高职院校2所，国家中等职业教育改革发展示范学校6所，国家重点中等职业学校5

所。高职院校共有国家级重点建设专业 15 个，自治区级优质/特色专业 59 个；中职学校共有国家级重点建设专业 30 个，自治区示范性专业 20 个。

（八）实施职业教育扶贫富民及服务产业能力提升工程

实施教育扶贫。柳州市组织职业院校定点定向招收贫困地区学生，扩大职业院校招收贫困地区学生的比例；争取自治区项目支持，在职业院校建立职业教育扶贫培训基地，面向城镇化农业转移人口和精准扶贫对象，全面实施“职业技能扶贫”。在柳州市第一职业技术学校成立柳州益智特殊教育职业技术学校，面向广西壮族自治区招收残疾学生及开展残疾人职业技术培训。2006—2017 年，以全纳方式累计招收全日制残疾学生近 700 人，远超全国特教学校平均体量；坚持“残健融合”理念，将残疾学生融合到健全学生中共同学习、共同生活，走出相对封闭的“小圈子”；确立“三级成长”培养路径，即：可自理—会交往—能就业；创新实践了中职学校残疾人职业教育“残健融合，三级递进”培养模式，逾 90%的毕业生凭一技之长就业；累计培训残疾人职业技术 5 000 余人，职业资格获证率高达 91%，使大批残疾人凭一技之长摆脱贫困，回归主流社会，项目成果获 2018 年职业教育国家级教学成果奖一等奖。

紧密围绕地方产业设置专业。柳州市各职业院校在专业设置上遵循服务地方经济的宗旨，紧密围绕地方产业发展调整新增专业。专业调整涵盖了第一、二、三产业，与柳州市产业发展紧密联系，很好地服务地方产业发展。各职业院校重点建设新能源汽车、物流管理、轨道交通、智能制造、现代服务业等专业群，致力于柳州市重点产业，服务地方经济。

合理确定中高职院校人才培养规格与定位，促进中高等职业教育在人才培养目标、专业结构布局、课程体系建设等方面与地方经济发展实现有机衔接。在校内建设跨企业培训中心，将实训设备进行混编，按企业“加工岛”模式布局，为学生完成综合性学习创造有利条件。在企业建立职业院校培训中心，以确保学生实训质量，使学生的技能水平适应岗位能力要求。

柳州市积极申报首批“现代学徒制”国家试点城市。2014 年，开展了英国“现代学徒制”和德国“双元制”职业教育理论学习和师资培训。2015 年，获批成为全国首批“现代学徒制”工作试点城市。经过科学规划，充分发挥政府的统筹作用，以职业教育国际化为抓手，合理确定了首批 26 个试点单位（7 所学校、19 个企业），在与柳州支柱产业相对应的装备制造、现代物流、汽车商务、汽车技术服务、轨道交通5大专业集群中遴选了机械设计与制造、数控技术应用、物流管理等15个专业，589名学徒，整体有序地推进“现代学徒制”试点工作。当前，已基本形成“政府主导、国际引领、高职牵头，中高本协同发展”的柳州特色“现代学徒制”培养体系，并于2018年顺利通过国家验收。

（九）实施职业能力建设及“双证融通”发展工程

狠抓实训基地建设。瞄准国内国际化企业前沿技术与装备水平，融入国际化标准，提升职业院校实训基地的装备水平和管理水平。截至2018年，柳州市职业院校共有校内外实训基地665个，其中国家级示范基地17个，自治区级示范基地78个，千万元生产性实训基地16个，能充分满足学生学习训练要求。

实施“双证融通”。探索建立政府主导，行业、企业、职业院校、培训机构共同参与，社会化运作的公共培训和职业资格鉴定平台，并以平台建设为契机，试点推进职业院校毕业学生学历证书与职业资格证书“双证融通”工作，落实职业资格准入制度。依托实训基地建立与国际标准互通互认的培训中心和职业资格认证项目，积极承担社会的国际化培训任务，实现职业教育与国际化产业企业融合、职业培训和鉴定认证与国际标准的互通互认。

开展社会培训。大力开展非学历职业教育和职业技能培训，广泛开展城乡社区教育和在职青年职工技能提升培训，满足行业、企业和社区的多样化需求；加强对企业在职职工和社会再就业培训的指导，逐步构建完善满足企业和社会各类人员全面发展和终身学习需求的综合性平台。

（十）实施职业教育信息化建设工程

搭建全市职业教育信息化公共服务平台。市政府着力提升学校职业教育信息化实力，完善各职业院校校园数字化建设，建立满足需要的电子阅览室、多媒体教室、计算机教室、数字技能实训室和仿真实训室等信息化教学设施，提升职业院校信息技术装备水平；推进职业院校智慧校园建设进程，不断创新信息化环境下的教育教学模式，提高职业院校教师的信息素养；充分利用职教园区资源优势，整合入驻院校信息化平台资源，引入市场竞争机制，搭建职教园区信息化公共服务平台，充分发挥信息化在提升园区管理水平和服务能力方面的重要基础作用，以信息化推进我市职业教育的现代化。

加强教育信息化应用与服务能力队伍建设。大规模开展教师信息化应用能力培训，探索和推广以教材多媒体化、资源网络化、教学个性化、学习自主化、活动协作化、管理信息化为特征的新型信息化教师教学模式。帮助教师有效应用信息技术，更新教学观念，改进教学方法，提高教师应用信息技术水平，建设一支专业化技术支撑队伍，服务信息化工程建设。

三、贯通培养路径，构建现代职业教育体系

（一）构建完整的职业教育培养体系

柳州市构建了从中职、高职、应用型本科到专业学位研究生的职业教育完整培养体系，满足各层次技术技能型人才的教育需求。广西科技大学、广西科技大学鹿山学院两所本科学校具有完备的优质职教资源，广西科技大学职业技术教育学院是全国重点建设职教师资培训基地。柳州职业技术学院、柳州铁道职业技术学院、柳州城市职业学院、广西生态工程学院 4 所高职院校实力不断增强。柳州职业技术学院是首批国家级示范性高职院校，柳州铁道职业技术学院和广西生态工程学院是广西首批特色高职院校。广西壮族自治区 29 所中职学校稳步发展，6 所（含区属）中职学校是国家中等职业学校改革发展示范校。

（二）拓宽职业院校学生的成长空间

打通中本、高本贯通培养通道。柳州职业教育以市重点专业为纽带，促进中职—应用型本科在人才培养目标、专业结构布局、课程体系建设、师资队伍培养及实训基地建设等方面实现有机衔接、抱团发展。2014 年以来，有 500 多名中职毕业生直接升入广西师大、桂林电子科大等 10 余所广西壮族自治区的大学学习，构建了中职—应用型本科“3＋4”有效衔接贯通的人才培养体系，为探索多层级、立体化的技术技能型人才培养模式奠定了基础，拓宽了升学路径，为柳州市中职学生的发展提供了更多选择机会，同时，也为职业教育吸引了更多优质生源。柳州职业技术学院、柳州铁道职业技术学院与本科高校联合培养高端应用型本科人才，成为广西首批高端应用型本科人才联合培养试点高校，成功开设了两个高职试点本科专业，学生规模 80 人。柳州职业技术学院与广西科技大学联合举办机械工程专业，柳州铁道职业技术学院与广西民族大学联合开办通信工程专业。2018 年，柳州市中高职共计 892 名毕业生直接升入本科院校就读，比

2014年增长2.5倍。

拓宽中高职衔接。柳州城市职业学院2011—2018年共招收初中毕业生6 943人，按五年一贯制的人才培养模式培养。柳州职业技术学院与融水县民族职业技术学校、武宣职校、昭平职校、柳州市第一职业技术学校、柳州市第二职业技术学校等合作开展“2+3”中高职衔接一体化培养。在中职学校设立“柳职班”，前两年在合作的中职学校就读，后三年进入柳州职业技术学院就读。柳州市第一职业技术学校与柳州职业技术学院合作进行了软件开发、机电技术应用、空中乘务专业五年一贯制的合作；与柳州城市职业学院、南宁职业技术学院等12所高职签订了“2+3”合作协议，积极共建对口升学基地。对口升学基地涵盖各个专业，不仅实现了打通中职生升学“立交桥”，为更多学生提供了升学深造的机会，也大大拓宽了学生的选择面。2018年，柳州市中职学校（抽样调查7所中职学校）共有2 149人升入高职学校就读。

中高本联动实施专业建设。柳州市教育局组织柳州职业技术学院、柳州铁道职业技术学院、柳州城市职业学院3所高职院校和柳州市第一职业技术学校、柳州市第二职业技术学校、柳州市交通学校在工业机器人技术、计算机及网络维护、旅游服务与管理等10个专业展开合作，共建中高职衔接的专业课程体系，共享师资、教学资源与实训基地，共同开展师资培训与专业建设。组织柳州市第一职业技术学校、柳州市第二职业技术学校、柳州市交通学校与广西师范大学、桂林电子科技大学两所本科院校共同探索汽车维修、工程机械、物流管理等8个专业的中本课程衔接试点工作，确立了专业课程体系及课程标准、编制了相互衔接的教学内容，让中职生进入大学后能尽快适应并顺利完成学业。

（三）构建职业培训体系

职业培训，是现代职业教育体系建设的重要内容。柳州市积极打造职业培训平台，构建职业培训体系。一是多维开展职业培训与职业技能鉴定。柳州市各职业院校充分利用资源，面向社会各类人群每年开展10万余人次的职业培训，职业技能鉴定上万人次，发挥了职业教育的社会功能。二是职业教育走进社区。成立柳州市社区学院，组织教师与学生深入柳州市各个社区，向居民宣传职业教育的新政策；提供家电维修等技术服务；开展茶艺、插花、面点制作等职业技能培训，惠及居民。三是建设公共服务培训基地和机构。柳州职业技术学院与苏州大学、天津职业师范大学等一批管理水平高、办学成果显著的本科院校和高职院校合作，共建教师教育教学实践基地；各职业院校实训基地面向中小学生设计并实施职业技能体验课程。

目前，柳州市已基本形成适应社会发展需求、产教深度融合、中高本衔接、职业教育与普通教育相互沟通渗透、与柳州产业发展相适应、体现终身教育理念、具有柳州特色发展模式的现代职业教育体系。

四、统筹各方资源，合力发展职业教育

（一）完善管理机制，搭建院校合作平台

柳州市将职业教育发展纳入全市经济社会发展总体规划；强化职业教育发展政府联席会议制度，每年定期研究解决涉及职业教育改革发展的重大问题；统筹区域内职业院校布局和专业设置，探索建立专业设置随产业发展动态调整机制。出台《深化教育领域综合改革加快推进教育发展总体方案》《柳州市加快发展现代职业教育的实施意见》《柳州市开展职业教育“现代学徒制”试点工作实施方案》《柳州市职业教育专业布局与结构调整规划（2015—2020年）》《柳州市推进县级中等专业学校综合改革统筹工作方案》《广西现代职业教育改革发展示范区实施方案》等多项创新体制机制方面的政策文件，将职业教育发展纳入市委、市政府对各县目标管理年度综合考核，对职业教育的统筹领导、发展规划、经费投入、办学水平、职教惠民富民等开展联合督查和专项督导。搭建柳州职业院校间合作发展平台，由各职业院校共同组成柳州市职业院校校长协作会，建立职业院校定期协商和合作交流机制。

（二）统筹职教资源，实现资源效益最大化

政府从全局入手，统筹职业教育资源，调动全市的职业教育产生带动效益，合理配置教育教学资源推进全局发展和总体提升，集聚服务资源实现高水平服务，为政府管理职业教育积累了经验，开创了新局面。根据《柳州市深化教育领域综合改革，加快推进教育发展总体方案》，统筹主要瞄准三个方面：一是统筹城乡职业教育一体化发展，围绕服务现代农业发展，引导广西生态职业技术学院、广西柳州畜牧兽医学校、柳州市第一职业技术学校等城市院校对口帮扶县级

职校，采取“业务托管＋对口帮扶”的模式支持各县级职业学校（职教中心）办好1～2个涉农专业。二是统筹市属职业院校和自治区属职业院校，完善职业学校布局，明确发展定位，突出办学特色。三是大力开展职业院校服务进社区活动，鼓励职业院校面向社区提供各种形式的短期职业培训、继续教育和文化生活技能提升服务，努力满足社区群众多方面、多层次需求。

（三）落实部门职责，为职教发展保驾护航

柳州市政府认为，动员全社会的力量发展职业教育，首先要明确落实政府各个部门的工作职责，相互配合，形成合力。在柳州市实施职业教育发展十大工程的相关实施方案中，政府明确了各个部门的责任，每一个工程甚至工程中的每一个重要环节，都确定了政府相关部门作为组织实施单位，并要求领导小组成员单位各司其职，相互配合，形成合力，以确保教育发展十大工程的顺利实施。同时，又强调了各部门对职业教育的基本职责。

市教育局负责承担领导小组办公室的日常工作，统筹协调教育发展十大工程的具体实施；负责指导优化教育布局结构调整，指导各县教育局组织编制教育用地专项规划，并协助市住建委督促各县将教育用地专项规划纳入城镇控制性详细规划，负责十大工程整体推进、项目管理、检查评估等工作，牵头协调解决实施过程中的重大问题。

市编办负责对各县、区上报的中小学教职工编制方案进行审核，指导县、区机构编制部门做好各级各类学校教师编制管理和使用工作，督促各地加强学校教师配备并落实中等职业学校、高等职业院校和普通高中有关非实名制管理政策。

市发展改革委负责将教育发展十大工程纳入国民经济与社会发展总体规划和年度计划，负责指导做好项目立项审批等前期工作，争取和安排中央和自治区预算内基本建设投资统筹用于教育项目建设，将符合条件的项目列入市统筹推进的重大项目。

市财政局负责拓宽投入渠道，充分发挥公共财政职能，增加经费供给总量，督促落实教育发展十大工程各项财政资金，加强资金使用的监督管理。

市人社局负责加强教育事业单位岗位设置政策指导、宏观调控和监督管理，与教育局共同做好教育系统岗位设置管理的组织实施工作，支持教育部门开展教师招聘、选拔、任用，健全教师工资激励机制。

市住建委负责指导各县、区做好学校建设工作，为学校建设开设“绿色通道”。

市国土资源局负责督促各县、区按分级保障教育用地的原则给予优先落实，加快审查报批、土地供应和确权登记发证等工作，在符合规划和有关规定的前提下积极配合做好教育用地的置换等工作。

市规划局参与基本建设重大项目的选址工作，提出审查意见；负责工程项目用地及建设的规划管理；加快项目报建的审批工作；加强项目监管，定期参与项目推进的督查工作。

市科技局负责指导和促进高等院校科技创新成果转化，支持科研院所与高等院校的深度合作。

市卫生局负责指导和支持各地完善教师健康服务体系，支持特殊教育师资、康复类专业技术人才培养。

市地税局负责落实国家、自治区支持教育发展的税收优惠政策。

市扶贫办支持和协助教育部门做好贫困地区劳动力转移就业培训工作。

市物价局会同市财政局负责落实自治区关于学校收费和教育建设项目收费优惠减免政策。

市残联负责协助特殊教育学校教师培训及特殊教育优秀教师评选。

市委组织部、市委宣传部、市工信委、市政府发展研究中心、市综治办、市民委、市水利局、市农业局、市人口计生委、市审计局、市法制办、市国资委、公安消防市支队等相关部门根据各自职能，协同做好教育发展十大工程建设工作。

五、保障资金投入，加快蓝图落地

2016 年发布的《柳州市加快发展现代职业教育的实施意见》指出，将中等职业教育纳入市级公共财政保障范围，制定并落实中等职业学校生均经费标准或公用经费标准。教育费附加、地方教育附加用于职业教育的比例均不低于 30%。始终保持教育财政拨款的增长高于财政经常性收入的增长。2016 年，市级财政教育经费投入占财政教育经费投入总量的比例过半。财政性教育经费投入总量为 89 522.7 万元。其中，中央财政教育经费投入 12 967.8 万元，占财政性教育经费投入总量的 14.5%；自治区级财政教育经费投入 23 759 万元，占总量的

26.5%，市级财政教育经费投入 53 149.4 万元，占总量的 59.4%。市政府通过制定职业教育经费标准，逐步提高中职学校生均公用经费，中职生均经费标准由 2013 年的每生每年 200 元提高到 2015 年的 600 元，增幅 200%。充分发挥企业职工教育培训经费以及就业经费、扶贫和移民安置资金等各类资金在促进职业培训中的作用。落实职业教育经费绩效评价制度、审计监督公告制度、预决算公开制度。鼓励社会力量捐资、出资兴办职业教育，鼓励职业院校合法自筹资金用于院校自身建设。

第五章　职业教育柳州模式的“双元一体”

校企合作是职业教育发展的重要平台，也是考量职业教育发展水平的主要标志。柳州人把校企合作称为“双元一体”，以表示该市校企合作达到的较高水平。

“双元一体”是指校企一体（即学校与企业一体）、双园一体（即职教园与产业园一体）的柳州职业教育发展环境。具体来说，就是学校与企业、职教园区与产业园区互相渗透、互相嵌入，融成一体，实现专业链与产业链一体，满足产业需求；实现人才培养规格与企业岗位要求一体，服从产业需求；实现教学资源与企业生产要素一体，对接产业需求，进而实现双主体共赢。“双元一体”成为彰显产教融合特色的柳州职业教育高位发展的必要条件。

“双元一体”实际是对市场经济环境下的职业教育在发展机制上的探索。在从计划经济向市场经济转变的过程中，我国职业教育的企业办学、行业办学模式基本改变，目前大部分的职业教育办学模式都是学校办学，说到底还是在政府主导下的学校举办的职业教育。与计划经济时期的办学模式相比，最突出的特征是企业和职业元素不再成为职业教育的自然元素，而这些元素一旦缺乏，职业教育就失去了立足之本。从改革开放伊始，校企合作就成为职业教育艰难而沉重的话题。企业的意愿和目标与学校的意愿及目标并不一致。一方面，企业失去了举办、支持职业教育的利益驱动；另一方面，学校又必须依靠企业，以弥补整个教学和人才培养过程中因企业缺位带来的教育缺陷。

柳州职业教育的做法，是有目的地培育学校和企业的共存土壤，从而再建并加强学校和企业的联系，亦即“双元一体”的校企关系。它不是学校和企业的简单合作，而是在利益共享，乃至命运共存的基础上形成相互依赖、相互提携、相互支持的关系。在这一关系中，企业与学校的意愿逐步靠拢，企业和学校的目标逐步重合，最终达成一致。

“双元一体”成为柳州区域职业教育发展中校企关系的一种特殊状态，柳州市交通学校在对本校的校企合作成效进行总结时，提出四条经验，代表了柳州职业教育校企合作的基本状况。

第一，要实现校企真正的、实质性的合作，除硬件条件外，还应具备两个方面的资源条件：一是学校有被企业认可的专业，有真正能为企业提供技术或产品服务的师资和学生。二是企业性质和生产设备资源符合学校专业教学的需要。

第二，要有一支高技能的师资队伍。在校企合作中，学校要优选专业技能强、教学经验丰富的专业教师参与相关项目建设，如广西数控名师周云、能工巧匠黄格昶、广西教师职业技能比赛二等奖获得者陈焕等，为校企合作顺利实施提供良好保障。

第三，企业要积极参与。企业在学校配置加工中心、数控铣床等先进生产设备，符合专业人才培养目标的要求，同时企业员工也愿意承担指导学生的工作，成为兼职实习指导教师，为学生在企业的学习提供便利的条件。

第四，实现校企“互利、共赢”，是合作持久、深化、有效的根本保证。校企合作实现了学校和企业的五受益：一是学校受益。通过引入设备，增强了学校的专业设备资源力量；通过引入企业文化，改善了学校的育人环境；通过教师的优秀技术服务、学生良好的工作作风和工作能力，赢得了企业对学校教师和学生的认可，提升了学校的影响力。二是教师受益。专业教师通过在企业挂职，参与企业管理和技术服务，提升了教师的生产实践经验，真正实现了学以致用的专业目标。由于教学与实际生产的良好结合，真正实现了“教、学、做”一体，教学的针对性更强，实效性更高，教学效果更好。三是学生受益。学生在真实的生产环境中，以企业准员工的身份进行学习和生产，培养了学生良好的“5S 意识”和良好的行为习惯，提升了学生的职业能力和职业素养，提升了学生就业上岗的竞争力。而且，学生通过参与企业生产，获得了一定的经济补偿。四是企业受益。校企合作良好地保证了企业的人力资源，维护了企业获得优选员工的权益，缩短了企业的培训培养周期，降低了企业的用工成本。同时，利用学校专业教师的技术服务和技术改造，提高企业的技术工艺水平，帮助企业实现产品的升级与改造。五是员工受益。企业员工兼任学校兼职教师，借助学校对兼职教师的专业培训，以及与学校专业教师的沟通交流，提升了企业员工的专业理论和专业技能，特别是员工的表达沟通能力、基层管理能力都得到了显著提升。

柳州职业教育的“双元一体”是通过四条纽带相连接的：人才供需纽带、项目共建纽带、技术服务纽带、历史文化纽带。

一、人才供需纽带

人才供需关系是构成校企紧密联系的最重要的纽带。柳州市的产业发展对职业教育具有长期、稳定的人才需求。长期形成的人才供求关系，使企业高度依赖学校，也使学校有了依托企业开展教育教学的资格和主动权。

（一）产业与专业的适配使柳州校企之间保持长期稳定的人才供求纽带

柳州三类产业齐全、区域联动发展形成丰富多样的人才需求，产业之间相互联系又分工明确，要求培养大批涵盖多种岗位的复合型技能人才，这就实现了毕业生可以主要在当地就业，也保证了职业教育为地方经济服务。

汽车、机械、冶金等支柱产业，以及产业链形成的职业分布，促使当地职业院校的专业门类丰富、级类齐全。

柳州市产业分布的关联性和明晰性对其职业教育产生的重要影响，是促使职业教育培养目标层次清晰，形成中高职衔接，实现体系化发展的基础。

（二）产业与专业的适配使柳州职业院校育人质量不断提升

2014 年 3 月，柳州市市长郑俊康同志在接受全国两会记者采访时表示：“柳州将进一步优化专业布局和结构调整，围绕广西千亿元产值产业和战略性新兴产业发展需求，提升职业教育对经济社会发展的服务能力。”

2015 年，为进一步优化柳州市职业教育专业布局与结构，科学引导职业院校明确办学及专业发展定位，努力形成职业院校之间准确定位、错位竞争、优势互补、特色发展的柳州“大职教”格局，实现职业教育专业及人才培养链与产业链之间的紧密衔接，柳州市教育局出台了柳教职成〔2015〕1 号文——《关于印发柳州市职业教育专业布局与结构调整规划（2015—2020 年）的通知》。规划依据对柳州市产业发展及人才需求和柳州市职业教育专业现状的调研与分析，提出了“立足柳州产业转型升级实际规划专业发展方向、依托学校所属行业与传统优势规划专业、限制和淘汰社会需求不足条件薄弱的专业”的调整思路，同时开展了建设“产业—专业”集群，深化产教融合；打造品牌专业，彰显办学优势特色；培育共享型专业，疏通职教衔接体系等一系列专业布局与调整工作，不断提高专业与产业对接吻合度。根据《柳州市“十二五”职业教育发展白皮书》，“十二五”期间，柳州市教育行政部门围绕柳州市产业转型升级战略需求，本着“适应需求、适度超前、科学规划、特色发展”的原则，对柳州市职业院校进行了专业布局优化和专业结构调整工作。到2015年年底，柳州市高职院校开设的89个专业中有48个专业集中在交通运输、装备制造、电子信息和财经商贸4个专业大类，占开设专业数的67.42%；中职学校的47个专业中，27个专业集中在加工制造、交通运输和财经商贸3个专业大类中，占开设专业总数的57.45%，在校生人数也是最多的，共计15 723人，占学生总数的60.83%。专业分布与就读人数分布显示，柳州市职业院校主要专业与柳州市支柱产业——汽车、机械产业呈现良好的对接态势。《中国教育报》于2017年5月2日第1版以《广西柳州：瞄准产业布局职教专业》为题，对此予以专门报道。

柳州市专业设置与产业需求的高度吻合，使柳州职业院校的育人质量不断提升。“十二五”末期，柳州市高职院校毕业生的职业资格证获取率为95.41%，比2010年提高0.63%；就业率91.37%，略高于全国同期水平0.17个百分点；对口就业率76.85%，同比2010年提高4.71%；本区域就业率75.88%，比2010年提高0.44%。毕业生转正后平均月收入3 202元，其中，柳州市铁道职业技术学院毕业生转正后平均月收入3 922元，高于同期全国高职高专毕业生平均月收入（3 409元）513元；其中，铁道工程技术等6个专业的毕业生转正后平均月收入高于全国同期本科毕业生转正后月收入（4 042元）125元～513元不等(《柳州市“十二五”职业教育发展白皮书》)。

2015年，柳州市中职学校全日制毕业生的职业资格证获取率为90.42%，比2010年提高1.45%，较全国同期取证水平（78.65%）高出11.77个百分点；就业率96.86%，比2010年上升0.69%，高于全国同期水平（96.30%）0.56个百分点；对口就业率82.57%，比2010年提高8.91%，高于全国同期水平（77.60%）4.97个百分点。同时，中高职衔接工作成效显著，就读五年制高职的中职段学生数量逐年飙升，由2011年的47人逐年增长到2015年的2 780人，2018年有2 951人升入高等院校就读；中职毕业生的升学比例也随之走高，由2010年的6.36%上升到2015年的12.98%，提高了6.62个百分点(《柳州市“十二五”职业教育发展白皮书》)。到2018年，全市市属中职学校连续四年超额完成自治区下达的招生任务，增长率达10%以上。市属柳州职业技术学院、柳州铁道职业技术学院、柳州城市职业学院三所高职院校与柳州市第一职业技术学校、广西机电技师学院两所中职学校的全日制在校生全部突破万人规模，职教园区在校生达5万余人。中职学校初次就业率保持在90%以上，其中融水县民族职业技术学校、广西柳州畜牧兽医学校、柳州市第一职业技术学校的初次就业率，翻了一倍有余分别为100%、99%和98.31%；中职毕业生初次月薪（税后）从2014年的1 970元增加到2018年的2 652元，同比提高35%。高职毕业生初次月薪（税后）从2014年的2 223元提高到3 700元，同比提高66%，其中柳州铁道职业技术学院2018届毕业生的平均月收入达4 615.78元。

为区域经济发展提供人力资源。毕业生在当地就业是职业教育的基本目标，也是目前我国职业教育普遍面临的难题。依据稳定的校企人才供需纽带，柳州职业院校的毕业生基本在当地就业。据抽样调查统计，柳州职业技术学院、柳州铁道职业技术学院、柳州城市职业学院3所高职院校在广西境内就业比重在70%以上，柳州市第二职业技术学校、柳州市交通学校95%以上的学生都留在广西就业，广西机电技师学院80%以上的毕业生选择当地就业。根据最新统计，2018年全市职业院校近70%的毕业生选择当地就业，其中，柳州市第一职业技术学校和柳州市交通学校80%以上的毕业生选择当地就业。专业群与柳州经济支柱产业发展需求匹配度高，响应了柳州打造汽车工业基地、物流商贸中心和旅游文化名城的发展战略。标志着柳州职业教育的目标对准了经济发展需求，形成了职业教育与经济发展全局互动互利、相辅相成、互为依托的良好局面。

二、项目共建纽带

校企双方通过项目共建形成利益纽带，实现校企利益共享、责任共负、风险共担，是柳州职业院校与企业之间的基本合作方式。《国家职业教育改革实施方案》中也提出：“推动职业院校和行业企业形成命运共同体”。

（一）校企合作办学项目

校企合作办学是一种“双赢”模式。校企合作做到了学校与企业信息、资源共享，学校利用企业提供设备，企业也不必为培养人才担心场地问题，实现了让学生在校所学与企业实践有机结合，让学校和企业的设备、技术实现优势互补，节约了教育与企业成本，是一种“双赢”模式，柳州市各职业院校充分利用柳州产业优势，积极推进校企合作办学。

柳州职业技术学院在校内建立混合所有制二级学院。学校先后与中兴通讯股份有限公司、华育中航（北京）教育科技有限公司、中国恒企教育集团、武汉百捷集团、武汉厚溥教育科技集团、武汉尚云客网络技术有限公司等企业签订校企联合办学协议，建立 5 个混合所有制学院，开展双主体办学模式改革，促进和深化了校企合作，形成长效的校企合作运行机制和模式。

柳州铁道职业技术学院先后成立由 50 多家企业会员参加的“柳州·产学合作促进会”，与中国电信柳州分公司建立校企联盟；与南宁铁路局、南宁地铁、青岛地铁、上汽通用五菱等 10 多个企业开展订单和半订单培养，南宁铁路局等企业为学校提供顶岗实习岗位年均 1 000 余个，捐赠学校实践教学设备价值 800 多万元，校企共同开发课程 34 门、教材 30 多部。

柳州城市职业学院与上汽通用五菱汽车股份有限公司合作共建了中印尼上汽通用五菱汽车学院、印尼中上汽通用五菱汽车教育培训中心，依托两个平台校企合作创新实施境内外教育部门支持的跨境招生招工一体化，共同制定人才培养方案、建设实训基地、开发课程。中印尼上汽通用五菱汽车学院 2015 年招收印尼留学生 63 人，2016 年为上汽通用五菱及配套企业广汽集团等共计招生 126 人。2017 年 1 月，首批印尼学生完成阶段性学习进入实习阶段。目前首批 61 人已进入上汽通用五菱印尼生产基地进行顶岗实习。

柳州市第一职业技术学校先后引入中国电信柳州分公司、柳工集团路创公司、小麦公社、柳州快盈商务咨询有限公司与计算机信息管理专业方向、模具制造专业方向、物流服务与管理专业、电子商务专业进行共建。企业提供工作岗位给学生，学生利用课余时间在这些公司工作。

柳州市交通学校构建校企办学联合体，共建汽车专修学校，实施校企“共招、共建、共管”。按照“学做交替、理实一体”的教学思路，在教学安排上推行弹性教学模式，构建教学形式对接企业生产状况的动态响应机制，根据企业生产员工需求情况，安排学生到企业开展临时性生产实习，并根据企业人才需求及时调整相应的教学模块。在教学区域上实现学校、企业、社会三位一体，实行开放式的专业模块教学管理体系，根据教学模块内容及特点，安排学生在学校、企业、社会开展学习及实训。校企共同制定考核评价标准，注重过程与目标相结合、理论与实践一体化、校内与校外相结合、能力与态度相统一；实行“教师＋学生＋企业＋社会”多元主体化立体式评价体系；通过校企共同考核，由企业颁发相应的等级证书。

汽车专修学校的政府、企业、学校三方管理职责分工，如图 5-1 所示。

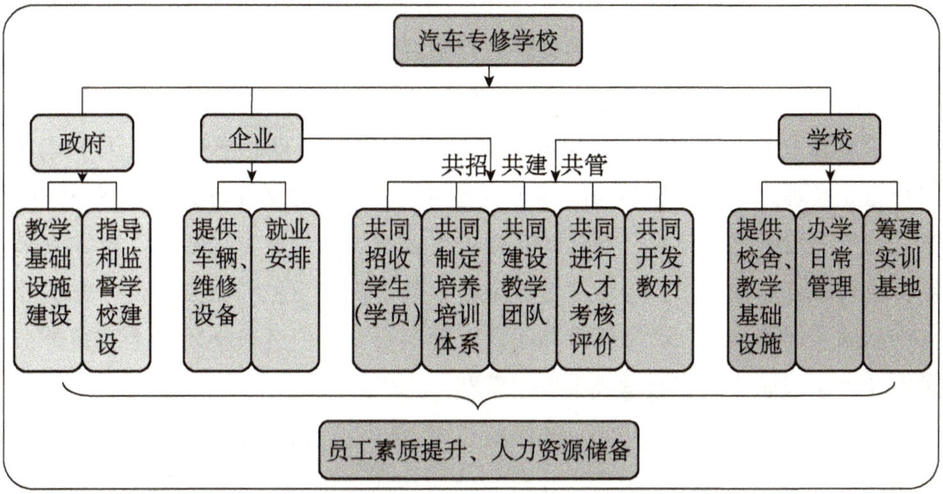

图 5-1 汽车专修学校的政府、企业、学校三方管理职责分工

（二）校企共建生产实训基地项目

校企共建实训基地能使校内生产性实训基地在技术、管理、运行上具有一定先进性，能够体现区域行业、企业的技术发展。学生在这样的生产性实训基地可以学到新工艺、新技术和新的管理模式，使学生在毕业后能迅速适应岗位需求，其就业质量也会得到保障。

柳州职业技术学院建立了 200 多家校外实训基地。在企业中建立了中兴通讯信息学院、华育中航学院等混合所有制二级学院；在柳州区域建立了柳工—柳职院国际化工程机械客户体验与培训中心；与广西汽车拖拉机研究所共建实训基地；与广西汽车集团共建教学工厂，形成了“学院里面有企业，车间里面有教室”的工学结合人才培养模式。

柳州铁道职业技术学院与上汽通用五菱合作，共建上汽通用五菱销售服务柳州培训中心。培训中心的场地由学院提供，培训中心的装修、所有教学设备（包括上汽通用五菱的所有车型、相关总成、维修工具、维修设备和诊断工具）和相关辅助设备全部由上汽通用五菱提供，教学设备和辅助设备的产权归企业所有，学院可根据教学需求使用所有相关设备，实现校企共建、共享和共管。培训中心现已成为上汽通用五菱全国最大的“校中厂”培训中心。面向企业员工、职业院校的师生及社会人员开展汽车技术的培训、学习、实习、实训等相关业务，开启了对混合所有制校企联合办学模式的全新探索。

柳州市第一职业技术学校采取三种基地建设形式：一是校内经营性实训基地内建形式；二是知名企业外建形式；三是引企入校共建形式。经营性实训基地建设覆盖18个专业，合作企业达19个。依托实训基地，柳州市第一职业技术学校创建了“五一体、六融合企业课程体系”，“五一体”，即：学生与员工一体、教师与企业经理人一体、教学场所与工作场地一体、学生评价与员工考核一体、教学管理与经营管理一体。“六融合”，即：专业建设与企业发展融合、教学效果与经济成果融合、教学过程与生产过程融合、教学内容与生产任务融合、教学评价与产品质量评价融合、教学管理与企业管理融合，以促进教学质量全面提升。该成果获国家级职业教育教学成果奖二等奖。

广西机电技师学院与德马吉森精机机床贸易有限公司合作（简称DMG MORI），校企共建DMG MORI中国智能制造认证中心，明确DMG MORI中国智能制造认证中心的定位为：满足智能制造技术人才培养的要求，建立满足智能制造所需的课程体系，提升师资在智能制造方面所需的专业能力，具备开展智能制造产品加工技术服务的能力。认证中心配套了具有智能化、数字化、信息化的高端数控设备6台、高端仿真面板30台套。中心以加工航天产品为主，月平均完成加工航天产品500件，接纳150多人次的学生实训任务。

广西商业学校与企业共建老邻居超市、一号便利店、李宁专卖店、安踏专卖店、佳游站汽车美容店等。

广西柳州畜牧兽医学校引企入校，与广西宏华公司合作经营第一教学实习牧场，将其打造成集教学、生产、实训、科研于一体的校内实训基地。

柳州市各职业院校通过实施校企共建生产实训基地项目，实现了学校教学与企业多个要素的对接：一是教学内容对接生产项目。在基础性实训教学中，将企业生产项目的部分零件，或者生产零件的部分内容，经简化、归并等教学化整理，形成教学项目和实训案例。使学生很快适应企业生产的工艺、加工、检验等各个环节。二是教学时间对接企业生产。教学是有序的，而企业的生产内容和产量常常是无序的。通过项目开展，使教学进程尽量对接企业的生产进程，实现教学与生产的相互轮换，既保证了专业实训教学，又有效保障了企业生产需要。三是教学需求对接企业需求。将企业需求纳入学校教学要求中，学生直接参与企业生产加工，解决了企业人力资源和技术资源的缺口，为企业生产的正常运作提供了良好的保障，使专业实训教学实现生产化。四是生产实训对接专业教学，根据专业教学与实训的要求，企业无保留地提供生产技术文件、企业岗位标准、企业管理规范与生产规范等资料；企业员工在进行生产的同时，既是设备操作员，又是企业师傅，还是学校兼职实训指导教师，对学生的生产性实训进行实时示范、指导、管理、评价；企业员工全程参与专业建设工作，为教学与生产对接、校企文化对接提供保障和技术支持。学生以企业准员工的身份进行学习和生产，企业按员工管理标准严格实施管理。引入企业评价机制，以安全文明生产规范和产品质量为主要评价指标，极大地改善了学生的学习态度和行为习惯。

（三）校企共建项目形成完善的合作机制

制约职业院校发展及提高人才培养质量的关键因素是体制机制的障碍和约束。突破校企合作的体制机制障碍，是每个职业院校的工作重点和突出任务。柳州市各职业院校有极其成功的范例。

柳州职业技术学院建立三大校企合作机制，包括利益共享机制、管理运行机制、激励约束机制，以解决不愿协同、协同效能低、激励约束不明确问题。一是以建立利益共享机制，解决好“不愿协同”问题。明确参与各方主体的职权、人员、资源、成果、知识产权等归属。二是以建立管理运行机制，解决好“协同效能”问题。重点建立科学合理的组织运行模式，采取院长负责制等有效措施解决决策运行的条块分割问题。三是建立激励约束机制。将政策推进、利益驱动和发展需求有机结合起来，制定科学合理的政策，鼓励各主体间有效协同整合。

柳州铁道职业技术学院根据校企合作的形式和层次，探索多种合作制度。一是在成立广西轨道交通工程职业教育集团中，实行理事制。集团成员之间以人才培养、技术开发、技术服务为纽带，促进现代职业教育制度的建立，实现区域内教育和经济优势互补、资源共享。定期召开理事单位会议，研究合作中的具体问题。二是集团成立校企产学促进会，实行会员制。产学合作促进会的具体运行，由各二级学院成立专业建设委员会，将企业会员作为成员，每年派出教师深入合作单位，与会员单位及成员开展研讨，将企业技术人才要求融入新一届教学计划。三是建立校企联盟关系，为满足各自需要，开展一对一合作。四是共建生产性的教学型车间，实践分理制。企业全盘负责生产经营，学院不参与生产业务管理。学院派出教师共同安排学生参与企业生产，分时段完成实训项目。五是共建大型实训基地，实行混合所有制。学院与“上通五”合作共建培训中心，对培训中心的管理采用“一个根本，两个中心”原则，即以企业的人才需求为根本出发点，依据企业需求建设全国示范性培训中心，同时学院结合教学要求，构建与企业培训中心相配套的汽车技术实训中心。学院对培训中心进行制度化的日常管理，结合企业的管理模式和学校的相关规章制度，对汽车技术和销售服务培训、实训教学安排、企业文化建设、库房管理、实训场地建设等进行不断补充和完善，从根本上解决了校企合作中长期存在的制度缺失和责任不清的问题。

柳州市第一职业技术学校在校企合作实践中遇到了校企合作“瓶颈”：校企双方管理机制不同、校企双方价值取向不同、校企双方需求不同。由此提出了校企依存共进，平衡发展的四项原则：广泛性原则、责权利统一原则、权利平等保护原则、循序渐进原则。并指出了校企合作的重要途径是进行资源整合，将企业资源（即企业所能控制、选择和运用的，能提高组织效率和效力的全部战略性资产、资本、流程、信息和知识，主要指资金、场地、技能、人力资源等）和社会资源与学校资源（即原创性知识和技术、品牌声誉、教师资源、劳动力资源、校园场地及设备资源等）进行整合，优化校企双方的资源配置，有进有退、有取有舍，达到资源互补，相互依赖，获得整体的最优，取得“1＋1＞2”的效果，总结形成了“职业学校发展与企业成长依存共进”的理论成果。

广西机电技师学院焊接自动化专业，构建工学结合一体、校政合作、校企合作、校政企合作、校政行企合作“四元一体”的人才共育、过程共管、成果共享、责任共担的“四共”产教融合多元合作办学模式，切实加强了院校与行业、企业及政府之间的联合，推动了职业院校面向社会、面向市场灵活办学，提升了办学实力和效益，实现了多方合作互惠共赢。

广西商业学校实施“订制化、双主体”办学，完善 7 个制度，强化 8 项合作。学校制定并完善了《校企合作订单班（含“现代学徒制”）管理督察方案》《校企合作理事会章程》《校企合作订单班管理办法》《订单班班级（班主任）津贴核算细则》《课堂教学质量等级评定 1～2 级课程考核修订方案》《订单班教学团队组建管理办法》《校企合作项目管理办法》等 7 个与校企合作相关的制度，使学校校企合作及订单班管理工作的开展有据可依。

三、技术服务纽带

学校和企业之间相互依托、相互服务，构成柳州职业教育校企合作的特殊关系，利益共享、责任共负、风险共担，提高了校企合作各方的积极性、主动性和创造性。

（一）学校为企业提供服务

学校承担为企业员工培训的任务，从而使学校直接掌握了技术和技能以及相关标准，改变了学校依托企业、多种渠道调研，以了解企业技术技能信息的被动局面。企业依托学校，提升了员工素质和企业生产技术。

2017 年，柳州城市职业学院与上海发那科工业机器人公司及柳州市工业信息委员会合作，成立了柳州市发那科工业机器人学院，并获得上海发那科机器人有限公司授权，成为全国首家获得发那科机器人培训资质授权的高等院校，构建了政校企协同育人平台。仅 2017 年就为柳州汽车龙头企业开展工业机器人相关培训超过 1 000 人次。

柳州市第一职业技术学校为柳州市各大饭店培训服务员，指导行业人员参加全国及全自治区行业技能大赛取得优异成绩；旅游专业部专业教师常年被聘担任全自治区、全市酒店服务行业技能大赛评委；柳州市各大酒店的厨师有 2/3 以上毕业于该校烹饪专业，由这些优秀毕业生牵头打造的柳州螺蛳粉产业成为柳州市新兴的特色产业。

融安县民族职业技术学校为地方开展各类短期培训形成特色：一是构建职业化、综合化的新体系课程设置。二是建立“以学员发展为本”的教学模式。三是突出职教特色，加强实践教学。四是加强实践性校本教材的开发。五是坚持规模、结构、质量和效益相统一。六是根据人才成长规律，建立定期考核机制，不断提升人员的技术层次和文化水平。

广西柳州畜牧兽医学校制定了独具特色的“三三举措”和“四制措施”管理办法。“三三举措”是指学员管理服务人员坚持每天和学员“三见面”（早、中、晚各与学员见面一次以上）、“三关心”（每天都关心、关注学员思想动态、学习和生活方面的情况）、“三问候”（每天都坚持问候学员学习、生活和健康等方面的情况）。全身心投入学员管理工作中，和学员打成一片，做学员的良师益友。

“四制措施”：一是班会制，即班主任每期或每周组织学员召开 1～2 次班会，强调组织纪律和安全等问题；二是考勤制，班主任每天考勤 2 次，督促学员到教室上课；三是保险制，为参加培训的学员购买意外保险，降低培训风险，保障培训安全；四是共管制，即要求选送学员参加培训的政府部门派干部跟班，配合学校共同做好学员管理。学校还创新模式，确保服务成效：一是方式灵活，确保培训规模。采用“请进来”和“走出去”相结合方式，因需办班，开办培训时间灵活。除采用面对面传授和手把手教学等现场集中培训外，还借助现代传媒技术，开展网络远程培训，把培训服务传送到千家万户。二是因材施教，满足学员需求。根据学员所在区域养殖业特点，有针对、有重点地合理安排教学内容，既有大班教学，又有小班辅导，努力让学员“一课一得”“一训一得”。三是方法直观，提高教学效果。根据成人学习特点，利用教学模型、挂图、标本和多媒体教学、电化教学、实训教学等形象直观的教学方法传授知识和技能。同时做到“学中做”“做中学”，以提高教学效果。四是跟踪指导，促进学员创业就业。

（二）企业为学校服务

企业为学校服务，成为柳州职业教育校企合作的一大特点，它既是校企合作关系的体现，也是合作稳定持续的重要保障。在校企合作中，企业已安排专家和技术骨干到职业院校担任兼职教师，承担一定的教学任务；依据国家职业标准、结合本企业岗位要求，对接产业发展趋势，参与学校专业建设、课程改革、人才培养方案制定、考核评价体系确立；建设校内专业技能实训室；指导学生开展教学实习工作等方式为学校提供服务。

柳州城市职业学院通过校企共建校外实习就业基地形式，与广西汽车集团、上汽通用五菱等企业展开合作。在校企合作过程中，企业为学院提供全方位的支持和服务。第一，提供设备和技术：企业为学院建设校内实训基地提供设备和技术支持。第二，参与人才培养方案：企业为学院的专业建设、人才的培养提供支持。第三，提供师资：企业培养、培训学校专业教师或派出企业师傅作为学校的外聘教师。第四，直接建设基地：企业直接建设学院的校内实训基地。第五，提供工作岗位：企业为学院提供良好的校外实习、实训、就业基地。

广西机电技师学院与大连机床集团合作，建立“大连数控机床装、调、修服务中心”，打造以“数控机床装调修一条龙”为特色的集教学、生产、培训、服务功能为一体的开放式平台。依托平台，通过校企双方共同制定人才培养方案，共同开发课程及教材，共同进行技术服务，利用企业丰富的数控维修典型案例和售后服务实践渠道，高效率解决数控维修专业的核心教学难题，完善高技能数控维修课程体系，锻炼师资队伍，使学生在真实数控维修实践环境中提高技能水平，使数控专业的培养目标从较为狭窄的数控加工中级技能人才培养扩展到高级的数控精密加工与数控维修人才培养培训领域，提升了专业品质和专业办学实力。

（三）校企共建科技创新平台

校企共建科技创新平台，改变了学校一直处于技术开发成果采用方的被动地位，争取了学校在校企合作关系中的主动权和发言权。柳州市各职业院校积极响应国家《关于大力推进大众创业万众创新若干政策措施的意见》，结合学校自身情况，制定并开展了创新创业方案，取得一定的成效。

柳州职业技术学院与企业联合共建柳职院—柳东新区协同创新研究中心，共同打造科技创新平台，建立混合所有制二级学院。学校先后与多家企业签订校企联合办学协议，建立5个混合所有制学院，开展双主体办学模式改革，促进和深化了校企合作，形成长效的校企合作运行机制和模式。柳州职业技术学院建设协同创新研究院和教学工厂，打造内外互补的协同创新合作育人载体。协同创新研究院的建筑面积1万平方米，院内建立了智能装备、机械制造（含材料及成型）、产品检验检测、智能制造等4个技术方向的创新创业服务中心，1个院士工作站，建设哈工大机器人研究所（柳州）工程技术中心；建成1个全球客户体验中心；引进并孵化项目公司7家；5个市级工程技术中心、1个创新创业中心。协同创新研究院主要承担学生综合职业能力的培养、区域产业共性技术研究和技术服务、在职员工职业技能培训和鉴定、师生创业及中小企业高新技术产品孵化等。学院设有职业技能鉴定所，开展机电、汽车、计算机、经济、艺术等类40个工种的初、中、高级职业资格的鉴定培训，积极为企业提供订单式人才培养服务、技术研发服务等，每年培训和技能鉴定近2万人次。学校承接了柳工等40多个企业配套零部件的外协加工，每年产值超过千万元。学校与自治区内外近20所职业院校结成对口支援关系。学校教师科技创新能力强，目前学校专利申请量200项，专利授权量124项，拥有获授权发明专利56件、实用新型专利63件，教师论文发表数量以及被引用频次、下载频次均位居广西高职院校第一。

广西机电技师学院校企合作共建技术认证中心，建立了全国第四家德马吉森智能制造认证中心。中心的实训基地以生产的产品为教学课题，同时引进德国德马吉森的课程体系和教材，以德国“双元制”的培养模式进行技能人才培养，按德国职业商业协会的认证体系和标准进行认证。德马吉森公司定期安排教师到学院授课和进行技术指导。到 2017 年，合作开办“德马吉森”冠名班 3 个，学生 125 名。德马吉森公司还为冠名班的优秀学生设立了奖学金，对特别优秀的学生提供赴德国培训的机会。学院还与西门子 UG 软件公司合作，建立了 UG 软件培训认证中心。

四、历史文化纽带

柳州市始终坚持发展实体经济。20 世纪 80 年代至 90 年代初，柳州市抓住全国消费品市场紧缺的机遇，创造了双马电器、都乐冷柜、两面针牙膏、三角电饭锅等一批全国知名品牌，率先成为全国少数民族地区第一个工业产值“超百亿”的城市，经济总量进入全国 30 强。2000 年以后，柳州市又适应中西部开发与消费升级机遇，抓住通用五菱汽车、柳工机械和柳州钢铁三大支柱企业和产业，加速推进工业化和城市化进程，进入全国百强城市。

柳州实体经济的发展，行业企业办学成为重要的发展支撑。学校与企业不但存在天然的联系，而且形成了共建、共享、共赢的历史传统。

柳州职业技术学院是合并了广西冶金工业职工大学、柳州市职工大学、柳州工业职工大学、柳州教育学院、柳州市机电职工大学、柳州市开关厂职工大学后升格成立的。柳州铁道职业技术学院是由柳州铁路局创办的，它的前身包括了柳州铁道职业技术学校、柳州铁路局司机学校、柳州铁路局职工学校。广西机械高级技工学校是广西壮族自治区的第一所技工学校，1956 年成立，由柳州第二机床厂开办。柳州市工业职业技术学校创建于 2005 年，由柳州长虹机器制造公司开办。广西柳州钢铁（集团）公司高级技工学校，隶属于国有企业 500 强之一的广西柳州钢铁（集团）公司。

柳州职业院校与企业这种割舍不掉的历史文化纽带，是柳州形成“双元一体”职业教育办学环境的天然优势。

第六章　职业教育柳州模式的“教产相伴”

“教产相伴”是柳州职业教育发展最突出的成效，反映了该区域职业教育发展的水平，可以作为诠释职业教育教产融合的范例，其融合的深度、广度，融合的途径和方法的丰富与精细，都可以作为全国职业教育示例。

“教产相伴”，是指产业和教育在一定平台上全方位深度融合，职业教育发展与企业发展同步，企业发展到哪里职业教育的服务就伴随到哪里，实现企业高效运行，学校高质量办学的双赢局面。

能够实现“教产相伴”，必须先实现教产全面融合，只有使学校的人才培养目标、标准和企业的岗位需求融合，才能支撑并伴随企业成长。教产融合是“教产相伴”的坚实基础。

一、教产融合，夯实教产相伴基础

柳州职业教育的教产融合体现在五个方面：一是人才培养目标和课程标准的融合，以解决教育内容与企业岗位要求之间的差距问题。二是做学融合，以解决理论与实践脱离、手脑分离的问题。三是师资队伍融合，以解决专职教师技能薄弱、企业专家难以参与教学的问题。四是实训设备融合，以解决学校设备有限、学生难以真操实干的问题。五是校企文化、“校区”文化融合，以解决校企文化差异的问题。

（一）人才培养目标和课程标准的融合

学校的人才培养目标和课程标准与职业标准融合，将职业标准纳入人才培养的目标和规格、教学内容、课程标准、师资队伍建设、实训基地建设等重要环节，能有效培养学生工作岗位所需职业技能，增强毕业生对工作岗位的适应性，培养企业所需的技术技能型人才。

柳州职业技术学院主动适应区域经济结构调整和产业升级的需要，每个专业群都对接相应的地方产业领域；每个专业都有明确的发展定位，并选择对应的专业标杆。面向汽车、机械产业及其配套生产性服务业，重点建设4个专业群。面向信息产业和生产性服务业，积极发展2个专业群。面向城市服务业和文化产业，稳定发展6个专业群。适时开发面向新兴产业的专业，取消专业定位不准确、与产业联系不够紧密、资源共享性不足的专业。该院还以国际先进职业教育标准为引领，在先进制造技术类专业、机电装备技术类专业中各遴选一个专业与德资企业柳州采埃孚机械制造有限公司合作。物流管理专业与英国瑞尔学徒制公司、英国总领事馆文化教育处、敦豪物流（北京）有限公司柳州分公司合作，开展英国“现代学徒制”人才培养改革试点，引入英国物流行业人才培养标准、教学过程监控、职业资格认证。

柳州市第一职业技术学校开展“五一体、六融合企业课程体系”建设。实现了20%的专业课程在合作企业和经营性实训基地开设，使100%的学生通过“教产融合，工学一体”途径获得技能训练。学校通过调研、职业能力分析和教学经验总结归纳，形成了各专业独具特色的人才培养模式：汽车运用与维修专业立足校企共建的“工作站”，实施“分层递进式”人才培养模式；计算机应用专业立足生产性实训基地，组建工作室，实施“项目一贯制”人才培养模式；旅游服务与管理专业实施理论—实践与再理论—再实践的“双循环”人才培养模式；中餐烹饪与营养膳食专业借助校内经营性实训基地柳州一直笑食品有限公司，实施“技能—技巧—技艺三级成长”的人才培养模式；电子商务专业借助校内经营性实训基地益佳仁商贸有限责任公司，实施“网实一体，五一渐进”的人才培养模式；机械制造专业实施本土化的“双元制”人才培养模式，在校内与校际之间建立跨企业培训中心，开发以产品为载体的项目化课程，培养学生综合职业能力。

柳州市第二职业技术学校引入行业企业标准，聘请行业技能大师或岗位能手做专业顾问，与专业教师共同研发课程，部分专业已形成独具特色的“基于工作过程”的模块化课程。学校形成了以四大重点建设专业引领的人才培养模式辐射全校：物流服务与管理专业的“企业全程参与，工学有机结合”，服装设计与工艺专业的“五对接、六结合、三段提升”工学结合（见图6-1），工程机械运用与维修专业的“教产融合、做学合一”，市场营销专业的“五阶提升”等人才培养模式。

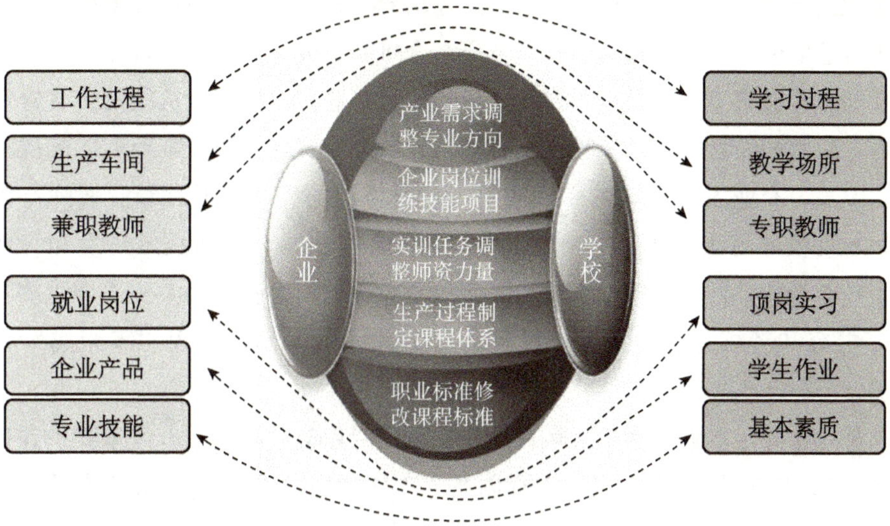

图 6－1　柳州市第二职业学校服装设计与工艺专业校企合作机制下的“五对接、六结合、三段提升”模式图

广西机电技师学院在 DMG MORI 集团专家参与指导下，引进、消化企业最新生产工艺和智能制造高端技术运用以及新材料加工技术，紧跟前沿技术发展，提炼企业先进技术、特种加工工艺、加工技巧，构建以工作过程为导向，工学结合一体化课程体系，按照“资讯、计划、决策、实施、检查、评价”六环节执行教学，在教学过程中注重实践性、开放性和职业性的融合。制定完成了 1 门多轴课程标准，1 门多轴加工、1 门柔性加工精品课程的建设。

（二）做学融合

柳州市职业院校实施对接生产岗位的实践教学，设计循序渐进的教学进程，探索并积累了大量实践教学的经验。在教学方法、实训和实习的组织管理、“现代学徒制”的推进中成效显著。

1. 教学方法在真实或高度仿真的生产环境中开展，遵循了技能教学的规律

柳州职业技术学院与行业企业紧密合作，先后引入柳州市明实汽车修理厂、柳州市雅市达装饰工程有限公司、桂中海讯物流有限公司等企业到学院开展合作教学。该院为企业提供生产场地等优惠条件，企业为该院提供技术、设备和实训教师，初步建立了建设校内生产性实训基地的校企合作新模式，形成了“学院里面有企业，车间里面有教室”的工学结合人才培养模式。该院率先在广西壮族自治区提出“产学合作，以产养学”的人才培养模式，并在该院机电工程系机械制造类专业实践：首先，该院建立产学研结合机制，成立了有企业行业专家参加的产学研合作教育工作委员会和专业指导委员会，这些专门管理机构负责日常管理工作，保障校企合作的顺利进行，共同构建与企业实际工作“零距离”的课程体系。其次，企业人以真实的“柳职院人”身份参与人才培养，专业教师有校内的，也有校外的能工巧匠；教师以“企业人”身份参与企业技术研发和管理工作。校企合作共同改革教学方法，确定与企业工作内容和实践考核“零距离”的学习内容和考核方式。最后，校企合作共建实训基地，实现“零距离”人才培养。

柳州市第一职业技术学校运用新方法创建专业教学新模式。汽车养护课程创建了“12221 教学模式”、普车课程创建了“3221 教学模式”、计算机专业创建了“工作室”教学模式，均提高了课堂教学效率；烹饪专业率先进行了“现代学徒制”的尝试，取得实质性进展；旅游专业以柳州景点打包式的模块课程对学生进行旅游技能的综合训练；电商物流专业以引进大型电商及物流企业带动课程体系建设，把真实的“线上平台”转化为工作任务实施教学。

柳州市第二职业技术学校的服装设计与工艺专业的“五对接、六结合”模式。“五对接”是指企业与学校在五个方面对接，一是根据产业需求调整专业方向，二是通过企业岗位训练技能项目对接企业需求，三是通过实训任务调整师资力量，四是通过生产过程制定课程体系，五是通过职业标准修改课程标准。“六结合”是指工作过程与学习过程结合，生产车间与教学场所结合，兼职教师与专职教师结合，就业岗位与顶岗实习结合，企业产品与学生作业结合，专业技能与基本素质结合。

柳州市交通学校营造真实的企业工作场景作为教学场景，构建“知识、技能、规范”三位一体教学模式。一是建设一个迷你型的汽车整车装配生产线，3 个装配工位、3 个拆分工位和 1 个检验工位。3 个装配工位代替汽车整车装配生产线的内饰工段、底盘工段、终线工段，模拟汽车整车生产线。二是纳入企业真实工作要素，将汽车整车装配的标准作业单（SOD）和作业要素单（JI）作为学生操作练习的作业指导书。每个岗位上的学生（操作工）需按照标准作业单和作业要素单的要求进行汽车整车的装配与拆分，教材内容与工作指导一致、教学内容与工作内容一致。三是纳入企业真实管理要素。例如，将现代企业现场管理工具“5S”、目视管理、定置管理、全面质量管理“TQM”、全面生产维护

“TPM”等全盘纳入。学生在学习中不仅仅是学生的身份，还是企业一线“操作者”的身份，学习与练习过程必须遵守相关的规定与制度。四是教学过程与工作流程融合，技能学习过程与工作过程一致，采用岗位技能训练、走线、组内轮岗、交班等形式进行岗位技能学习。五是学生既是“学徒”又是“师傅”。在最初的岗位学习技能后，由掌握本岗位工作内容的学生当“师傅”，刚转到该岗位的学生当“学徒”，使本岗位的技术与技能得到复习与提高。六是过程体验与行为养成合一。在工作过程中学习专业知识、技术与技能的同时，必须遵守工作中应该遵守的规章制度、从事相关辅助性工作，实现在工作过程中的体验、职业行为与意识逐渐养成。这种学习与工作的融合，最大的好处在于学生在学习过程中由于自始至终都有角色扮演，既是学生也是“员工”，还会承担“师傅”或“学徒”甚至“工段长”等不同角色，同时还赋予角色责任与义务。这些责任与义务让学生改变了态度和行为，促进学生人格方面的成长。学生的学习过程由原来的被动学习成为主动学习，由原来的教师教什么学生学什么，变成学生自主学习、协作学习，学生可以根据岗位工作要求，结合自己的情况进行选择性与侧重性学习。同时，通过技术学习过程全面模拟工作过程，通过“工作”来学习技术技能，还学习了企业工作流程、解决问题的方法和规章制度，在学习过程中自然养成良好的职业习惯与行为，并通过过程性学习全面掌握工作方法（见表 6-1）

表 6-1　柳州市交通学校学习与工作融合的教学流程表

<table>
<tr><td colspan="5">汽车整车装配与调整教学流程（96 课时）</td></tr>
<tr><td>周次</td><td colspan="2">课时安排</td><td>活动内容</td><td>活动地点</td></tr>
<tr><td rowspan="13">第一周</td><td rowspan="5">第一天</td><td>6 课时</td><td>理论知识培训</td><td>—</td></tr>
<tr><td rowspan="3">4 课时</td><td>·开班、组建团队</td><td>班组园地</td></tr>
<tr><td>·团队建设</td><td>班组园地</td></tr>
<tr><td>·安全/纪律要求说明</td><td>班组园地</td></tr>
<tr><td>2 课时</td><td>·单项技能实训</td><td>单项技能区</td></tr>
<tr><td rowspan="4">第二天</td><td>6 课时</td><td>SOD/JI</td><td>—</td></tr>
<tr><td rowspan="2">4 课时</td><td>·“SOD”理论知识培训</td><td>班组园地</td></tr>
<tr><td>·“SOD”线旁讲解（指定一个工位）</td><td>生产线旁</td></tr>
<tr><td>2 课时</td><td>·“JI”线旁培训</td><td>生产线旁</td></tr>
<tr><td rowspan="3">第三天</td><td>6 课时</td><td>岗位技能训练</td><td>生产线</td></tr>
<tr><td>4 课时</td><td>·岗位技能训练</td><td>生产线</td></tr>
<tr><td>2 课时</td><td>·技术技能技巧培训</td><td>生产线</td></tr>
</table>

续表

周次	课时安排		活动内容	活动地点
第二周	第四天	6课时	第一次走线与精益生产理论	—
		4课时	·班前会	生产线旁
			·工作准备（设备点检、工具、物料）	生产线
			·走线	生产线
			·工位恢复（设备、工具、物料、5S）	生产线
			·班后会	生产线旁
		2课时	·精益生产理论培训	班组园地
	第五天	6课时	第一次班组内轮岗	生产线
		6课时	·班前会	生产线旁边
			·工作准备（设备点检、工具、物料）	生产线旁边
			·组内轮岗（师傅教徒弟）	生产线
			·工位恢复（设备、工具、物料、5S）	生产线旁
			·班后会	生产线旁
	第六天	6课时	第一次班组内轮岗与技能测评	生产线
		4课时	·班前会	生产线旁
			·工作准备（设备点检、工具、物料）	生产线旁
			·组内轮岗（师傅教徒弟）	生产线
			·工位恢复（设备、工具、物料、5S）	生产线旁
			·班后会	生产线旁
		2课时	·班组岗位技能测评（抽签进行）	生产线
第三周	第七天	6课时	第一次交班	生产线
		4课时	·班前会	生产线
			·工作准备（设备点检、工具、物料）	生产线
			·交班（师傅教徒弟）	生产线
			·工位恢复（设备、工具、物料、5S）	生产线
			·班后会	生产线
	第八天	6课时	第二次走线与持续改进	—
		4课时	·参照第一次走线	生产线
		2课时	·持续改进理念与方法	班组园地
	第九天	6课时	第二次组内轮岗	生产线
		6课时	·参照第一次组内轮岗	生产线
第四周	第十天	6课时	第二次组内轮岗与技能测评	生产线
		4课时	·参照第一次组内轮岗	生产线
		2课时	·参照第一次技能测评	生产线
	第十一天	6课时	第二次交班	生产线
		6课时	·参照第一次交班	生产线
	第十二天	6课时	第三次走线及班组管理与团队	—
		4课时	·参照第一次走线	生产线
		2课时	·班组管理与团队	班组园地

续表

周次	课时安排		活动内容	活动地点
第五周	第十三天	6 课时	第三次组内轮岗	生产线
		6 课时	·参照第一次组内轮岗	生产线
	第十四天	6 课时	第三次组内轮岗与技能测评	生产线
		4 课时	·参照第一次组内轮岗	生产线
		2 课时	·参照第一次技能测评	生产线
	第十五天	6 课时	讨论与改进	—
		4 课时	·讨论与改进	班组园地
		2 课时	·技能复习	生产线
第六周	第十六天	6 课时	考核与总结	—
		4 课时	·理论考核（1 课时）	班组园地
			·技能考核（3 课时）	生产线
		2 课时	·总结与奖励	班组园地

2. 实训、实习、就业一条龙贯通，实现了专业对口的高水平就业

要提高职业院校毕业生的就业质量，必须积极探索实践基于产教融合下的实训、实习与就业一体化机制，创建适合企业岗位需求的应用型人才培养模式，形成学生实现就业、学校实现育人目标、企业得到人才支撑的共赢态势。柳州市各职业院校积极推进“实训与实习、就业一体化教学”的实践与探索。根据毕业生就业的岗位能力要求设置主干专业课程和实践性教学环节；校内建设与企业实际工作环境完全一致的真实实验室，突出专业技能培训的实用性；选择与就业岗位相似的岗位进行实习，熟练岗位技能，使毕业生能迅速适应就业岗位需求，实现专业对口的高水平就业。

广西机电技师学院一项合作打开多条路，通过博世汽车实训诊断中心建设建立企业专家工作室；成立博世—瑞航订单班；依托博世汽车诊断实训中心有效开展社会服务能力建设，开展技术培训，解决技术问题；借助这一平台，承办各类技能竞赛。

广西商业学校中职商科学生创业教育模式建设。通过构建以“主体、平台、支持”为核心的三位一体“体验式”创业教育模式，即以学生创业社团为主体，以创业园、跳蚤市场、电子商务创业基地为平台，以“德商”系列第二课堂创业主题活动、创业教育人才库、创业文化环境为支持，让学生从小生意、小项目入手体验创业，培养学生创业意识，提高学生的创业能力。

3. 有效开展“现代学徒制”

柳州市第一职业技术学校物流服务与管理专业，引进英国“现代学徒制”人才培养模式。在旅游服务与管理、中餐烹饪与营养膳食专业试点“现代学徒制”人才培养模式，在校企合作、课程开发、方案研制、学徒遴选、师资培训、岗位轮训、项目评估等方面进行深度合作，达到预期效果。2014 年 5 月，柳州市第一职业技术学校 2013 级烹饪 6 班的 44 名学生与新新雅酒店 44 名经验丰富的厨师举行隆重的“一对一拜师结对”仪式，并正式在该企业建立柳州市第一职业技术学校教学实训基地。这次合作的企业温州新新雅酒店，规模大、设备齐，有 50 个风格各异的餐饮包厢及 3 个大型宴会厅，可同时接待 1 500 人用餐，厨师的技术高、数量多，能够满足一对一的师徒制教学要求。学生将在企业进行为期半年的实景学习，除了师傅对学生专业岗位能力进行培训之外，企业将安排有多年实际工作经验的员工为学生进行现代餐饮经营管理、营养配餐与卫生、推销策略与艺术、餐饮服务与管理、厨房管理知识、菜单设计、礼仪、糖艺等相关理论课程的教学，使理论教学更好地融合到实际工作中，使学生实现学做一体。

柳州市第二职业技术学校在物流服务与管理、市场营销、工程机械运用与维修、汽车制造与检修专业试点“现代学徒制”人才培养模式。双方共同确定了学徒选拔标准、学徒岗位工种、工作职责以及人才培养方案。在英国瑞尔公司的指导下校企紧密合作，分别选派学校教师和企业技术型管理人员组成项目评估师团队，接受英方的专题培训及阶段评估，同时，评估师指导学徒开展相应的课程实习和实训。

柳州市交通学校与东风柳州汽车公司合作共建汽车专修学校，采用“现代学徒制”教学模式，教学任务由学校教师和企业师傅共同承担，形成双导师制，学校和企业交替式培训和学习。

广西机电技师学院积极推行“高端引领、校企合作、工学交替、名师带徒”模式的学徒制。学生在具备一定专业理论知识和专业技能后，被分批安排到校中厂参与生产，由学院的技能大师、技术能手、专业教师等带领学生进行生产和售后服务。企业派出技术专家或能工巧匠担任师傅指导生产、实现了生产岗位即教学岗位，生产产品即教学课题，生产工艺、生产手段即教学内容，生产流程即教学过程，建立了“教师＋师傅”的双导师制。在生产过程中，教师和企业专家、能工巧匠（师傅）带领学生共同制定生产工艺、参与生产管理、质量管理、体验企业文化等。

广西商业学校重点在餐旅服务教学部、工科教学部相关专业开展“现代学徒制”工作。目前，餐旅教学部中餐烹饪专业和烘焙专业与上海大蔬无界餐饮有限公司、绍兴饭店开展“现代学徒制”实践教学，培训160多人。

（三）师资队伍融合

1. 依托产教融合平台，培养专职教师队伍素质和能力

依托产教平台与企业协同培养职业院校教师，使教师既能学到新型技术技能，又能了解行业最新动向和人才具体需求，能够将相关专业和课程标准与企业岗位需求精准衔接，提升学校技术技能型人才培养质量。

柳州市第一职业技术学校借助“一个平台”，通过“四个结合”培养复合型教师。“一个平台”是指借助校内经营性（生产性）实训基地，搭建经营性实训基地职业经理培训班平台。“四个结合”是指培训对象坚持自学与参加培训相结合；提升学历层次与技能水平相结合；指导学生竞赛和企业调研相结合；承担科研课题与承担生产性项目相结合，培养“善教学、精研究、能经营、会生产、懂管理”的复合型教师。该校经教育厅批准的名师工作坊有3个：何瑜——“互联网＋项目”教学法工作坊，许平——车聚港工作坊，刘继红——益创（机电）学习工作坊，占广西中职名师工作坊总数的15％。同时开设了特级教师工作坊：薛怡林——行动学习工作坊。

柳州市交通学校对教师开展“三维魅力”的培养。教师的三维魅力分别是人格魅力、学识魅力、职业魅力（见图6－2）。

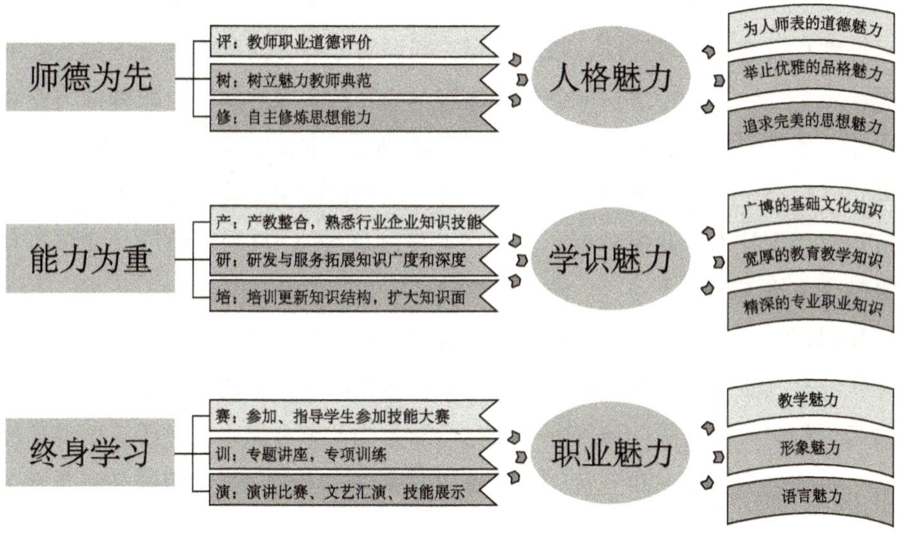

图6－2　柳州市交通学校教师三维魅力培养图解

一是师德为先，评、树、修结合，提升教师的人格魅力。引导教师通过自我修炼，做到乐观向上、细心耐心、有亲和力，形成追求完美的思想魅力，以高尚的师德建构人格力量。二是能力为重，产、研、培并举，提升教师学识魅力。不断更新教师队伍的知识结构，提升教师的学识魅力。三是终身学习，赛、训、演互补提高教师的职业魅力。

2. 产教融合，打造强大的兼职教师队伍

2016年，教育部、财政部《关于实施职业院校教师素质提高计划（2017—2020年）的意见》中明确提到，要加快建成一支师德高尚、素质优良、技艺精湛、结构合理、专兼结合的高素质专业化的“双师型”教师队伍。建立兼职教师队伍，是职业院校面向市场办学、走校企合作、工学结合之路的需要。

柳州市各职业院校遴选一批企业师傅担任学校的专业实训指导教师，充实职教师资队伍，提升学生专业技能训练水平。2017年，柳州市职业院校校外兼职教师共计955人，同比增长了40.9%，兼职教师队伍的数量和质量都在不断提升。

柳州铁道职业技术学院与上汽通用五菱合作建设培训中心，采取了共建共享的混合所有制校企联合办学模式，进一步完善了“双师型”教师培养体系机制。校企采用互兼互聘的方法，壮大培训中心师资队伍。该院的汽车技术学院有15名专任教师通过了上汽通用五菱的专业认证，被聘为该企业的培训讲师，并代表上汽通用五菱为其售后维修技术人员进行培训授课。上汽通用五菱有5名工程技术人员被学校聘为专业建设企业专家，参与专业建设，参与人才培养方案的制定，在课程设置、课时安排、教学内容、实训实习等方面都充分考虑到企业的发展思路及个性化要求。学院与企业共建汽车售后技术服务团队，教师参与企业的技术服务管理与技术服务开发，有效提升教师的实践教学能力和科技创新能力。此外，学院与企业联合申报课题项目，目前已获得国家建设项目1项（中央财政支持汽车运用技术专业提升专业服务产业发展能力）、自治区级项目2项、自治区级教学成果三等奖1项、自治区级课题2项。

柳州市第二职业技术学校成立了韦清花（侗绣非遗代表性传承人）大师工作室和张礼全（工艺美术大师）大师工作室。在大师工作室的带领下，服装美术专业的师生们与大师共同创新研发了系列民族服饰及工艺品，将侗绣、侗锦、民族图案、民族色彩等技艺和元素，以时尚的方式应用于现代日常服饰品和装饰工艺品上，使其具有较强的观赏性和实用性。

柳州市交通学校引进企业技术专家和能工巧匠担任教学工作，充实了专业教师队伍。多名教师被企业聘为技术培训师，为企业开展多期汽车维修技师、高级技师培训班，为企业解决生产技术难题，提供技术服务。学校教师被东风柳州汽车有限公司聘为高级维修技术顾问，通过电话咨询或现场指导等方式为企业解决汽车维修中的各种技术难题200多项。

广西机电技师学院以校中厂为平台，校企一体开展“现代学徒制”技能人才培养。学生在具备一定的专业理论知识和专业技能后，分批安排到校中厂参与生产，由学院的技能大师、技术能手、专业教师等带领学生进行生产和售后服务，企业则派出技术专家或能工巧匠担任师傅指导生产，建立了“教师＋师傅”的双导师制。在生产过程中，教师和企业专家、能工巧匠（师傅）带领学生共同制定生产工艺标准、参与生产管理、质量管理、体验企业文化等。

（四）实训设备融合

实训设备与企业生产设备一致，实训环境与生产环境一致，产教融合型的生产实训基地是实现校企融合的重要平台，它能使企业元素融入学校人才培养过程，使专业在人才培养目标、课程标准、实训基地、评价标准、管理模式等方面实现与企业有效对接。柳州市各职业院校扎实推进产教融合型的生产实训基地建设，实习实训环境高度优化，形成分层递进、从练到干的教育逻辑性训练装备配置，教学性依托生产性而提升水平。

柳州铁道职业技术学院，一是与长虹机器制造有限公司合作，引进、消化、吸收企业最新生产工艺和加工手段，收集整理高端数控加工任务典型案例，进一步提炼为适合教学和培训的学习任务，完善高技能数控加工课程体系与师资队伍建设。二是与大连机床集团合作，建立大连数控机床装、调、修服务中心，打造以“数控机床装、调、修一条龙”为特色的集教学、生产、培训、服务功能为一体的开放式平台。三是与上汽通用五菱汽车股份有限公司共建、共享培训中心。校企双方统筹建成6 000多平方米培训中心，作为上汽通用五菱全国最大的校中厂培训中心。具体包括：汽车营销中心2个；理实一体化实训室18间；整车实训室6间，发动机实训室6间，电气实训室6间，底盘实训室6间；配件室2间；资料室1间；多功能会议室3间；新能源实训室2间。培训中心的场地由学院提供，所有装修、教学设备（包括上汽通用五菱所有车型、相关总成、维修工具、维修设备和诊断工具）和相关辅助设备全部由上汽通用五菱提供，教学设备和辅助设备的产权归企业所有，学院可根据教学需求使用所有相关设备。校企合建的培训中心发挥了多项效应：其一，推动学院汽车专业群的建设与发展，以“上通五”汽车制造与售后服务人才的需求为导向，利用混合所有制校企联合建设培训中心，为企业培养技术技能型人才；利用企业的品牌和校企合作育人平台推动我院汽车技术专业的建设与发展。其二，促进学院汽车技术实训基地建设，通过校企联合建设培训中心引进企业文化，对接职业环境，构建全国样板实训中心。模拟上汽通用五菱汽车 4S 店真实的工作环境，建设兼具“真实性、先进性、综合性”的校内实训中心，满足汽车专业近 1 000 名在校学生对汽车技术操作技能的实训需求。通过混合所有制平台，促进汽车技术实训基地的管理及实训项目开发。其三，解决课程内容与岗位需要脱节的问题。依托广西汽车城龙头企业上汽通用五菱，对接行业、企业用人和技术标准，深化教学改革，提高人才培养质量；重构课程体系，校企合作开发课程和专业培训教材；以上汽通用五菱技术服务标准为依据，制定专业教学标准及核心课程考核标准；对接工作任务，以工作任务为载体重置课程内容；对接职业资格标准，在汽车检测与维修技术等 3 个专业中设计相关教学项目；校企合作开发培训教材 10 多部，项目教学案例 64 个。其四，为企业源源不断输送技术人才。自 2010 年起，该院和上汽通用五菱利用混合所有制平台对汽车检测与维修专业联合开展“‘现代学徒制’五菱公司订单班”，截至 2016 年 9 月，共计开设 17 个班级。已毕业的订单班学生大多数成为“上通五”汽车经销商（4S 店）的技术主管、技术总监和服务经理，并得到企业的高度认可（见表 6－2）。其五，为企业提供技术支持。该院的汽车技术学院专业教学团队已连续 6 年（2011—2016 年）为上汽通用五菱公司的“汽车服务技术大比武”活动提供技术支持，参与该活动的教师共计 30 多人次；为上汽通用五菱经销商培训技术人员 1 006 人次。自 2011 年以来，该院汽车技术学院教师获国家级专利 18 项，其中发明专利 5 项，实用专利 12 项。为企业技术改造提供了有力的支持（见表 6－2）。

表 6－2　2010—2016 年“五菱公司订单班”统计表

序号	年份	“现代学徒制”五菱订单班个数	人数	就业单位
1	2010	1	30	上汽通用五菱汽车股份有限公司汽车经销商（4S 店）
2	2011	1	30	
3	2012	2	60	
4	2013	3	90	
5	2014	3	90	
6	2015	3	90	
7	2016	4	120	
	合计	17	510	

柳州市第一职业技术学校开展经营性实训基地的校企合作模式，为柳州市设计制作了中小学生安全系列动画作品，项目制作包含的剧本策划、分镜绘制、动画制作、后期特效等工作，均由益智动漫实训基地的师生们完成。这个实训基地面积1 000平方米，包括4间教学实训室，7块实训工作区，具备CG插图、二维动画、三维动画、影视拍摄、非编剪辑、后期处理、游戏动作捕捉、音效录制等实训教学和产品研发功能，在广西同类职业学校中处于领先地位。

柳州市交通学校的学生在第三学年最后一学期，由学校统一安排到企业进行生产性实习，通过实习让学生较全面地了解企业的生产过程和生产技术，较深入地了解企业的设备、工艺、产品等相关知识。

柳州市还启动建设了6个校企共建的“千万元生产性实训基地”。由政府资金引导，企业或学校提供场所，三方共同投入基地建设资金或设备，计划用3年时间将这些基地建设成周边地区职业院校和企业共享的具有开放性、共享性、生产性和示范性的实训基地，市财政已经下拨第一批项目经费1 200万元。

目前，柳州市每一所职业院校都有长期合作的企业，并成功探索了“校中厂”“厂中校”“植入式工作站”“企业全程托管”等校企一体化办学模式。全市校企合作的生产性实训基地每年创造产值上亿元。在如此真实的实训环境中成长的职校毕业生深受企业青睐，3年来全市职业院校毕业生初次就业率都在95%以上。

（五）校企文化、“校区”文化融合

校企文化融合是建设现代职业教育体系的需要，是职业院校校园文化建设的核心。教育部原副部长鲁昕在2010年全国职业教育与成人教育工作会议上指出，“把工业文化融入职业学校，做到产业文化进教育、工业文化进校园、企业文化进课堂”。校企文化结合能使优秀的企业文化与学校的教育教学实际结合，形成浓郁的育人氛围，加强学生的职业能力与职业养成训练，培养学生的综合职业素养，使学生确立职业意识、职业理想，形成正确的职业价值观，为学生顺利实现从学校人到职业人的转化，实现健康、可持续发展奠定基础。柳州市各职业院校依靠柳州产业优势，让企业文化、产业园区文化进校园，形成各具特色的校园文化。

柳州职业技术学院实施校园文化八大工程：实施学院精神培育工程，构建学院精神文化体系；实施校园制度文化建设工程，形成规范和谐的制度文化；实施

“教风、作风、学风”建设工程，弘扬积极进取的精神风貌；实施校园文化活动精品建设工程，拓展学生综合素质；实施打造柳职文化名片工程，构造校园文化阵地；实施环境育人工程，优化育人环境；实施示范高职品牌塑造工程，塑造学院良好形象；实施企业文化进校园工程，彰显职教特色。

柳州铁道职业技术学院构建“三融四化五维”火车头文化特色育人体系，以铁路职业能力锻造人才，以铁路职业精神培育人才，用“火车头”精神引领学生成长成才。学校将“火车头”文化融入学校实训基地建设、校园环境建设、文化氛围等方面，使校园形成铁路设备、铁路行为和铁路文化相交融的“火车头”文化。学校举办大国工匠进校园、“火车头”校园文化艺术节、“火车头”技能节、柳铁青年说、铁轨音乐节等铁路特色校园文化活动近百场，年均参与师生达 1.2 万人次。学校舞蹈“铁道梦”获第四届全国大学生艺术展演一等奖，学校被评为“第一届自治区文明校园”，打造了“火车头”文化育人特色校园文化品牌。

柳州城市职业学院在“项目引领、校企合作”发展战略顺利实施的同时，基于校企合作引入的企业精神、企业制度等企业文化成为以教育文化为本质的校园文化建设很好的融合与补充，也体现了高职教育的职业性。这使学生在校期间就能直接接触企业以及企业文化，亲身体会企业与企业、企业与人才之间激烈竞争的现实，激发学生学习专业知识与技能的内在动力，培养与人合作的团队精神，使学生在与企业接轨的实习管理制度中领悟到企业的严格管理和文化内涵，成为企业的“准员工”。

柳州市第一职业技术学校形成“心存高远，志在向善；精艺在身，忠心报国”为主题的校园文化特色。学校以学生的发展为本，大力推行德育精细化管理模式，抓实、抓细、抓小，将养成文化、专业文化、企业文化延伸至学生学习、生活中，并总结出一些卓有成效的德育方法。例如，以“洁·雅”行动为突破口，推行“7S”班级管理，打造“企业文化进校园”系列活动；充分挖掘升旗仪式育人功能，通过会场的精细管理，环节的精致设计，国旗下讲话人员和内容的精心挑选，从而达到以境育人、以理育人、榜样育人的功能；推行小微德育，以小求实，从小处着眼，让德育和学生的生活经验对接，从学生日常生活、学习习惯入手渗透品德教育，开发了“一日一善、一周一讲、一班一特、一学一做、一支一先、一部一品”系列小微德育项目。学校被教育部确定为首批“中等职业教育德育工作实验基地学校”，获得“全国校园文化建设金奖”“全国中等职业学校德育工作先进集体”“全国五四红旗团委”等荣誉。

柳州市第二职业技术学校开展了系列文化建设。教室文化建设：每班的教室走廊都悬挂励志名人画像，教室内部根据各班的专业特点设置标语、班训、学习园地、阅读角、作品区等，展示创意、彰显个性。宿舍文化建设：积极开展宿舍文化评选活动，制定宿舍评比标准和主题，各宿舍自行设计并布置宿舍环境，学校定期公布评比情况，表彰优秀宿舍，通报整改宿舍，将校园文化内核深入学生生活点滴。道路文化建设：在学校道路两旁的立灯箱上展示学校优秀教师的图片、事迹简介和反映社会主义核心价值观的图片、标语等。绿色文化：在每栋教学楼的一楼门厅放置钢琴和绿植，在宿舍楼、实训室、办公室、走廊等多处添置绿色盆景植物。企业文化：通过引入企业管理文化、布局文化和精神文化建设实训室，通过实景教学渗透企业文化元素，使学生的职业素质得到潜移默化的培养。学校获全国中等职业学校“文明风采”优秀组织奖、全国啦啦操比赛一等奖等荣誉。

柳州市交通学校的实训基地引入企业精细化管理，在汽车装配实训中心营造既能展现汽车企业文化，又能结合学校教育培养学生品行的校内实训基地文化。一是引入汽车制造企业广泛采用的精益生产理念，在汽车整车装配实训中心全面引入精益生产管理工具。例如，目视看板、定置管理、“5S”管理、全面质量管理（TQM）和全员生产维护（TPM），同时引入汽车制造企业真实的生产作业管理工具，如标准作业单、作业要素单，实现标准化作业。二是引入汽车制造企业总装车间使用的信息管理系统，实现从市场需求到物料供给、生产制造，直到产品交付全过程的数字制造。展现真实的汽车整车装配生产场景。三是在建设实训中心过程中，校企双方人员共同商定汽车整车装配中心的文化内涵、展现形式，在教学内容中纳入汽车整车制造企业的文化内涵，在教学和实训过程中考虑汽车整车制造企业岗位员工要求，在平时教学实训环节的细节方面，关注学生行为规范的培养与养成等。

广西机电技师学院开展“企业文化进校园”特色项目活动。依托以上汽通用五菱为代表的众多大中型企业，借鉴其丰富的企业文化，创新性地利用企业组织形象识别系统，师生全员参与，构建完成与企业文化深度融合的校园职业文化体系。形成“1 套理念”识别系统、“2 套视觉”识别系统、“3 个 6S”管理制度系统、“4 支队伍”师资系统、“5 个阵地”学生教育系统、“6 个载体”学生活动系统等 6 个系统的建设，形成了包括“校训万人学、校歌万人唱”德育模式、“视觉系统建设”环境育人模式、“实训 6S”管理模式、“万人千岗”实践模式、“职业大讲堂”教育模式、“校企共培”冠名班模式、“全校大比武”技能竞赛模式等7个品牌工作模式。

二、教产相伴，实现校企协同发展

（一）职业教育人才培养伴随企业发展

开展订单办学，为企业发展提供人才支持。订单式培养是职业教育人才培养的重要形式，是实现学校、企业、学生多赢的有效途径，是深化教育教学改革、充分利用企业资源、提升学生就业质量的有效载体，是当前最受企业欢迎的校企合作方式之一。柳州市各职业院校都开展了形式多样的订单式培养。

柳州职业技术学院与中国企业500强的柳州钢铁（集团）公司广西柳工机械股份有限公司，以及中国制造业500强的上汽通用五菱汽车股份有限公司等知名企业合作办学，先后开设以企业名称命名、校企联合办学的“柳钢班”“柳工班”“柳州五菱班”等，按照企业的要求进行人才培养。

柳州铁道职业技术学院是铁道部车务站段长培训基地、车队长（列车长）客运培训中心、柳州铁路局运输系统职工培训基地。

柳州市第一职业技术学校旅游服务与管理专业成立“柳州饭店班”，为五星级饭店柳州饭店输送人才。

柳州市交通学校每年在汽车制造与维修专业中选拔优秀学生50名，组成“公交公司班”，采用专门的教学管理及技能训练模式，为柳州市公交公司培养专业维修工人，学生毕业后直接到公司就业。

广西机电技师学院依托“博世汽车诊断实训中心”，创新人才培养模式，成立博世—瑞航订单班。广西柳州畜牧兽医学校制定《校企合作委员会章程》等制度，与72家企业签订了合作协议，与22家企业开展订单办学，订单班学生达875人。

（二）技术技能服务伴随企业发展

柳州市各职业院校联合企业成立产品应用推广中心，为企业及其产品提供配套的技术咨询、技术改造、技术研发和技术培训服务，进一步发挥职业院校的技术研发优势。广西机电技师学院依托博世汽车诊断实训中心先进的检测与诊断设备，为瑞航公司等多家企业解决疑难技术问题 12 项；为长虹机器制造有限公司完成技术攻关项目 3 项；为大连机床集团大连数控机床装、调、修服务中心完成企业技术服务项目 3 项，调试维修数控机床 8 台套，并为企业提供完整的零件加工程序及工艺，受到被服务企业及大连机床售后服务中心高度评价。柳州市交通学校先后为东风柳州汽车有限公司培养培训各类售后服务技术人员 1 000 人以上，通过电话咨询或现场指导等方式，为企业解决汽车维修中的各种技术难题 200 多项。

柳州职业技术学院与柳工共建全球客户体验中心，每年面向柳工全球经销商及社会组织开展培训 30 期以上，培训学员 1 500 多人，职业技能鉴定 1 000 多人。目前已形成以柳州职业技术学院为总部，国内包括常州、镇江等 4 个分中心，海外包括印度、波兰、巴西等 8 个分中心的培训体系；与柳工在沙特共建的沙特卡坦尼学院在 2018 年 10 月正式招生办学，为职业院校协同企业“走出去”，输出中国职业教育标准提供实践样本。

（三）职业教育伴随企业“走出去”

1. 大力推进企业“走出去”

柳州市作为广西壮族自治区重要的工业城市和交通枢纽，处在连接粤港澳与西南地区的重要节点，“一带一路”建设使柳州由“内陆腹地”变成“开放前沿”，柳州市政府积极鼓励和引导企业参与“一带一路”建设，一些企业也将自身发展与“一带一路”建设深度融合，取得明显成效。

柳工早在 2003 年就提出“世界柳工、源自中国”的国际化建设，随着“一带一路”建设的推进，目前柳工已将产品成功导入“一带一路”沿线国家，并在印度、波兰、巴西建立了制造工厂，海外销售收入占总销售收入的 1/3，成为中国工程机械行业在海外表现最好的制造商之一。

2010 年和 2011 年，上汽通用五菱汽车股份有限公司的五菱荣光、五菱宏光车型，先后在美国通用汽车公司的埃及和印度工厂生产，挂“雪佛兰”商标在境外销售，实现“借船出海”；在此基础上，投资 7 亿美元的上汽通用五菱印尼工厂于 2015 年开工建设。这一制造工厂将具备年产 15 万辆整车生产能力，公司由此实现“造船出海”。广西正推动这一整车基地成为我国在印尼投资额最大的制造业项目；上汽通用五菱印尼项目还带动了广西汽车集团的零部件企业以及一批原材料企业“组团出海”。

东风柳汽商用车在越南、老挝、柬埔寨、缅甸、菲律宾、泰国、马来西亚等国均有销售，商用车出口量位居国内第二；乘用车主要出口南美，景逸 X3 车型于 2016 年跻身南美中国品牌 SUV 第一集团。目前，东风柳汽公司已在越南、阿尔及利亚等国开展进口散件装配项目。

柳州欧维姆机械股份有限公司在埃及和东盟国家参与了多个斜拉索制造及安装工程。

除此之外，柳州市还有 10 多家中小企业在越南、柬埔寨设立工厂。其中，柳州市江航工贸有限公司在柬埔寨成立了汤姆工程机械有限公司，已发展成为规模最大、品种最全、服务最优的工程机械发展商，产品覆盖整个柬埔寨；柳州市朝阳科技有限公司在马来西亚设立鼎康有限公司，主要从事融资及矿产进出口业务，投资金额达 9 000 万美元。

2. 实施“职业教育伴随计划”

2014 年，中共柳州市委十一届十次全会提出，“推动职业教育与国际化结合，探索发展国际职业教育”战略部署。市政府编制了《柳州市职业教育国际化发展行动计划（2014—2020）》，深入实施“企业走出去职业教育伴随计划”，积极服务“一带一路”国家建设。柳州职业技术学院、柳州铁道职业技术学院等一批职业院校“借船出海”，积极服务柳州企业的国际化发展。

目前，柳州职教伴随企业“走出去”已形成四种模式。

一是借船出海。职业教育着力服务于柳州企业国际化发展，企业走到哪里，职业教育就服务到哪里。柳工、上汽通用五菱等大型企业走向海外参与国际竞争，急需技术技能型人才。例如，上汽通用五菱根据建设印尼工厂的需要，2015 年与柳州城市职业学院签订校企联合办学合作协议，双方就汽车产业高技能人才实行订单培养，共建中印、印中汽车学院合作项目，该项目累计录取 189 名印尼留学生。

二是师资培养。“一带一路”建设使中国和东盟国家在高铁领域的合作不断深入，中老铁路、中泰铁路、雅万高铁等项目急需高技能人才。柳州铁道职业技术学院与东盟国家 20 多所职业院校合作培养高铁运营和服务人才。自 2016 年 3 月至今，已举办 6 期“泰国轨道交通师资培训班”和 1 期“印尼高铁职业教育师资培训班”，共培训泰国、印度尼西亚教师 98 人次。铁职院还将与泰国皇家理工大学在泰国共建“中泰轨道交通学院”，以“师资＋课程＋实训”一体化输出模式开展合作共建。

三是借船上岸。采取“企业主建，院校主教，合作共赢”的模式，服务在海外扎下根的中资企业。上汽通用五菱公司在印尼雅加达建设的东盟地区第一个整车生产基地于2017年8月投产，预计年产汽车15万辆。但是，当地企业技术技能型人才匮乏，成为企业亟须解决的头等大事。柳州铁道职业学院发挥与上汽通用五菱公司早已建立的校企合作关系，主动服务企业“走出去”的需要，创新“校—企—校”国际化合作模式，与上汽通用五菱公司和印尼苏利亚大学联合开展合作办学，共建上汽通用五菱公司售后服务技术人员培训中心，共同培养印尼本地学生，为企业输送技术技能型人才。柳州职业技术学院为柳工输送了300多名优秀毕业生，其中近1/3服务于东盟国家，近10人已经走上区域负责人的岗位。柳工与柳州职业技术学院还有意向在沙特阿拉伯的达曼市创办一所沙特国家教育部承认的职业培训学校，目前已在洽谈合作细节，此举将进一步推动中国职业院校在沙特合作办学的进程。

四是理念伴随。采用项目引领，实现校企深度合作，推动国内职业教育模式和理念向发展中国家输出。2016年，柳州投入2 741万元支持轨道交通职业教育国际化发展项目、中德职业教育机械制造合作项目等5个项目，涵盖7所院校、5个专业集群，探索国际职业教育资格标准和行业企业先进标准，推动了产教融合，增强了职业教育服务地方产业的能力。

柳州企业沿着“一带一路”建设走到哪里，柳州职业教育就跟到哪里，二者相伴而行。柳州市通过实施“企业走出去职业教育伴随计划”，进一步发挥职业院校服务区域经济与社会发展的功能，扩大国际影响，打造国际品牌。

第七章　职业教育柳州模式的“融合发展”

“融合发展”是现代文化学的一个概念，本义是指不同的文明之间冲破藩篱和堤坝，把不同文明的特点特别是文化形态汇集起来，通过并进、协作解除冲突，模糊文化疆界，在多元发展中实现人类社会的发展和进步。[①] 沿用这一观点，职业教育的“融合发展”是将一个地区的办学资源，通过并进和协作引领和带动一批学校，克服某一类型教育的单一、局限和缺陷，形成一种发展的合力。目前，正在兴起的职业教育均衡发展理论也提出了通过带动、协作克服我国职业教育区域发展不均衡的观点。同时，柳州职业教育的融合，又跨越了原有的内涵，形成包容多种元素的更大的融合。

“融合发展”是柳州职业教育发展到一定水平的必然产物，也是柳州新时期经济社会发展对职业教育发展要求的必然结果。在柳州职业教育已经形成各级职业教育序列的基础上，实现职业教育资源的进一步融合，打造中高本融合发展的特色职业教育体系；创新实践城乡融合发展的助困办学模式；搭建产教研融合的创新性平台；试行校企融合的“现代学徒制”；推进职业标准融合的国际化办学；打造传统和现代融合的民族传承专业特色。这些创新性实践助推了柳州职业教育的可持续发展，走出了柳州职业教育融合发展的特色之路。

一、中高本融合发展的职业教育体系

柳州市确立了以柳州职业技术学院、柳州铁道职业技术学院、柳州城市职业学院 3 所高职院校为龙头，衔接广西科技大学鹿山学院应用本科专业，带动柳州市第一职业技术学校、柳州市第二职业技术学校、柳州市交通学校等中职学校发展的职业教育体系。积极开展中职—高职“3＋2”“2＋3”“五年一贯制”，开展中

① 陈晓莹：《融合发展：加拿大多元文化教育解读》，北京：民族出版社 2008 年版。

职—本科“3+4”，高职—本科等职业教育“立交桥”建设，建立了中高本融合发展的特色职业教育体系。

柳州职业技术学院积极探索在技能型人才培养上打通中职—高职、高职—本科的培养路径。一是积极开展中高职衔接人才培养。与融水县民族职业技术学校、岑溪职校、武宣职校、昭平职校、柳州市第一职业技术学校、柳州市第二职业技术学校等学校开展中高职衔接人才培养模式改革，在机电类、汽车类、电子信息类专业开展试点，探索“2+3”“3+2”等人才培养贯通模式，共同确定衔接专业的培养目标、课程体系、教学条件、职业资格证书等，共同开发不同层次人才职业能力标准，探索课程体系构建、实训课程开发与教学资源共享、实训基地建设、教学平台建设、技能比赛赛项开发、教学运行与管理等。二是联合培养高端应用型本科人才，加强与广西科技大学合作，联合开展机械工程专业（包括职师班）、汽车服务工程专业、机电技术教育专业本科人才培养。拓展合作的本科院校和合作专业，力争在机械制造及自动化、机械电子工程、物流管理工程等专业与本科院校联合培养高端应用型本科专业人才。2016 年，在原有 17 所对口支援院校的基础上，又新增平乐县职教中心和柳州市交通学校等 2 所对口支援学校，对接的专业数达到 20 个。

柳州城市职业学院积极探索“五年一贯制”“二三分段制”的中高职衔接办学模式，开展中高、中高本衔接的人才培养试点工作。以职业能力培养为主线，将职业素养、职业技能的培养通过工学结合贯穿人才培养过程，推进各专业构建特色鲜明的五年制专业人才培养模式。2015 年，该院“五年一贯制”高职招生人数为 1 531 人，2016 年为 1 436 人。

二、城乡融合发展的帮扶式办学模式

柳州市的高职院校和市属职校发扬以先进带动后进、以先进帮扶后进的精神，积极发挥自己的引领示范作用，积极参与县级中职学校建设，在学校发展规划、对口专业建设、师资队伍建设、实训基地建设和招生就业等方面全面帮扶。

柳州职业技术学院到融水县职业教育中心、武宣县职业教育中心、昭平县职业教育中心、富川县职业技术学校等中职学校开展教学指导，与学校领导及教师一起，从政策导向、学校发展、专业建设等方面对中等职业技术学校的综合改革方案进行了研讨，帮助学校进一步厘清了思路，为发展奠定了良好基础，促进了县级职业教育的内涵发展。2015 年 12 月，在该院的大力支持和指导下，岑溪市职业教育中心顺利通过了国家示范校验收。在自治区公布的 2015 年县级中专综合改革考评结果中，柳州职业技术学院帮扶的苍梧县、岑溪市、武宣县、钟山县、横县、都安县等 6 个单位获得 2015 年县级中专综合改革优秀奖；融水县、灵川县、昭平县 3 个单位获得 2015 年县级中专综合改革进步奖；平乐县、富川县、鹿寨县、融水县、昭平县、象州县、兴安县、忻城县等 8 个单位获得 8 个类别 21 个单项奖。在自治区教育厅开展的 2015 年县级中专综合改革考评中，柳州职业技术学院再次荣获“高职帮扶奖”，并获得自治区 200 万元的奖励。

柳州城市职业学院与鹿寨县人民政府签订协议，在鹿寨县职业教育中心的基础上成立柳州城市职业学院鹿寨分院，面向初中毕业生培养五年制高职学历的高端技能型人才。开设有学前教育、汽车检测与维修技术、汽车营销与服务、会计、物流管理、小学教育、建筑装饰工程技术、空中乘务等 18 个五年制高职专业。按统一招生、统一学籍、统一教学、统一评价、统一管理的“5 个统一”模式进行办学，政校合作探索城乡联动、中高职衔接人才培养模式。2017 年，鹿寨分院首次招生就取得开门红，已报到新生 852 人，是 2016 年鹿寨县职业教育中心招生人数的 3.6 倍，有效提升了县域职校的办学吸引力，彰显了高职院校主动服务地方经济发展的社会责任感。

柳州市第一职业技术学校与县级职校开展了 3 种合作模式，一是“帮扶式合作”模式，以帮扶为主，带动县级职校发展。主要针对三江及融安职校，采取“1＋1＋1”的分阶段培养模式，即第一学年学生在县级职校就读，主要学习文化和专业基础课，第二学年在柳州市第一职业技术学校就读，主要学习专业核心课程、开展专业技能实训及考取技能证，第三年由柳州市第一职业技术学校安排学生进行顶岗实习，进行管理并推荐学生就业。二是“共融式合作”模式，主要针对柳江职校，双方的教学场所、教学设备、师资、教学资源共享，优势互补、共同发展。三是“项目合作”模式，主要针对广西各县级职校，联合各县级职校开展各项技能培训，通过市级培训项目对县级职校教师进行专项培训。

柳州市交通学校作为柳州汽车技术人才培养培训职教集团龙头，以农村中职学校为主体，以汽车运用与维修、汽车制造与检修等品牌专业为纽带，融合象州职校、宜州职教中心、三江职校、融水县民族职业技术学校、融安职校、武宣职校、柳江职校等县域职校成员，利用职教集团平台，推进城乡学校联合招生、联合培养、合作办学，先后在中心城市职业学校与农村职业学校结成10多个“对子”，联合招生500余人；为农村学校培训专业课师资、提供实训条件、安置学生实习、开展技能鉴定；以集团名义联系就业单位，统筹安置学生就业等，推动了以城带乡、以强带弱。

三、产教研融合发展的创新性平台

（一）柳州市职业教育集团在创新中发展

柳州市的职教集团覆盖产业面拓宽。“十二五”末期，柳州市职教集团的参与单位由“十一五”末期的18家增至396家，规模增长22倍。“十一五”期间，柳州市唯一的职教集团服务于第三产业，至“十二五”末期，柳州市职教集团所含行业则全面覆盖了3个产业，其中以服务第一产业为主的集团2个，占28.5％；以服务第二产业为主的集团3个，占43％；以服务第三产业为主的集团2个，占28.5％。与柳州市调整后专业布局方向——以“二产为主，三产为辅”一致。

柳州市的职教集团参与面大。参与职教集团的院校有83所，占比20.9％；企业有239家，占比57.1％；行业协会有28个，占比7.1％；政府部门有5个，占比1.3％；科研机构有21个，占比5.3％；其他机构35个，占比8.8％。柳州市所有职教集团的牵头单位均为柳州市中高职院校，职教集团由区域化向全国化发展。职教集团中的参与企业由柳州本地龙头企业发展至在全国范围内有影响力的企业，如中铁集团、东风柳汽、上汽通用五菱和柳工等知名企业。参与职教集团的行业协会由区域性的柳州物流协会、广西铁道学会发展至在全国汽车行业有较大影响力的中国汽车工程学会。

2009年，由柳州铁道职业技术学院牵头组建广西轨道交通工程职业教育集团。集团成员包括：南宁铁路局、广西交通协会、中铁第四工程局、广西沿海铁路股份有限公司、广西地方铁路有限责任公司、广西铁道学会、柳州市铁路建设办公室、柳州机车车辆厂、中铁二十五局集团柳州铁路工程有限公司、中铁建电气化局集团第五工程有限公司、湛江港（集团）股份有限公司铁路分公司、防城港务集团有限公司铁路管理中心、中铝广西分公司运输部、广西柳州钢铁（集团）有限公司运输部、广西北部湾投资集团水务公司、中国石化茂名石油化工公司铁路运输公司、中国铁路物资柳州物流园等单位。集团负责制定章程，明确集团成员的义务与责任，明确集团成员之间以人才培养、技术开发、技术服务为纽带，促进现代职业教育制度的建立，实现区域内教育和经济优势互补、资源共享，实现职教资源的优化配置和共享，最大限度地发挥效益。定期召开理事单位会议，研究合作中的具体问题。

2018年5月19日，我国首个面向东盟的职教集团——中国—东盟轨道交通职教集团在柳州铁道职业技术学院成立。来自中国、泰国、印度尼西亚、老挝、柬埔寨、马来西亚等国内外68所教育机构、企业及职业院校成员单位的150余人参加成立大会。中国—东盟轨道交通职业教育集团是由中国及东盟国家的轨道交通职业院校、设立轨道交通类专业的院校、轨道交通企业、行业协会等机构组织，按平等、自愿原则组建而成的跨国际、综合性、多层次、非营利、非独立法人的社会组织，旨在通过搭建轨道交通职业教育校际合作、校企合作平台，实现中国与东盟各国轨道交通职业教育优势互补、资源共享，满足东盟各国经济建设和社会发展对铁路运输、城市轨道交通及工程建设高技能人才的需求，发挥轨道交通专业职业的辐射示范作用，树立中国职业教育品牌，服务“一带一路”建设。

职教集团促进校企协同发展。自2009年以来，校企共同开发了34门课程的课程标准，完成了30多部教材的开发编写，其中3门课程获得自治区级精品课程；成员企业累计接收职业院校教师实践锻炼948人次；职业院校为企业培训职工46 197人次；职业院校与职教集团成员开展“订单培养”4 890人次；院校开展工学结合、顶岗实习4 666人次；职业院校与企业联合开展生产技术攻关项目56项。通过职教集团的组建和运作，充分发挥了集团的组合效益和规模效应，加强了产教、校企、校际的交流与合作，创新了校企合作的办学模式，促进了人才培养质量的提高。

（二）“柳州市职业院校校长协作会”在推进中完善

由在柳州市的中高职院校、独立学院及县级职教中心共同组成“柳州市职业院校校长协作会”，搭建了柳州职业院校间的合作发展平台，建立了职业院校定期协商和合作交流机制，努力实现柳州职业院校携手共进、共谋发展的良好格局。

柳州市职业院校校长协作会是在柳州市教育局的支持和指导下，由职业院校于2014年6月自发组成的行业性组织，由在柳州市的19所中职学校、4所高职学院和1所应用型本科学校组成。其目的是搭建柳州市职业学校与政府、社会之间的交流和协作平台，扩大职业教育的影响，提高柳州职业教育整体水平。自成立以来，柳州市职业院校校长协作会密切配合柳州市实施的职教教育改革重大工作，相继研究、起草了《柳州市职业教育专业布局与结构调整规划（2015—2020年)》《柳州市职业教育国际化发展行动计划（2014—2020)》，编制了《中高本衔接案例汇编》《“现代学徒制”案例汇编》等，推动了柳州市职业教育改革与发展，促进了校际交流与合作。协作会成立后，每年都举办校长论坛，组织近400名校长、骨干教师聆听分享国内职教先进地区及职教名家的经验和专题讲座，就“推进中高本衔接”“构建现代职业教育体系”“职业教育国际化”等议题开展了广泛的研讨和交流。论坛为柳州市职业院校搭建起交流协作的直通平台，直接促进了柳州市职业院校校际的合作与交流，促使各职业院校携手并进、互惠共赢。协会促成柳州市3大中高职院校发展共同体的成功组建，促进了城乡职校协调发展。在柳州市教育行政部门统筹指导下，协会促成柳州6个县的中专学校与城市龙头职校的合作，城区6所中高职院校以结对帮扶形式分别与6个县的中专学校合作办学，促进了城乡职业院校协调发展。

（三）职业院校科研平台在实践中成熟

柳州市职教研究所的实力不断增强。按照集中力量、共建共享的思路，市教育局从全市相关职业院校中选派专门人才，充实到柳州市职业教育研究所，进一步加强柳州市职业教育整体科研实力，努力将柳州市职业教育研究所打造成为全市职业教育的科研和智囊平台。柳州市职业教育研究所创建于2002年，是在柳州市教育局指导下成立的市级职业教育研究专门机构，当时在全区乃至全国都很鲜见。柳州市职教研究所已有专职人员8名，兼职研究人员59名，形成一支专兼结合、多学科交叉、水平较高的研究队伍。承担职教政策咨询、研究，助力区域职教科学发展。柳州市职教研究所以促进区域职教科学发展为己任，着眼于当前职教中校企合作、“现代学徒制”试点等重大问题、热点问题，组织人员积极研究和攻关，在充分调研、科学研究的基础上，专注职教研究，服务职教实践，研究成果丰硕。“十三五”期间，柳州市职教研究所一如既往地专注职教研究领域，在区域职业教育发展与创新、中高职衔接、中本贯通、职业教育师资培养、职业院校办学模式等教育实践领域不断研究和探索，积极参与《全面实施职业教育攻坚的决定》《中等职业教育攻坚方案》《广西壮族自治区人民政府 中华人民共和国教育部共建国家民族地区职业教育综合改革试验区实施方案》《广西中等职业学校设置办法》《广西职业教育校企合作促进办法》等广西重要职教政策文件的起草和制定。起草了《柳州市开展职业教育“现代学徒制”试点工作实施方案》《柳州市推进县级中等专业学校综合改革统筹工作方案》《柳州市中等职业学校布局调整和专业结构优化方案》等柳州市重要职教政策文件；累计承担和参与了近60个课题研究，先后主、参编职教论著30余部；在各类学术期刊发表论文百余篇；其成员参与的教学改革项目获国家级教学成果奖一等奖1个、二等奖2个，自治区级教学成果奖一等奖3个、二等奖4个、三等奖3个。

全市职业院校也在不断加强科研机构建设，成立校级科研所及科研部，联系生产和教学积极开展科研工作。2016—2017年，柳州市职业院校共承担各级各类课题332项，其中省部级课题188项，市厅级课题144项，获得自治区级奖励388项；2018年，柳州市职业院校承担课题202项，其中省部级课题80项，市厅级课题122项。高职学校获得省部级课题70项，市厅级课题108项。发明专利申请数为343件，获得授权185件，授权率为53.9%。其中2018年，各职业院校发明专利申请数与授权数均为112件，授权率为100%。2014年，柳州职业技术学院“高职学生第二课堂活动课程化的研究与实施”、柳州市第一职业技术学校“‘五一体、六融合企业课程体系’的研究与实践”、柳州职业技术学院“基于企业需求的高职校企合作育人教改实践”、广西商业学校“企业购买课程校企互动双赢的‘双循环’课程开发模式创新与实践”等4项教学成果获得国家级教学成果奖二等奖。2018年，柳州市第一职业技术学校“中等职业学校残疾人‘残健融合，三级递进’培养模式的创新与实践”教改成果获国家级教学成果奖一等奖；柳州职业技术学院“导入卓越绩效模式创建高效能教育教学质量保障机制”“对接国际先进标准培养技术骨干‘四方协同’服务企业全球化战略”、广西柳州畜牧兽医学校“基于脱贫攻坚的农民种养技术精准培训研究与实践”等3项教改成果获国家级教学成果奖二等奖。

四、校企融合发展的“现代学徒制”

2015年8月，柳州市成为全国首批17个“现代学徒制”试点城市之一，也是广西壮族自治区唯一“现代学徒制”试点城市。自立项建设以来，柳州市依托国家、自治区新时期大力发展职业教育的有利政策和柳州雄厚的工业基础，以职业教育国际化和现代学徒中心建设为抓手，借助地方财政、企业和学校投入的3 313.42万元（不含投入10亿元在建的柳州市现代学徒中心），积极推进试点工作，创造的“柳州经验”全国先行。

（一）科学规划、创新机制，创建平台、打造队伍，推进人才培养模式改革

1. 科学规划、创新机制

科学规划，做好顶层设计。柳州市根据《教育部关于开展“现代学徒制”试点工作的意见》文件精神以及柳州市产业发展状况，立足辖区内职业教育和企业资源，科学规划，合理确定了首批26个试点单位（7所学校、19个企业）；在与柳州支柱产业相对应的装备制造、现代物流、汽车商务、汽车技术服务、轨道交通五大专业集群中遴选了机械设计与制造、数控技术应用、物流管理等15个专业，1 118名学徒，整体有序地推进“现代学徒制”试点工作（见表7－1）。

表7－1　柳州市参与“现代学徒制”试点学校、专业、企业及学生人数一览

专业群	试点学校	试点专业	合作企业	试点学生（人）	
装备制造	柳州职业技术学院	机械设计与制造	柳州采埃孚机械有限公司	30	389
	广西科技大学鹿山学院	机械设计制造及其自动化	鸿特利塑胶制品、柳州市海格电气有限公司	94	
	柳州市第一职业技术学校	数控技术应用	柳州华力机器制造、柳州福臻车体、柳州立和机械、柳州六和方盛机械等有限公司	58	
	柳州城市职业学院	机电设备维修与管理、电气自动化技术	广西汽车集团有限公司、上汽通用五菱汽车股份有限公司	207	
现代物流	柳州城市职业学院	物流管理	敦豪物流（北京）有限公司柳州分公司	40	79
	柳州市第一职业技术学校	现代物流	广西柳州医药股份有限公司	20	
	柳州市第二职业技术学校	现代物流	柳州市瑞泽商贸物流有限责任公司	19	

续表

专业群	试点学校	试点专业	合作企业	试点学生（人）	
汽车商务	柳州城市职业学院	汽车营销与服务	广西风驰旧机动车交易市场有限公司	62	160
	柳州市第二职业技术学校	市场营销	柳州建沃、柳州聚沛、柳州市航盛、柳州华柳等汽车销售服务有限公司	78	
	柳州市交通学校	汽车整车与配件营销、公路运输管理	南宁星罗通信科技有限公司	20	
汽车技术服务	柳州铁道职业技术学院	汽车检测与维修技术、汽车运用技术	上汽通用五菱汽车股份有限公司	30	470
	柳州市第一职业技术学校	汽车运用与维修		20	
	柳州市第二职业技术学校	汽车制造与检修		20	
	柳州市交通学校	汽车运用与维修		400	
轨道交通	柳州市第二职业技术学校	工程机械运用与维修	柳州柳工叉车有限公司	20	20
	合计				1 118

制度创新，建章立制。柳州市积极贯彻落实教育部文件精神，统筹辖区内职业院校和企业，着重在探索地方实施“现代学徒制”的支持政策和保障措施上下功夫。先后起草了《柳州市开展职业教育“现代学徒制”试点工作实施方案》《柳州市“现代学徒制”试点工作企业师傅团队建设方案》《柳州市参与“现代学徒制”企业的考核评价标准》《柳州市参与“现代学徒制”企业师资（师傅）评价考核标准》《柳州市“现代学徒制”第三方评价考核办法》《柳州市开展“现代学徒制”试点工作督查评估办法》等政策文件报政府行政部门审批。其中《柳州市开展职业教育“现代学徒制”试点工作实施方案》（以下简称《实施方案》）由教育局牵头起草，市委宣传部、发展改革委、工信委、财政局、人社局、规划局、外侨办等单位共同参与。2016 年 1 月，由市政府正式下文的《柳州市人民政府办公室关于印发〈柳州市开展职业教育“现代学徒制”试点工作实施方案〉的通知》，成为推进试点城市建设的重要依据和指导性文件。

运行机制创新。在制度创新的同时，柳州市还通过成立并运行局际联席会议、职教集团、校长协作会等工作平台，充分发挥政府统筹部门资源、企业资源、院校资源的作用，探索建立了适合柳州职业教育创新发展的运行体制机制，促进“现代学徒制”试点工作有效运行。

2. 创建平台、打造队伍

加快构建“产学研训”一体化的开放共享实训体系。柳州市在各试点院校建成 30 个开放共享的大型公共实训基地，并通过校企共建的模式在合作企业建成 25 个共享实训基地。

有序推进了广西（柳州）职业技能公共实训基地建设。2016 年，正式启动了由市人社局牵头投资 10 亿元用于柳州职教园共享区的广西（柳州）职业技能公共实训基地的建设，该项目定位为“高端引领、错位发展”，即采用高端的设备、先进的培训理念和方法开展技能培训，在共享实训资源的基础上突出高端培养，最终目标是打造成为年培训鉴定能力达 12 万人的全国高技能人才培养示范基地。中心在 2018 年年底全面建成并投入使用。

加强了“现代学徒制”师资队伍建设，制定相关管理制度。柳州市教育局牵头制定了《柳州市“现代学徒制”试点工作企业师傅团队建设方案》《柳州市参与“现代学徒制”企业师资（师傅）评价考核标准》等文件，积极落实职业院校教师流动编制和编制内聘用兼职教师财政支持政策。组建优质教师团队，大力开展师资培训。开展“企业师傅团队”“技能大师工作室”的遴选组建，确立培养 100 名“专业骨干教师”、20 名“专业带头人”、5 名“行业领军人物”、10 个“优秀教学团队”建设任务。采用“引进来、走出去”的方式进行师资队伍建设。“引进来”，即邀请国内知名专家及德国、英国、法国等职业教育发达国家的专家来柳州市对教师进行指导与培训；“走出去”，即先后派出近百名教师（含企业兼职教师）到德国、英国学习，使教师的专业素质迅速提高。

3. 深入开展人才培养模式改革

改革招生、招工方式。校企共同遴选和培养 1 118 名现代学徒。

改革人才培养模式。各试点院校通过引进有效模式和标准，积极开展“现代学徒制”人才培养模式本土化实践和探索。柳州职业技术学院牵头带领广西科技大学鹿山学院、柳州城市职业学院、柳州市第一职业技术学校在装备制造专业群中，引进德国“双元制”人才培养模式，同时还牵头柳州市第一职业技术学校和柳州市第二职业技术学校在现代物流专业群中引进英国“现代学徒制”人才培养模式；柳州城市职业学院牵头柳州市第二职业技术学校和柳州市交通学校在汽车商务专业群引入德国汽车商务人才培养模式；柳州铁道职业技术学院牵头柳州市第一职业技术学校、柳州市第二职业技术学校和柳州市交通学校在汽车技术服务专业群中引入上汽通用五菱企业标准，积极构建“产教融合、专业对接产业、课程标准对接技术服务标准、师资队伍合一”的人才培养模式。

改革评价模式。各试点院校积极构建现代职业教育的评价标准。首先，大力引进国际质量标准。2016 年 1 月 21 日，柳州市政府、柳州职业技术学院与德国工商大会上海代表处签署合作备忘录，根据约定，在柳州职业技术学院引进德国 AHK 职业资格证书。同时，柳州市第一职业技术学校、柳州市第二职业技术学校在现代物流专业引进英国的物流学徒二级职业资格标准及认证，柳州职业技术学院在物流管理专业引进英国的物流学徒三级职业资格标准及认证。其次，引入行业企业先进标准，如柳州铁道职业技术学院引入上汽通用五菱企业技术服务标准，确定专业关键技能三级评价标准等。

（二）两大试点创新成效

1. 柳州“现代学徒制”试点工作具有鲜明的国际化特质

2015 年 3 月，在产业全球化的大背景以及国家“一带一路”倡议下，柳州市政府印发了具有前瞻性的《柳州市职业教育国际化发展行动计划（2014—2020 年）》，深入探索“职业教育协同企业走出去”的职业教育国际化发展模式。为更好地推进柳州市“现代学徒制”试点工作，该市从国际化项目中遴选出校企合作紧密部分作为各职业院校的试点项目，巧妙地将职业教育国际化与“现代学徒制”结合起来，从而使“现代学徒制”试点工作具有鲜明的国际化特点。

2. 基本形成具有柳州特色的“现代学徒制”培养体系

柳州市经过科学规划，充分发挥政府的统筹作用，以职业教育国际化为抓手，形成以柳州职业技术学院、柳州铁道职业技术学院、柳州城市职业学院等高职专业为龙头，衔接广西科技大学鹿山学院应用本科专业，带动柳州市第一职业技术学校、柳州市第二职业技术学校、柳州市交通学校等中职学校专业共同发展模式，做好整体推进试点城市建设的顶层设计。经过两年多的探索与实践，已基本形成“政府主导、国际引领、高职牵头，中高本协同发展”的柳州特色“现代学徒制”培养体系。

（三）五大试点实践成效

1. 在体制机制的探索和创新上有突破

科学编制了《柳州市开展职业教育“现代学徒制”试点工作实施方案》《柳州市“现代学徒制”试点工作企业师傅团队建设方案》《柳州市参与“现代学徒制”企业的考核评价标准》《柳州市参与“现代学徒制”企业师资（师傅）评价考核标准》《柳州市“现代学徒制”第三方评价考核办法》《柳州市开展“现代学徒制”试点工作督查评估办法》等“现代学徒制”试点工作系列配套文件。这些政策文件的出台丰富了“现代学徒制”研究的内容，为柳州市“现代学徒制”试点城市建设做好顶层设计，在推进策略和探索研究上走在全国前列。

2. 试点平台建设卓有成效

一是各试点平台建设迅速。各试点院校已初步建成57个“产学研训”一体化的共享共建实训基地；同时，成立和建成柳州市中德合作“双元制”职业教育基地、德国AHK职业培训中心、中印尼上汽通用五菱汽车学院、中国柳州城市职业学院印尼必利达分院、柳州市汽车商务专业现代学徒中心、中俄丝路学院等国内外试点平台。

二是广西（柳州）职业技能公共实训基地一期土建工作基本完成。该项目对应《柳州市职业教育专业布局与结构调整规划（2015—2020年）》，建设有先进制造技术、电工电子与信息技术、汽车制造与检修、现代服务、轨道交通及质量检测等6个实训基地。目前项目已完成土建工作。

3. 人才培养质量明显提升

通过深化人才培养模式改革，引进德国“双元制”和英国“现代学徒制”等人才培养模式，建设适应柳州产业发展、有利于学生职业能力培养、职业素质养成的学徒制课程体系；同时，通过成立柳州市职业教育国际交流合作中心、国际化研究中心、国际化信息中心，启动中德广西（柳州）职业教育国际交流中心建设，初步构建了与国际接轨的职业资格认证和技术技能型人才培养培训体系。这种具有国际引领特点的校企双主体育人模式，大大提高了我市人才培养质量。参与试点的学徒在专业素养、考工考证、技能竞赛等方面都明显优于普通在校学生，获得学校、企业、家长和社会多方好评。

4. 培养了一批具有国际视野的师资队伍

柳州市通过“请进来、送出去”等方式深入开展师资培养培训工作，先后派出近百名教师到德国、英国参加各类培训班和考察学习。此外，还借助柳州职业教育“现代学徒制”专家智囊平台，聘请外国专家、国内知名职教专家到柳州市开展各类培训 20 余次。目前，已成功培养学校导师 178 名、优质教学团队 11 个，30 名（由英国瑞尔学徒制公司培养）合格的英国学徒制现代物流评估师。初步培养出一批具有国际新观念、宽视野、高素质、专业能力强的师资队伍。

5. 试点经验得到认可和大力推介

柳州经验得到多次分享。柳州市推进“现代学徒制”工作经验，成为广西壮族自治区乃至全国主动服务当前经济社会发展需求的典范，不仅试点院校复制经验、不断扩大试点专业，各地院校也纷纷前来学习柳州经验，并大力推介：有 30 多所省内外本科、中高职院校分享了柳州市“现代学徒制”人才培养的教改方案、实践范式等方面的经验。

柳州模式得到媒体高度关注。2017 年上半年，《人民日报》、新华社、《光明日报》、中央人民广播电台、《中国青年报》《中国教育报》、中国教育电视台、《中国职业技术教育》杂志、人民网、新华网、中国网、央广网、教育部政务新媒体、教育部门户网站等 14 家媒体到柳州市“现代学徒制”试点院校进行采访，在重要版面大幅报道了柳州市试点项目院校实施“现代学徒制”的做法和成效。

五、职业标准融合发展的国际化办学

（一）引进国际标准，提升办学层次

人才培养模式引进。根据柳州市统一部署，由柳州职业技术学院牵头联合柳州市第一职业技术学校、柳州市第二职业技术学校与英国瑞尔学徒制公司合作，在物流服务与管理专业引入英国“现代学徒制”人才培养模式；由柳州职业技术学院牵头联合广西科技大学鹿山学院、柳州市第一职业技术学校在数控技术应用专业引入德国“双元制”人才培养模式；柳州铁道职业技术学院联合柳州市第二职业技术学校，探索加拿大 CBE 人才培养模式。

课程标准引进。柳州职业技术学院通过引入德国职业工种培训标准、开发了 8 个领域的课程与教学实施；柳州市第一职业技术学校汽车运用与维修专业（汽贸方向）引入德国认证的课程标准；柳州市第二职业技术学校学前教育专业引入美国学前教育高瞻（HighScope）课程体系构建标准。

职业技能标准引进。柳州职业技术学院引入德国AHK职业资格认证标准；柳州职业技术学院、柳州市第一职业技术学校、柳州市第二职业技术学校分别引入英国二级、三级物流职业标准；柳州市交通学校引入德国汽车萨塔喷涂标准。

管理模式引进。柳州市第二职业技术学校引入美国卓越绩效质量管理模式，创新机制，试行学校（专业部）二级管理，激发活力，提升学校管理效率。

（二）推进国际化办学，输出“中国标准”

1. 柳州职业教育伴随企业“走出去”，输出中国技术标准

柳州市政府制定《柳州市职业教育国际化发展行动计划（2014—2020）》，分三步走：第一步，到2016年，职业教育国际化交流合作平台与运行机制基本建立，在职业教育国际化理念学习和资源引进方面取得重大进展，全市职业教育国际交流与合作成效初显，职业教育国际化水平走在广西前列；第二步，到2018年，职业教育国际化交流合作平台与运行机制健全顺畅，初步实现与国际职业教育平等对话交流，输入与输出相结合，全市职业教育国际交流与合作取得深入进展，国际化主要指标跻身全国优秀行列；第三步，到2020年，建立与柳州经济社会发展水平相适应的完整的职业教育国际化体系，在资源输出、参与国际竞争方面取得突破，柳州职业教育与国际融为一体，形成国际化品牌，职业教育整体实力显著提升，柳州职业教育国际化水平达到全国一流水平。

柳州城市职业学院伴随企业“走出去”。与上汽通用五菱携手招收印尼留学生到校培养，留学生在学校期间学习汉语、中国文化及专业知识，在上汽通用五菱公司实习，毕业后在上汽通用五菱印尼基地工作，实现了跨境招生招工一体化、学生学徒双身份交替培养，工学交替、产教融合的体制机制创新。

2. 拓展国际化办学之路，输出中国办学模式标准

以输出为主，其意义在于使职业教育办学和教学达到一定的水平，已经形成突出的成效，得到其他国家的认可。这也意味着柳州市的职业教育可以作为中国职业教育的代表，它的办学理念、课程和教学模式能够逐步自立于世界之林，成为职业教育“中国模式”的一个样板，为世界职业教育的发展做出贡献。

柳州职业技术学院与广西柳工机械股份有限公司建立战略合作伙伴关系，紧跟柳工全球化发展战略，帮助柳工进行国际化战略的人才储备。该院将与柳工、柳汽、“上通五”等三大柳州企业深度合作，依托德国AHK职业培训中心，开展东盟先进制造技术培训中心建设项目。一是面向东盟国家企业开展技术技能培

训，为柳州企业解决国外工厂先进制造技术技能人员本土化问题提供支持。二是与东盟国家职业院校开展合作，为东盟国家职业院校开展对口交流，有效提高东盟国家职业院校先进制造技术技能人才培养能力。三是送“教”上门。到东盟国家企业或职业院校开展相关专业的技术技能培训，送“教”上门。

柳州铁道职业技术学院创建中国—东盟轨道交通职业教育师资培训中心，连续开办了6期“泰国轨道交通职业教育师资培训班”和1期“印尼高铁职业教育师资培训班”，共培训泰国、印度尼西亚教师98人次。柳州市交通学校与东风柳州汽车有限公司进出口公司联合，在学校举办风行景逸S50装配及售后技能培训班（叙利亚专场）。

柳州铁道职业技术学院通过“向北合作、向南发展”走向国际化。“向北合作”是指以引进资源，培养国内学生，拓宽国际化视野，提升国际化办学能力为主要目标。主要做法有：一是与俄罗斯乌拉尔国立交通大学共建中俄丝路学院。二是依托北京交通大学提升国际化水平。“向南发展”是指紧扣“一带一路”倡议、广西在“一带一路”倡议的三个定位，对东盟国家开展“高铁＋汽车”职业教育输出，助力中国企业与产品落地东盟。主要做法有：一是推动“高铁＋汽车”教育合作项目落地印尼。二是与泰国、老挝合作取得阶段性成果。该院已举办多期泰国轨道交通师资培训班，筹建中泰轨道交通学院，实施“师资＋课程＋实训”一体化输出。初步拟定十年建设计划分三个阶段推进：启动期确定联合举办铁道供电技术、铁道信号自动控制和铁道工程等3个专业，最终合作专业将覆盖全部7个铁路专业；同步开展师资培养、课程开发和实训基地建设，将该院的优质资源与对方共享；“师资＋课程＋实训”一体化输出，以及与国外本科大学在国外合办机构，创新职业教育国际合作模式，更提升了合作办学层次。

柳州城市职业学院从2004年开始招收国际留学生，至2016年已累计培养超过600名来自泰国、印尼等国家的留学生。目前，有来自美国、俄罗斯、日本、东南亚等国家和地区的留学生267名，成为广西高职院校招收留学生最多的学院。学院的华文教育实力深厚、校内外文化活动丰富、留学生管理制度完善等国际化特色凸显。学院构建了“三养成、三结构、三阶段”三维立体人才培养模式。“三养成”是指人才培养目标的国际素养、职业素养和人文素养；“三结构”是指人才培养标准的知识结构模块、能力结构模块和素质结构模块；“三阶段”是指人才培养过程的理论学习阶段、实践训练阶段和顶岗实习阶段。学院根据不同国家、不同层次的留学生推出个性化语言学习教材。除语言学习课程外，还开设了培养留学生对中国文化认识的课程，如古筝、茶艺、雕刻、中国结手工编织以及武术等。柳州城市职业学院的留学生管理工作创新：一是完善留学生管理制度，确保留学生在华安全。制定了《柳州城市职业学院外国留学生管理规定实施细则》，使留学生的管理工作更加系统化、规范化。该实施细则得到柳州市出入境管理部门的高度认可。二是成立留学生学生会，充分发挥留学生“自我服务、自我管理、自我教育”的职能，提高广大留学生的综合素质，并为留学生创造良好的校园环境。

柳州市交通学校与新西兰怀阿里奇理工学院达成国际化联合办学的意向，拟在汽车服务类专业开展“3+1”的试点合作办学。

六、传统与现代融合发展的特色专业建设

广西壮族自治区历史悠久，少数民族文化丰富多彩。自治区内壮族、苗族、瑶族、侗族等少数民族民间非物质文化遗产资源十分丰富。但是面对当今社会的快速发展、多元文化的撞击，人们对少数民族文化的认可度在降低，少数民族对本民族文化的认同感也在逐渐降低，少数民族文化面临被主流文化同化的危险。青少年是学校教育的主体，也是民族文化传承的中坚力量。青少年时期是价值观形成的重要阶段，具有较强的可塑性，接受能力和学习能力较强，有意识、专门化、系统化的学校教育成为传承民族文化的最佳途径。柳州市各职业院校将加强民族文化传承为己任，开展特色专业建设。

柳州城市职业学院以传承本地区民族文化为己任，全方位打造民族化办学特色，成立了非物质文化遗产传统技艺研究学会和茶文化研究学会，建有侗族木构建筑营造技艺博物馆、民族乐器体验馆、茶艺体验室等；建成柳州市职业教育千万元设备值生产性实训基地——民族特色产品开发与推广人才培养基地，开发少数民族文化资源，加强民族文化艺术、民间工艺等领域的特色专业建设和产品研发工作；开发了民族体育运动课程，将抛绣球、射弩、高脚马、蹴鞠等民族体育运动项目纳入体育选修课，大力开展民族体育运动，举办民族体育运动会。2018年，柳州城市职业学院民族体育运动代表队代表柳州市参加全自治区民族体育运动会，在射弩、蹴球等项目中获得了9金、8铜、9银的好成绩。柳州城市职业学院将民族文化传承融入校园文化建设工作中，民族文化校园建设与民族文化专业建设融合，形成浓厚的民族特色文化品牌。

柳州市第一职业技术学校把社团文化与柳州少数民族文化相结合，把继承、发扬少数民族文化作为其中一项重要内容，着重打造龙狮队、侗族大歌队、民族乐器队、民族礼仪队等民族特色社团。

柳州市第二职业技术学校构建“113”模式，多专业联动培育民族文化传承创新人才。“113”模式是指“1条主线、1面旗帜、3个层次协同共进”，其具体内涵为：“1条主线”，即以三江源侗族文化为主线；“1面旗帜”，即打造1个产学研商一体化的实体平台，创立自己的品牌；“3个层次协同共进”，即从3个层面进行建设。由大师工作室作为主导，引领教师工作室高举侗族服饰文化传承创新旗帜，带领学生创客空间进行学习创作，在传承与创新侗族服饰文化的道路中共同进步。将传统课程融入工作室教学课程，课程成果达到“作品化、产品化、商品化”，逐步实现“一生一手艺”的培养目标。

柳州市第二职业技术学校将濒临失传的侗族服饰文化、侗族餐饮民俗风情和侗族歌舞精华渗透专业课程教学中，从传承技艺到创新设计，再到展示推广，各专业相辅相成，联动发展；从作业到作品，再到产品，将传统侗族服饰文化通过现代服饰文化技艺的手段创新呈现，赋予传统侗族服饰文化新的生命力，培养现代非遗传承人。学校现已建成张礼全工艺美术大师工作室、韦清花侗绣大师工作室、陈美娟民族服饰创意工作室、徐娟民族包装创意工作室、伍依安民族创意家居工作室、陶静影像本土文化工作室、张慧民族歌舞艺术工作室、民族技艺传承工作坊、民族服饰文化体验馆、民族风情文化园、学生创客空间等实践教学场所。与企业共建服装生产性教学工厂，形成以大师工作室为引领，名师工作室为支撑，专业学生可以全员参与侗族文化技艺学习与实践的良好格局，为师生提供了侗族文化浓郁的实践教学环境和条件。学校的服装美术专业师生创新研发了5个不同类别20个系列民族服饰品及工艺品，将侗绣、侗锦、民族图案、民族色彩等技艺和元素以时尚的方式应用于现代日常服饰和装饰工艺品上，使其具有较强的观赏性和实用性。这些作品参加2016年、2017年柳州市工艺美术作品展获1项金奖、3项银奖以及5项铜奖；2016年、2017年广西工艺美术作品展获“八桂天工奖”3项银奖、5项铜奖，2项入围2016年、2017年广西艺术作品展奖；参加第七届广西发明创造成果展览交易会，获传统手工艺创新成果奖1项；参加2017年中国工艺美术大师作品暨国际艺术精品博览会获“百花杯”铜奖1项，深得工艺美术业内的行业企业专家好评。徐娟老师、蒋钰老师和韦思洁、韦慧芳两位学生共同创作的木雕作品《图腾》获广西工艺美术作品“八桂天工”银奖；

宁方方等老师运用刺绣手段与银饰巧妙结合的侗族创意银手镯《五行》系列作品，宁方方、陈美娟老师运用侗族百褶裙、凤凰图案元素创意设计的侗族服装《偶遇》、运用侗绣与现代金属融合创意的新造型项链《溯源》系列，获广西工艺美术作品“八桂天工”铜奖。2018 年，新、澳、中（NAC）国际时尚文化周期间，由学校自主设计制作的中国非物质文化遗产少数民族服饰主题——侗礼品牌“侗寨·五娘”系列民族服饰首次在国际舞台上大放异彩，斩获该活动颁发的“最具文化品牌奖”。陈美娟老师荣获“最佳设计师奖”，首次打响了学校在国际上的声誉。

第八章 职业教育柳州模式的示范意义

柳州模式是对柳州职业教育发展方式、发展动力和发展形态的系统总结和特色提炼。作为一种教育发展模式应从办学层面到发展机制层面、专业布局层面、教学方法层面、其他因素层面，对一个区域的职业教育做出全面总结。对柳州模式的总结又必须从柳州职业教育的特色出发，从办学模式和发展模式出发，凸显其动力源头和机制运行状况。柳州模式的明显特征是办学模式带动了一系列发展和变革，推进了职业教育的高位运行，促进了职业教育的创新发展。以办学模式和发展模式为线索，归纳职业教育柳州模式，提出这一模式的几个示范意义。

一、政府对职业教育的主导作用示范意义

职业教育关系民生，职业教育关系社会的稳定和进步，职业教育关系产业发展，职业教育关系就业水平和市民生活质量。因此，抓职业教育是政府的责任所在。政府重视职业教育，把职业教育的发展放在重要地位已经成为共识，也成为衡量一地政府政绩的重要指标。但是，在市场经济高度发展、产业业态变动迅速、生产技术日新月异、人力资源快速流动的今天，政府要抓好职业教育并非易事。柳州市政府注重抓职业教育，能够抓出成效、抓出质量，是因为抓住了要点，找对了途径，运用了科学的方式。其经验可以归纳为三点：第一，借势。柳州市是一个老工业基地有职业教育的传统和基础，尽管市场经济发展滞后，企业与学校在体制上逐步分离，但是人力供需和传统文化的脉络没有断。市政府重视柳州校企合作的传统，鼓励校企之间的多种合作，支持深度合作，从而为既有深度又有广度的职业教育注入了血脉。第二，顺势。经济发展对职业教育的需求是职业教育发展的基本动力。但经济发展了，并不意味着职业教育就能发展。职业教育只有提供了与产业相匹配的人才，能够为产业提供急需的服务，才能构建产教融合的良好关系，最终为职业教育提供强大的动力。柳州市政府把职业教育作

为发展产业的一个必要条件，使职业教育成为“实业兴市、开放强柳”战略的重要组成部分。政府牢牢抓好职业教育与产业的匹配度。在柳州市，没有与产业关系甚远的“招牌专业”，毕业生基本都在柳州市就业，这两项就可以界定柳州职业教育的质量和水平。第三，造势。职业教育顺应市场发展，但不应该是被动的发展。正因为职业教育的发展受到多种因素的制约和影响，政府采取正确的战略，探索科学的发展方式就显得格外重要。在柳州市，政府的作用体现在顶层设计上。从园区规划、十大工程、专业布局、体系建设直至国际化办学，政府都在职业教育发展的轨迹上留下了深刻的印痕。值得注意的是，柳州市政府在领会国家政策、预测职业教育发展趋势、关注和支持职业教育发展新亮点、新增长点等方面，都独具慧眼、慧心，把柳州的职业教育“导演”得有声有色。从模式归纳的几个板块来看，政府主导在发展环境的营造、发展水平的推进和提升、特色和创新发展的引领三个方面都起着极为重要的作用。

二、职业教育的发展条件建设示范意义

从校企合作到产教融合，职业教育最基本的发展条件就是校企之间的合作程度。职业教育的发展环境，其实就是校企合作的发展状态。产教融合是以校企合作为基础的，只有深度的校企合作才能实现全方位的产教融合。柳州职业教育以产教深度融合为特征，其发展基础就是柳州市高水平、高质量的校企合作。在许多地区还在把校企合作看作职业教育面对的难以解决的问题时，深度的校企合作还在举步维艰的状况下，柳州市可以骄傲地把校企关系称为“双元一体”。柳州人的实践告诉世人，怎样才能实现有价值、有成效的校企合作。第一，这种合作是靠紧密的校企人才供求关系纽带来维系的。只有做到了“企业用人找学校”，才能实现“学校发展靠企业”。职业教育为企业输送高技能、高素质人才，在柳州不是一句空洞的口号。第二，这种合作是在校企结成利益共同体的前提下才能实现的，是通过校企共建项目的纽带来维系的。世人都认可企业是职业教育办学的主体之一，但是在具体实施职业教育办学的时候，企业的主体作用却往往不能得以发挥。既然是主体，就应该站在主体的坚实基础上。项目共建，既有校企经济利益的捆绑，更重要的还有发展利益的捆绑。在柳州市，校企共建性实训中心、培训基地、产品研发、客户体验中心，在人才培养的大目标上达成一致。柳州找到了校企合作的利益共同点，从而建立了校企合作的坚实基础。柳州的企业

在职业教育办学中的角色越来越重要，从外围走向核心，从浅层跨入深层，从间接支持进入直接参与，从被鼓励、被动员转变为主动参与、深入参与，成为不可或缺的主体。第三，这种合作是通过校企之间相互依托、相互服务的纽带来维系的。对职业教育的校企关系，有一句俗语被经常使用："剃头挑子一头热"。造成这一局面的原因是学校对企业的单一需求影响了企业参与职业教育的积极性。在柳州市，职业学校为企业提供了大量服务，企业对学校的依托，包括培训、研发、实验等多个方面，从而平衡了企业与学校的利益，为"企业向学校提供教学实训、就业实习、就业岗位"押上了对应的、"对价"的砝码。柳州人做到了"校企融合两头热"。第四，这种合作还依托一条重要的纽带，亦即历史、文化纽带。职业教育与行业和产业有着天然的联系。相对其他地区这种天然联系的逐步淡化和断裂，柳州市却珍惜和保留了这种联系，并使之源远流长，绵绵不断。传统和人脉是职业教育的宝贵财富，柳州市保存并用好了这笔财富。

三、职业教育的教产相伴示范意义

产教融合是党和国家对职业教育发展提出的新目标，是新时期职业教育办学水平和办学质量的重要标志。柳州市依托良好的发展环境和条件，不但实现了产教融合，而且达到了深度融合和广泛融合的水平，走出了"教产相伴"的特色之路。从融合的广泛性来看，柳州职业教育几乎在办学教学的各个方面都实现了产教融合。在人才培养目标和标准的制定方面，实现了与企业技术的高度同步；在实践教学方面，实现了实训、实习、就业一条龙的全线融通；在师资队伍建设方面，实现了专兼职教师并肩任课，岗位师傅全面参与任教；在实训基地建设方面，实现了实习、实训环境高度优化，能够实施分层递进的实训教学水平；从融合的深度来看，几乎每一所学校都有几个对应柳州基础产业和支柱产业的专业群，几乎每一个专业都形成了融合企业技术、岗位因素的课程体系，几乎每一个实训基地都与企业的生产环境相结合，几乎每一门专业课程都有一支专兼职结合的教师队伍，企业师傅带教在职业教育的整个教学过程中成为十分重要、不可缺位的一环。值得提出的是，柳州职业教育十分注重校企之间的文化融合，十分注重职业教育文化与民族文化的融合。把企业文化和民族文化渗透校园、课堂的各个角落，渗透教学的各个环节。在产教融合的基础上，提出了"职业教育伴随企业走出去计划"，让职业学校培养的技术技能型人才伴随企业走出去；职业院校提供的技术技能服务伴随企业走出去；职业院校的人才培养标准伴随企业走出去。

四、职业教育的融合发展示范意义

高水平发展的职业教育，高位运行的职业教育都是具有强大生命力和驱动力的，也必然具有创新性。职业教育要想可持续发展，必须创新；职业教育受到市场和产业发展的影响和制约，必须创新。我国职业教育经过几十年的发展达到一定的水平，要实现进一步的规模和效益的增长，需要突破原有的格局和状态，需要创新。柳州职业教育创新发展，可用“融合”两个字概括，它实现了产教融合、学做融合、国内外职业标准融合、传统与现代融合、城乡融合、中高本融合发展的特色。柳州职业教育创新发展还突出表现在两个方面，一是在既定模式下的创新，二是特色模式的创新。所谓既定模式下的创新，以建设现代职业教育体系为例，在大职业教育的理念指导下，实现职业教育类型和层次的贯通，是现代职业教育体系的基本内容。柳州职业教育与全国其他地区一样，也在构建职业教育体系。但是柳州的做法并不仅仅把体系建设局限在教育教学层次的贯通和联系上，或者局限在职业教育与培训的整合上。在教育教学层次贯通的同时，更重要的是融合和带动。通过体系建设，把原来局限在一个学校、一个学历层次的专业，集聚融合成一个覆盖各个岗位、涵盖各个层次的专业集群。通过体系建设，构建了由本科院校、高职院校带动一批中职校发展的关系，使职业教育体系的建设拓展了内涵，提升了新的价值。所谓特色模式的创新，以国际化办学为例，柳州输出式的职业教育国际化办学，是一种特色模式的创新，它既是柳州职业教育产教深度融合的产物，也是柳州职业教育敢于创新、善于创新的产物。国内职业院校到国外举办职业教育，对外国学生实施中国标准的职业教育，这是我国职业教育的全新事物，是一大创举。在教育理念、教学目标、教学方法、培养机制等方面，都面临大量的新问题、新课题。目前已经形成的一批经验表明，柳州职业教育的创新是成功的、有成效的。

职业教育柳州模式是中国职业教育发展的成功案例，是中国职业教育模式的组成部分。它的价值和影响力正在逐步呈现出来，为世人认可，它的经验正在为职业教育各界参照和借鉴。

参考文献

一、文件类

国务院办公厅关于深化产教融合的若干意见（国办发〔2017〕95号）.

教育部等六部门关于印发《职业学校校企合作促进办法》的通知（教职成〔2018〕1号）.

国家职业教育改革实施方案（国发〔2019〕4号）.

广西现代职业教育改革发展示范区实施方案（2019年）.

柳州市人民政府关于印发《深化教育领域综合改革加快推进教育发展总体方案》的通知（柳政发〔2014〕13号）.

柳州市人民政府关于印发《柳州市职业教育国际化发展行动计划（2014—2020）》的通知（柳政发〔2015〕11号）.

柳州市职业教育专业布局与结构调整规划（2015—2020年）（柳教职成〔2015〕1号）.

柳州市人民政府办公室关于印发《柳州市开展职业教育“现代学徒制”试点工作实施方案》的通知（柳政办〔2016〕3号）.

柳州市人民政府关于印发《柳州市加快发展现代职业教育的实施意见》的通知（柳政办〔2016〕79号）.

柳州市职业院校办学状态报告（2014—2017年）.

二、著作类

王战，郑俊康．柳州发展战略研究：实业兴市 开放强柳［M］．上海：上海社会科学院出版社，2014.

王保平．国有资产监管的理论与实践［M］．北京：中国财政经济出版社，2003.

郭苏华．职业教育集团发展、成效和前途［M］．北京：中国科学技术出版社，2012.

郭苏华，隋明．职业教育产学结合实践研究［M］．上海：上海财经大学出版社，2009.

安家成，等．高职产学研结合人才培养模式创新：高职林科类专业产学研紧密结合人才培养模式的研究［M］．北京：科学出版社，2011.

“上海现代职业教育体系规划和建设研究”课题组．上海现代职业教育体系建设研究（2015—2030）［M］．上海：上海教育出版社，2017.

郭扬．中国高等职业教育史纲［M］．北京：科学普及出版社，2010.

周明星．职业教育基本理论纲要［M］．北京：人民教育出版社，2010.

［美］琳达·克拉克，等．职业教育：国际策略、发展与制度［M］．翟海魂，译．北京：外语教学与研究出版社，2011.

［美］保罗·A. 萨巴蒂尔．政策过程理论［M］．彭宗超，译．北京：生活·读书·新知三联书店，2004.

［加］迈克尔·豪利特，等．公共政策研究：政策循环与政策子系统［M］．庞诗，等译．北京：生活·读书·新知三联书店，2006.

王春秋，等．广西企业参与职业技术教育的支持体系研究［M］．南宁：广西师范大学出版社，2014.

三、论文类

郭苏华．“大职业教育”：内涵、理据与实践构想［J］．职业技术教育，2005（28）.

王振洪．校企利益共同体：实现校企利益诉求的有效载体［J］．中国高教研究，2011（8）.

叶鉴铭．校企共同体：企业主体学校主导兼评高等职业教育校企合作“双主体”［J］．中国高教研究，2011（3）.

刘洪宇．我国高等职业教育校企合作体质机制建设的新思路［J］．教育与职业，2011（5）.

董奇，郭苏华．高职院校开展校企合作办学的现状分析［J］．职教论坛，2007（12）.

郭苏华，马树超．上海职教集团发展的特点［J］．教育发展研究，2008（3）.

郭苏华．从职业教育需求看校企利益共同体的构建［J］．教育发展研究，2012（4）.

潘旭阳等．“现代学徒制”在柳州的实践与探索［J］．中小学校长，2016（6）．

潘旭阳等．区域型优势行业职业教育集团的发展论：以广西汽车产业职业教育集团为例［J］．职业技术教育，2017（10）．

潘旭阳等．现代职业教育改革发展示范区建设的路径选择：以广西现代职业教育改革发展示范区建设为例［J］．职业技术教育，2019（2）．

四、报告类

姚尹意等．柳州市职业院校专业结构优化与产业互动发展的研究与实践，2015 年度广西职业教育教学改革重点立项项目结题报告（项目编号：GXGZJG2015A064）．

潘旭阳等．广西汽车产业与职业教育产教融合发展的创新与实践，2015 年度广西职业教育教学改革立项项目结题报告（项目编号：GXGZJG2015B325）．

潘旭阳等．柳州市“现代学徒制”试点城市推进策略研究，2016—2017 年度柳州市哲学社会科学规划重点课题结题报告（项目编号：16ARL03）．

附录1　柳州市职业教育发展调研报告

柳州市职业教育发展调研报告

二〇一八年七月

为了全面了解柳州职业教育发展现状，总结其经验与特色，柳州市教育局组织“职业教育柳州模式的研究和创建”项目组，对近五年柳州市区域经济与产业发展、职业院校发展的基本情况进行了系统调研，为探索柳州职业教育模式奠定基础。

调研对象：项目组选取3所市属高职、7所中职学校作为样本学校，分3个阶段进行深入和系统的调研。调研的高等职业学院包括柳州职业技术学院、柳州铁道职业技术学院、柳州城市职业学院；中等职业学校包括柳州市第一职业技术学校、柳州市第二职业技术学校、柳州市交通学校、广西商业学校、广西机电技师学院、广西柳州畜牧兽医学校、融水苗族自治县民族职业技术学校。

调研方式：（1）问卷调研。通过发放问卷调研表的方式，收集10所柳州职业院校办学情况的数据和文字资料，了解2014—2018年院校发展基本情况。（2）访谈调研。访谈对象分别为柳州市教育局领导，市职教所相关人员；职业院校校长，分管教学、德育副校长，各专业负责人，相关处室负责人及其他有关人员；企业人力资源经理，相关负责人；职业院校毕业学生等。（3）实地考察调研。通过实地走访各类职业院校（包括市属中专、技校、高职等）和广西柳工集团、上汽通用五菱等大型企业，进一步了解柳州市中高职院校的基本情况和企业人才需求概况。现将柳州市职业教育发展调研情况报告如下。

一、柳州市产业发展现状

柳州市作为西南工业名城、“西江经济带”国家新战略的龙头城市，有5个市辖区（城中区、鱼峰区、柳南区、柳北区、柳江区）、3个县（柳城县、鹿寨县、融安县）、2个自治县（融水苗族自治县、三江侗族自治县）。汽车、机械、现代服务为其三大支柱产业链。柳州市大力推进支柱产业结构调整，不断优化工业结构。

汽车工业继续领跑全市产业。柳州市工业总量一直位于广西壮族自治区之首。2017年，柳州市汽车产量突破240万辆。上汽通用五菱宝骏基地二期、新能源汽车生产基地一期和东风柳汽柳东乘用车基地二期建成投产，多款新能源汽车、“T动力”乘用车等车型相继问世。上汽通用五菱成为全自治区首家销售收入突破千亿元企业。柳州汽车工业带领全市产业发展。

机械工业加快向先进装备制造升级。主流产品实现更新换代，累计产值增速实现正增长。战略性新兴产业占全市工业比重达11%。工程机械制造水平及产品产能进一步提高，机械产品的核心竞争力和品牌影响力明显提升。

现代服务业快速发展。柳南万达建成开业，华润、恒大、毅德等商业综合体项目进展顺利，钢铁、农贸等千亩级物流园运营良好。“电商柳州”加快推进，跨境电商产业园建成并投入运营，阿里巴巴·柳州产业带入驻企业1 000家，鹿寨县、融安县成为“国家电子商务进农村综合示范县”，全市电子商务交易额达605.1亿元，增长36%。螺蛳粉产业园建成开园，方便装螺蛳粉销售收入超30亿元。旅游名城建设深入推进，“百里柳江”创建5A级景区，全国首趟旅游扶贫始发动车——“柳州三江号”成功开行，三江县成为国家旅游标准化示范县。

现代农业稳定发展。现代农业示范建设取得新成果，3个自治区级、5个市级、13个县级、15个乡级现代农业示范区通过自治区验收；粮食总产量稳定在85万吨左右，水果、桑蚕、茶叶、蔬菜、水产、畜牧养殖等特色产业实现规模生产，11万亩“双高”糖料蔗基地稳步推进，成功举办首届全国甘蔗机械化博览会。“农村电商”工程建成100个“农村淘宝”村级服务站。注册登记农民专业合作社由1 861家增至2 203家，农业产业化重点龙头企业由102家增至110家。全市农、林、牧、渔业总产值296.8亿元，增长3.7%。

柳州市职业教育能有今天的盛况，与柳州市得天独厚的产业链分不开，这个产业链就是培育职业教育发展的沃土。在广西壮族自治区的第一期职教攻坚期间，柳州职业教育发展的重点在硬件设施建设，成立职教园区，为柳州职业教育的发展打下夯实的基础。进入第二期职教攻坚期后，柳州职业教育更开放、更跨界，发展的侧重点在于职业教育质量和内涵的提升。坚持职业院校办学定位、专业布局与服务柳州支柱产业发展相结合，深入推进职业教育产教融合计划，围绕柳州市机械、汽车、现代服务等支柱产业和战略性新兴产业，开展“产业—专业”集群发展、“校企一体化合作办学”模式改革试点，推动职业教育专业链与产业链之间的紧密融合，提升技术技能人才培养质量。

二、柳州市职业教育发展现状

据调查，目前柳州市共有各级各类职业院校33所，在校生10万余人。其中，高职院校 4 所（含自治区属 1 所），中职学校 29 所（含中专、技校、县级职校等）。主要开设汽车运用与维修、数控技术、机电技术、铁道信号、信息技术、物流等 100 多个专业，建立了较为完善的、符合广西柳州汽车城和先进制造业基地的专业体系。

（一）招生就业

1. 在校生与招生规模稳步增长

据样本学校的数据显示，2018 年全日制在校生 80 488 人（其中高职 39 735 人，中职 40 753 人），比 2014 年增加了 20 570 人，同比增长 34.3%。2018 年全日制招生 29 811 人（其中高职 14 320 人，中职 15 491 人），比 2014 年增加了 5 085 人，同比增长 20.6%。柳州职业技术学院、柳州铁道职业技术学院、柳州城市职业学院、广西机电技师学院、柳州市第一职业技术学校 5 所职业院校全日制在校生均突破万人，柳州市第二职业技术学校在校生达到 8 000 多人，形成一批品牌学校、品牌专业，办学吸引力明显提升。

2. 初次就业率、对口就业率保持较高水平

据样本学校统计，大部分职业院校毕业生初次就业率达到 90%以上，五年来比例变化平稳。2018 年，融水县民族职业技术学校、广西柳州畜牧兽医学校、柳州市第一职业技术学校的初次就业率较高，依次分别为 100%、99% 和 98.31%。学校与当地知名企业建立了稳定的“校企合作、订单培养”关系，保障学生对口就业。高职方面：2014—2018 年，柳州职业技术学院、柳州铁道职业技术学院、柳州城市职业学院的毕业生专业对口就业率在 70%～80%，变化趋势相对稳定。中职方面：2014—2018 年，柳州市第一职业技术学校、柳州市第二职业技术学校的毕业生专业对口率略呈上升趋势；广西商业学校、广西机电技师学院、广西柳州畜牧兽医学校、融水县民族职业技术学校的毕业生专业对口率变化幅度不大，均保持 80%以上。

3. 初次就业月薪（税后）持续增长

2014—2018 年，样本职业院校毕业生初次就业月薪（税后）呈现持续增长的趋势。高职毕业生初次月薪（税后）从 2014 年的 2 223 元增加到 2018 年的 3 700 元，同比增长 66%。其中，柳州铁道职业技术学院的毕业生初次就业月薪（税后）最高，2018 年平均达到 4 615 元；中职毕业生初次月薪（税后）从 2014 年的 1 970 元增加到 2018 年的 2 652 元，同比增长 35%。

4. 毕业生升入高一级学校就读的比例不断扩大

2014—2018 年，升入高职院校和本科院校的毕业生人数均呈上升态势。2018 年，中职毕业生升入高职院校 2 149 人，比 2014 年增长 2.6 倍；升入本科（包括中职升本和高职升本）892 人，比 2014 年增长 2.5 倍（见图 1）。升入的本科院校主要集中在广西师范大学、广西科技大学、桂林电子科技大学、广西财经学院。毕业生升学途径的不断拓宽，为学生提供更多选择机会的同时，也大大提高了职业教育的吸引力。

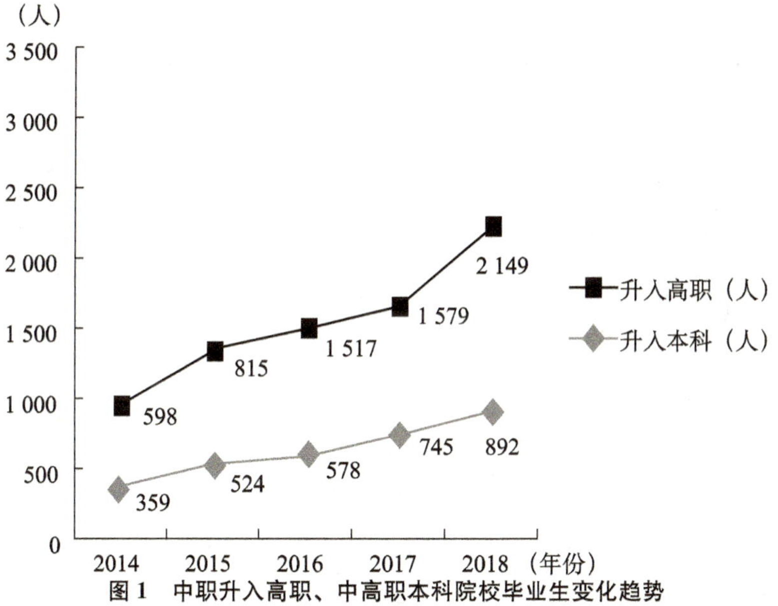

图 1　中职升入高职、中高职本科院校毕业生变化趋势

（二）办学条件

1. 学校硬件设施条件得到明显改善

据调查统计，2017 年，柳州职业技术学院“纸质图书册数”超过 100 万册，生均图书册数达到 97 册。

7 所中职学校的“校园占地面积”“生均教学仪器设备值”均高于教育部标准。柳州市交通学校、广西柳州畜牧兽医学校、融水县民族职业技术学校 3 所学校的“生均图书册数”超过了 30 册，达到教育部要求；柳州市第一职业技术学校、柳州市第二职业技术学校、广西商业学校、广西机电技师学院的“生均图书册数”还有待增加（见表 1）。

表1　柳州样本职业院校2017年办学条件

院校名称	校园占地面积（亩）	教学仪器设备总值（万元）	生均教学仪器设备值（元）	多媒体教室数（间）	纸质图书册数（万册）	生均图书册数（册）
柳州职业技术学院	1 111	30 339	19 394	196	116.2	97
柳州铁道职业技术学院	721	19 935	14 830	202	54	40.2
柳州城市职业学院	1 003	7 018	18 832	263	47.7	68
柳州市第一职业技术学校	399	11 285	9 127	251	20.9	22.2
柳州市第二职业技术学校	485	6 651	13 225	215	9.5	11
柳州市交通学校	184	5 160	16 117	95	10.5	36
广西商业学校	192	3 126	13 762	76	8.2	21.4
广西机电技师学院	128	14 223	13 300	189	45.7	11
广西柳州畜牧兽医学校	331	2 468	6 759	125	9.2	37
融水县民族职业技术学校	170	2 569	31 305	48	6.2	47
合计	4 724	102 774	—	1 660	328.1	—

柳州市中高职院校经过几年的发展，在校舍建筑面积、教学设备总值、图书册数等硬件设施设备总体上都在不断提高，达到国内平均水平，有力地支撑了学校人才的培养。但多数都集中在市区几大中职、高职院校，部分县级职业学校的办学条件还难以得到改善。

2. 建成满足学生需求的实习实训基地

近年来，柳州市职业院校按照服务区域经济发展，培育支柱产业急需技术技能型人才的思路，大力建设实训基地，使学生实习实训条件得到显著改善。据样本学校统计，2017年中高职院校内外实训基地共779个，比2014年增加251个。其中千万元生产性实训基地16个，比2014年增加7个；国家级实训基地32个，自治区级实训基地78个，满足了学生学习训练要求（见表2）。

表2 柳州样本职业院校2017年校内外实训基地情况

院校名称	校内实训基地（个）	校内实训基地建筑面积（平方米）	校外实训基地（个）	国家级实训基地（个）	自治区级实训基地（个）
柳州职业技术学院	26	105 800	117	10	18
柳州铁道职业技术学院	22	81 858	96	5	11
柳州城市职业学院	14	44 398	36	3	4
柳州市第一职业技术学校	12	41 271	35	0	5
柳州市第二职业技术学校	20	35 319	40	0	5
柳州市交通学校	9	34 316	50	0	3
广西商业学校	7	12 160	14	0	5
广西机电技师学院	120	20 305	41	6	17
广西柳州畜牧兽医学校	18	11 563	75	8	10
融水县民族职业技术学校	5	9 799	22	0	0
合计	253	396 789	526	32	78

（三）师资队伍

1. 专兼结合的教师团队基本形成

近年来，柳州职业院校通过人才引进、人事制度改革、师资培训等一系列措施，按照职业教育的发展规律与特点，以提高师资队伍整体素质为中心，坚持以更新知识结构、提高教学能力为重点，基本形成一支专兼结合的教师团队。

截至2017年年底，样本学校专任教师共计3 241人，比2014年的2 538人增长27.7%（见表3、图2）。其中，高职院校专任教师由2014年的1 223人增加到2017年的1 532人，增长25.3%；中职学校专任教师由2014年的1 315人增加到2017年的1 709人，增长30%。专任教师获国家职业资格一级证书301人、二级证书330人、三级证书498人；获“全国职业教育先进个人”荣誉教师6人，国家级教学名师7人，自治区级教学名师39人。

表 3　柳州样本职业院校 2014—2017 年专任教师、“双师型”教师情况

院校名称	2014 年		2015 年		2016 年		2017 年	
	专任教师（人）	“双师型”教师（人）	专任教师（人）	“双师型”教师（人）	专任教师（人）	“双师型”教师（人）	专任教师（人）	“双师型”教师（人）
柳州职业技术学院	510	388	507	390	560	401	619	436
柳州铁道职业技术学院	442	214	446	226	465	346	476	260
柳州城市职业学院	271	163	262	171	363	165	437	104
柳州市第一职业技术学校	248	210	248	156	253	161	391	194
柳州市第二职业技术学校	181	121	232	132	270	142	286	106
柳州市交通学校	125	98	168	56	165	56	166	62
广西商业学校	172	121	175	79	178	88	178	100
广西机电技师学院	401	265	422	248	425	275	473	278
广西柳州畜牧兽医学校	99	56	101	58	103	65	130	50
融水县民族职业技术学校	89	0	100	0	100	23	85	23
合计	2 538	1 636	2 661	1 516	2 882	1 722	3 241	1 613

注：中职“双师型”教师是指 2015 年以来通过自治区“双师型”教师认证的教师。

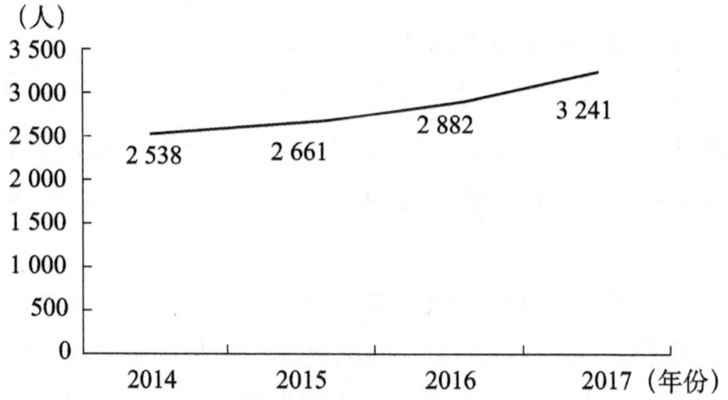

图 2　专任教师数量变化趋势

2017 年校本学校在校生比 2014 年增加 25.1%，专任教师的增长低于在校生的增长。生师比由 2014 年的 23.6∶1 降到 2017 年的 23.1∶1，虽然生师比降低，但仍高于教育部要求的 20∶1。

建立了“双师型”职业教育教师队伍。“双师型”教师占专任教师比例由 2014 年的 64％下降到 2015 年的 57％，2016 年反弹到 60％，2017 年又下降到 49.8％（见图 3）。职业院校坚持聘请企业能工巧匠进校园，充实“双师型”教师队伍结构。2017 年，样本学校校外兼职教师达到 929 人，占比 28.7％。校外兼职教师中，达到本科学历的占 68.7％，硕士学历及以上的占 10.4％，高级职称教师占 60％。

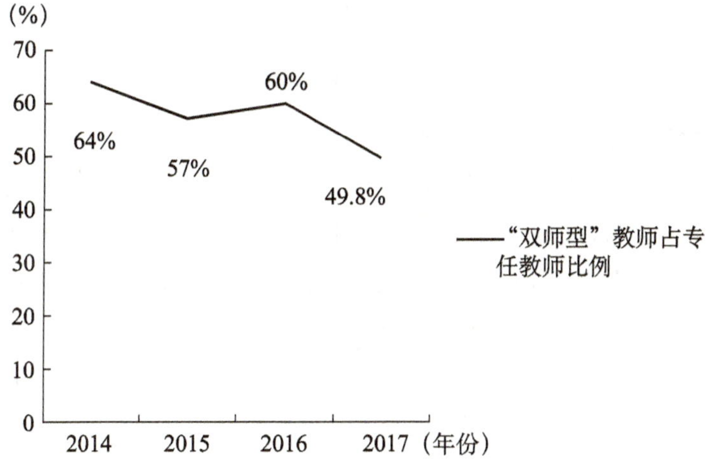

图 3　“双师型”教师占专任教师比例变化趋势

2. 专任教师职称和年龄结构较为合理

副高及以上职称教师占专任教师比例结构比较合理。2014—2017 年，柳州样本学校专任教师达到副高及以上职称的教师占比在 25％以上（见图 4）。

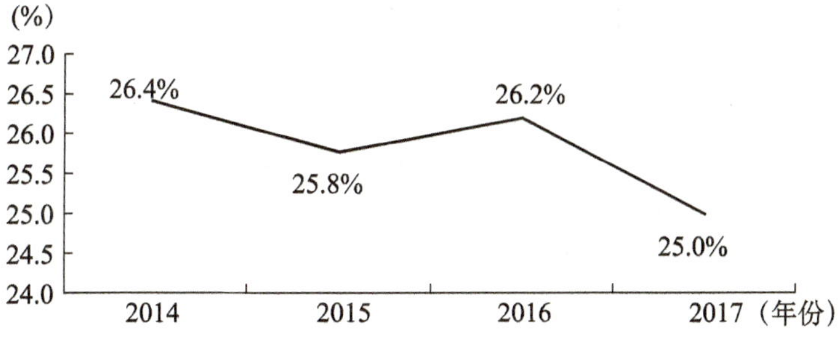

图 4　副高及以上职称教师占专任教师比例

教师的年龄结构比较合理。2017 年，在编在岗专任教师 35 岁以下占比

26.4%，36～45 岁教师占比 32.2%，46～55 岁教师占比 26.7%（见图 5）。

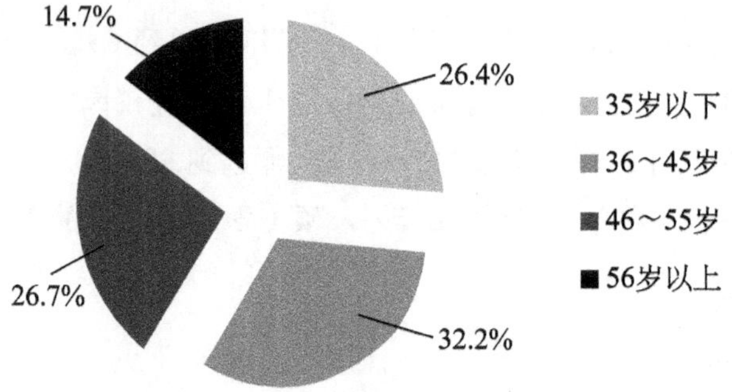

图 5　2017 年在编在岗专任教师年龄结构

3. 教师培训的形式内容丰富多样

教师参加各级各类培训的形式内容丰富多样。培训形式主要包括校本培训、国内培训、企业挂职实践、行业企业培训、出国出境培训等。据样本学校统计，2017 年教师企业实践总时间 29 066 人日，企业实践 927 人次，国内培训（含国家级、省市级行业企业培训）4 253 人次，出国培训 76 人次（见表 4）。培训内容主要包括师德师风以及教学理念和教学方法、专业技能、教学管理培训等，参加培训人员的层次主要有新教师、骨干教师、专业负责人、团队负责人、辅导员、一般管理干部、中层干部等。

但师资队伍仍然是影响人才培养质量的“瓶颈”问题。教师的专业能力还不能适应产业升级、技术发展的要求。教师缺少编制问题严重，生师比过高，难以有效保障专业教学质量。

表 4　柳州样本职业院校 2017 年教师企业实践、参加培训情况

院校名称	企业实践总时间（人日）	企业实践人数（人次）	参加国家级培训（人次）	参加省市级培训（人次）	参加行业企业培训（人次）	出国（出境）培训（人次）
柳州职业技术学院	5 995	53	23	570	682	15
柳州铁道职业技术学院	1 751	58	81	208	146	7
柳州城市职业学院	5 790	217	9	284	110	24
柳州市第一职业技术学校	1 468	74	6	64	44	0
柳州市第二职业技术学校	3 222	56	120	292	84	22
柳州市交通学校	1 240	45	299	160	51	3

续表

院校名称	企业实践总时间（人日）	企业实践人数（人次）	参加国家级培训（人次）	参加省市级培训（人次）	参加行业企业培训（人次）	出国（出境）培训（人次）
广西商业学校	1 316	89	36	25	39	0
广西机电技师学院	7 024	216	14	165	223	3
广西柳州畜牧兽医学校	1 200	99	36	186	156	2
融水县民族职业技术学校	60	20	6	130	4	0
合计	29 066	927	630	2 084	1 539	76

（四）专业结构

1. 专业布局持续优化

政府根据产业发展需求，坚持“撤、补、建、强”的原则，科学调整柳州市职业教育专业布局。针对专业师资力量薄弱、教学基础建设不足、生源萎缩、布点过多、发展后劲不足的专业进行关停。围绕“中国制造 2025”“互联网＋”“一带一路”建设，以及柳州产业转型升级需求和就业需求，新建了工业机器人技术、空中乘务、智能产品开发、动车组检修技术、电子商务技术等 23 个专业。2014—2017 年，柳州市中、高职院校分别新增专业 16 个和 64 个，分别撤销专业 12 个和 31 个。通过调整优化专业结构，实现了专业链与产业链紧密对接，专业服务产业能力进一步增强，有力地促进了柳州经济社会转型升级。

据调查统计，截至 2017 年，柳州市 3 所高职院校共有 141 个专业（其中 130 个专业招生），国家级重点专业 22 个、自治区级优质专业 18 个、自治区级特色专业 29 个；7 所中职学校共有 123 个专业（其中 113 个专业招生），国家级重点建设专业 30 个、自治区级示范专业 20 个（见表 5、表 6）。

表 5　柳州样本高职院校 2017 年专业结构基本情况一览表

院校名称	专业总数（个）	招生专业（个）	国家级重点专业（个）	自治区级优质专业（个）	自治区级特色专业（个）
柳州职业技术学院	57	53	10	14	15
柳州铁道职业技术学院	45	41	5	1	10
柳州城市职业学院	39	36	7	3	4
合计	141	130	22	18	29

表 6　柳州样本中职学校 2017 年专业结构基本情况一览表

院校名称	专业总数（个）	招生专业（个）	国家级重点建设专业（个）	自治区级示范专业（个）
柳州市第一职业技术学校	21	19	5	6
柳州市第二职业技术学校	19	19	4	1
柳州市交通学校	14	12	4	3
广西商业学校	13	13	5	3
广西机电技师学院	35	30	9	2
广西柳州畜牧兽医学校	11	10	3	4
融水县民族职业技术学校	10	10	0	1
合计	123	113	30	20

注：国家级重点建设专业是指国家中职教育改革发展示范学校中的重点建设专业。

2. 教学改革不断深化

（1）科研创新引领教学改革。柳州职业院校围绕“科研为区域行业和地方经济服务”的目标，鼓励教师积极参与科研课题，主动为柳州市教育局、企业提供决策咨询等服务。据样本学校统计，2014—2017 年，国家级立项课题 26 个，自治区级立项课题 512 个，市级立项课题 212 个，校级立项课题 402 个。教师共获得国家级教学成果奖 6 项、自治区级教学成果奖 388 项、市级教学成果奖 320 项（见表 7）。

表 7　柳州样本职业院校 2014—2017 年立项课题与获教学成果奖情况

	国家级	自治区级	市级	校级	合计
立项课题（个）	26	512	212	402	1 152
教学成果奖（项）	6	388	320	—	714

公开发表论文 4 885 篇，其中，在中文核心期刊公开发表论文 563 篇，在学校校刊发表论文 633 篇。培养了一批既懂教学，又有丰富实践经验和动手能力，并且科研水平高的教师骨干。2017 年，各职业院校发明专利申请总数共计 223 件，获得授权 95 件，授权率为 42.6%。柳州职业技术学院成立了协同创新研究院，被认定为第五批自治区级技术转移示范机构，并联合共建了柳职柳东新区协同创新研究中心，以科研为引领，指导教学改革实践。

（2）标准引领教学改革。一是专业建设标准化。2016 年，柳州职业技术学院全面推进以综合、行动、情境为特征的职业能力等级标准的制定工作；柳州铁道职业技术学院持续开展“三个标准化建设”（实训室、实训项目和实训行为的标准化）；柳州铁道职业技术学院根据专业特色推动教育教学方法的改革。二是引入企业标准，学校通过承担企业员工培训的任务，从而掌握企业先进技术技能及相关企业标准。三是引入国际标准并结合学校实际进行本土化，指导学校教育教学改革发展。

（3）以技能大赛促进教学改革。一是积极参加各类职业教育技能大赛，以赛促教。2014—2017 年，职业院校学生参加全国职业教育技能大赛表现突出，共获得一等奖 22 项、二等奖 43 项、三等奖 72 项。参加自治区技能大赛，共获得一等奖 156 项、二等奖 252 项、三等奖 311 项（见表 8）。比赛获奖等次及获奖率位居全自治区前列。二是学校承办各级各类技能竞赛。柳州职业技术学院、柳州铁道职业技术学院均承办了 2016 年全国职业院校技能大赛（高职组）广西选拔赛和柳州市职业院校、技工学院学生专业技能比赛；柳州铁道职业技术学院还承办了全国铁道职业院校铁道交通运营管理（客运）、铁道信号、铁道通信专业学生技能竞赛；柳州市第一职业技术学校承办了广西中职组计算机网络搭建与应用、工业机器人应用和单片机控制装置安装与调试项目的技能比赛，同时还承办了柳州市中职技工学校 13 个小项的技能比赛。柳州市第一职业技术学校的“智能家居安装与维护项目”连获 2016 年、2017 年全国职业技能大赛一等奖。

表 8 柳州样本职业院校 2014—2017 年参加技能大赛获奖情况

	一等奖（个数）	二等奖（个数）	三等奖（个数）
全国职业教育技能大赛	22	43	72
自治区技能大赛	156	252	311
合计	178	295	383

（五）社会培训

柳州职业教育以服务区域产业发展为己任，利用优质的师资和设备，为社会和企业进行各种职业培训、技能鉴定和技术服务，形成学历教育与职业培训并举的办学格局。

开展职业培训的类型主要有：职业技能鉴定培训；企业员工技能提升培训、新职工入职培训；新型职业农民技能培训；退伍老兵、再就业人员、残疾人、农村贫困人员培训；面向柳州市中小学教师、校长培训及职业院校教师培训等。2017 年，样本学校共培训 107 246 人次，充分发挥了职业院校的社会服务职能。其中，为企业提供培训 40 305 人次，为农民工提供培训 8 210 人次，为社区提供培训 6 940 人次，政府委托其他培训 51 809 人次（见表 9）。为促进就业、再就业，构建和谐社会做出了贡献。

表 9　柳州样本职业院校 2017 年社会培训情况一览表

	企业培训	农民工培训	社区培训	政府委托 其他培训	合计
人次	40 305	8 210	6 940	51 809	107 246

2017 年，柳州职业技术学院社会培训达 22 322 人次，完成 4 620 人次的技能鉴定，全年实现社会服务性收入 1 443.49 万元。柳州铁道职业技术学院共完成 341 个教学班次，共 25 126 人次培训任务，完成职业技能鉴定培训 17 个工种，共 3 547 人次，开展非学历教育共计培训学员 25 126 人次，培训收入约 2 000 万元。柳州城市职业学院在融水县滚贝乡等地开展扶贫创业培训，与柳州市残疾人就业服务中心联合开展残疾人技能培训，与柳州市司法局联合开展社区服刑人员和刑释人员职业技能培训等，总计培训近 9 000 人次，培训收入约 500 万元。柳州市第一职业技术学校完成各类社会培训 11 860 人次，培训项目涵盖师资培训、残疾人培训、农民工培训、复退转业军人培训、社区培训、汽车驾驶培训等。柳州市第二职业技术学校积极为区域社会经济发展提供各类社会培训服务，包括叉车司机、挖掘机司机、汽车维修工、企业人员、退役士兵等培训以及职业技能鉴定服务等，合计培训 10 568 人次，非学历培训收入 119.445 万元。柳州市交通学校是自治区人社厅批准成立的职业技能鉴定所，现有汽车维修工、数控车工、焊工等 12 个工种的鉴定资质，年鉴定 1 500 人次以上。2017 年，完成职业资格培训鉴定、技能提升共 7 215 人次，为东风柳汽售后服务站培训售后人员共计 296 人。

通过社会培训提升了专业和学校的知名度，加强了专业定位与市场需求的贴合度，促进了实训基地的建设，深化了校企合作。多年培训积累了大量合作企业资源，通过在培训过程中的宣传以及与企业后期联系等方式，每年均有大量学生就业于送培单位。

（六）区域人才贡献

据调查统计，柳州样本职业院校大部分毕业生都留在广西壮族自治区内就业，每年为区域经济发展输送大批技术技能型人才。2016 年，3 所高职在广西壮族自治区内就业比重在 70%以上，2017 年、2018 年与 2014—2016 年相比，比例稍有下降；2016 年、2017 年柳州市第二职业技术学校、柳州市交通学校 95%以上的学生都留在广西就业；广西机电技师学院 80%以上的毕业生也选择当地就业（见表 10）。毕业生专业群与柳州经济支柱产业发展的需求匹配度高，响应了柳州打造汽车工业基地、物流商贸中心和旅游文化名城的发展战略。

表 10　柳州样本职业院校 2014—2018 年毕业生留在广西壮族自治区内就业比例（%）

院校名称	2014 年	2015 年	2016 年	2017 年	2018 年
柳州职业技术学院	75.68	78.76	72.71	70.50	59.67
柳州铁道职业技术学院	89.51	86.01	74.66	77.95	77.96
柳州城市职业学院	80.63	82.84	73.48	87.72	67.03
柳州市第一职业技术学校	83.30	74.03	63.39	79.55	83.69
柳州市第二职业技术学校	91.00	94.20	98.30	98.00	79.19
柳州市交通学校	98.21	98.07	95.40	96.50	86.90
广西商业学校	56.60	54.80	73.10	54.19	53.80
广西机电技师学院	87.43	85.66	88.29	80.40	79.90
广西柳州畜牧兽医学校	60.20	63.50	66.70	63.00	67.00
融水县民族职业技术学校	82.00	85.00	85.50	45.00	75.00

三、柳州市职业教育发展的经验与特色

柳州市委、市政府把发展职业教育放到与工业经济发展同等重要的地位，始终坚持“抓职业教育就是抓工业经济”的指导思想，紧紧围绕柳州“实业兴市，开放强柳”的发展战略，顶层规划布局专业结构、深入实施产教融合、有机衔接中高本贯通、极力推动国际化合作办学等系列职业教育工程，使柳州市职业教育办学基础能力不断增强，内涵质量显著提升，培养了大批实用技术技能型人才，有效促进了柳州经济社会发展。初步形成了政企校深度合作，政产学研高度融合，职业教育专业先行，带动甚至引领产业发展的良好局面，构建了“政府统筹，高职为龙头，衔接本科，带动中职校共同发展”的职业教育发展路线。

（一）政府主导，统筹规划，中高本贯通培养的职教体系基本建立

在不断推动职业教育改革发展的同时，柳州职业教育抓住建设国家职教改革示范校的契机，坚持政府主导，统筹规划，学校大胆改革创新，着力推进柳州市

职业教育体系建设。经过多年努力，柳州职业教育实现了中职—高职“3＋2”“2＋3”五年一贯制，中职—本科“3＋4”、高升本等多种升学途径，拓宽了中职升入高职、本科学习的通道，基本建立了中职到高职、本科贯通培养的职教体系，充分满足了职业院校学生成长多样化发展的需求，培养了适应经济社会发展需要的各级各类技术技能型人才，拓宽了技术技能型人才终身学习通道，提升了柳州职业教育整体办学实力，增强了职业教育的吸引力。

1. 推进中高衔接办学模式，拓宽人才培养途径

柳州职业教育以职业能力培养为主线，将职业素养、职业技能的培养通过工学结合贯穿人才培养全过程，推进五年制专业人才培养模式，拓宽人才培养途径。

柳州城市职业学院 2011—2018 年，共招收初中毕业生 6 943 人，均按“五年一贯制”的人才培养模式培养。2017 年，柳州城市职业学院与鹿寨县人民政府签订战略合作框架协议，在鹿寨职业教育中心的基础上设立柳州城市职业学院鹿寨分院，探索建设责任共担、利益共享的中高职一体化办学平台，并按照统一招生、统一学籍、统一教学、统一评价、统一管理的“五个统一”模式进行建设，共同构建中高职衔接的人才培养模式，力争 3～5 年内建成高标准、高起点、高水平的市县联动、中高职融通一体化办学模式。

柳州职业技术学院与融水县民族职业技术学校、岑溪职校、武宣职校、昭平职校、柳州市第一职业技术学校、柳州市第二职业技术学校等职校合作开展“2＋3”中高职衔接一体化培养，探索政府、企业、高职、中职“四维协同”的中高职衔接一体化育人模式。在中职学校设立“柳职班”，前两年在合作的中职学校就读，后三年进入柳州职业技术学院就读。双方共同研究制定合作专业五年一体化人才培养方案、课程计划和教学大纲，创新开发“模块对接、程度递升”的中高职课程衔接模式，提升中职学校的办学水平，实现中高职“资源共享、协同发展”。

柳州市第一职业技术学校与柳州职业技术学院合作进行了软件开发、机电技术应用、空中乘务专业五年一贯制的合作；与柳州城市职业学院、南宁职业技术学院等 12 所高职院校签订了“2＋3”合作协议，积极共建对口升学基地。该基地涵盖各个专业，不仅实现了打通中职生升学“立交桥”，为更多学生提供了升学深造的机会，也大大拓宽了学生的选择面。

柳州市交通学校以汽车运用与维修专业、汽车整车与配件营销专业为例，与柳州职业技术学院合作开发五年一贯制的课程。

2. 探索中本贯通培养路径，增强中职教育吸引力

柳州职业教育以市重点专业为纽带，促进中职—应用型本科在人才培养目标、专业结构布局、课程体系建设、师资队伍培养及实训基地建设等方面实现有机衔接、抱团发展，构建了中职—应用型本科“3+4”有效衔接贯通的人才培养体系，为探索多层级、立体化的技术技能型人才培养模式奠定了基础，拓宽了升学路径，为柳州市中职学生的发展提供了更多选择机会，同时也为职业教育吸引了更多优质生源。

柳州市从 2013 年开始探索中职学生直升本科的方法和路径，通过专业对口、学校推荐、无须参加全国普通高考、提前升入广西师大、桂林电子科大等 10 余所广西全日制本科大学，不断拓宽学生的升学途径。中职校积极共建对口升学基地，开发中职—本科衔接课程，建立中职生升学“立交桥”，鼓励学生向更高的学府深造。近年来，中职升本科人数连年攀升，2014 年 359 人、2015 年 524 人、2016 年 578 人，2017 年 745 人，2018 年 802 人。其中，柳州市第一职业技术学校共有 367 名毕业生成功升入本科院校；柳州市交通学校每届一个班，每班人数 20～30 人，为学生成才打破升学“天花板”，拓展新天地。

3. 打通高本贯通培养通道，搭建人才培养“立交桥”

2014 年，柳州职业技术学院、柳州铁道职业技术学院与两所本科高校联合培养高端应用型本科人才，首次联合开展机械工程、通信工程专业应用型本科人才培养，成为广西首批高端应用型本科人才联合培养试点高校。成功开设了两个高职试点本科专业，规模 80 人，专业数及招生规模占全自治区开设专业的 1/3。柳州职业技术学院与广西科技大学联合举办机械工程专业；柳州铁道职业技术学院与广西民族大学联合开办通信工程专业（铁道通信与信息化方向），培养模式为“1+2+0.5+0.5”，即一年在民大、两年在柳铁、半年在企业、半年回校准备毕业论文。

通过中高、中本、高本贯通，构建中、高端技术技能型人才贯通培养及职业教育“立交桥”，建立具有柳州特色的现代职业教育体系。

（二）学校大胆实践，努力创新，人才培养模式改革不断深化

人才培养是一项长期复杂的系统工程，人才培养模式的改革需要常抓不懈。为了更加适应社会发展的需求，办出有特色的职业院校，柳州职业院校在办学实

践中，始终将人才培养作为中心工作和根本任务，大胆探索实践。各职业院校围绕“工学结合、校企合作”均开展了丰富多样的人才培养模式方面的改革和探索，推动人才培养质量进一步提升。

1. 实施订单式人才培养模式，提升学生就业质量

订单式人才培养是职业教育人才培养的重要形式，是实现学校、企业、学生多赢的有效途径，是深化教育教学改革、充分利用企业资源、提升学生就业质量的有效载体，是当前最受企业欢迎的校企合作方式之一。这种培养模式既解决了企业技能人才的短缺问题，又为学生发展提供了广阔的空间。各校都开展了形式多样的订单式培养。柳州职业技术学院依据学院办学定位，全面深化“校企深度交融、工学有机结合”的人才培养模式。专业人才培养方案按“七步循环法”系统设计，行业企业全程参与构建工作过程导向专业课程体系，把“校企深度交融、工学有机结合”的人才培养模式融入专业课程体系和专业教学中。实现学生职业素养的养成与专业综合能力培养的统一。近年来，校企合作联合开办的订单班达 20 多个。

广西机电技师学院依托博世汽车诊断实训中心，创新人才培养模式，成立博世—瑞航订单班。对接岗位，构建了“知识、技能、规范”三位一体的教学模式。通过专业核心课程汽车整车装配与调整模拟汽车整车装配生产线岗位的教学，实现在传授知识的同时培训技能，在学习和练习技能的同时遵守规范；实现学生职业素养与行为的培养和养成；实现知识、技能和规范的三位合一。

广西柳州畜牧兽医学校制定《校企合作委员会章程》等制度，与 72 家企业签订了合作协议，与 22 家企业开展订单办学，订单班学生达 875 人。

2. 开展“现代学徒制”试点，培养具有国际水准的技术技能型人才

“现代学徒制”是教育部推行的一种新的人才培养模式，是深化产教融合、校企合作的有效途径，是职业技能和职业精神培养的有效载体。2015 年，柳州市被教育部确定为全国首批 17 个、广西壮族自治区唯一“现代学徒制”试点城市。为有效推进试点城市建设，市政府印发了《柳州市开展职业教育“现代学徒制”试点工作实施方案》。市教育局根据文件精神要求，立足柳州市现有职业教育资源和企业资源，根据柳州市产业发展实际需求，迅速确定了柳州职业技术学院、柳州铁道职业技术学院、柳州城市职业学院、广西科技大学鹿山学院、柳州市第一职业技术学校、柳州市第二职业技术学校和柳州市交通学校 7 所院校同时开展“现代学徒制”试点工作，着力打造与柳州支柱产业相对应的装备制造、现代物流、汽车商务、汽车技术、轨道交通等5个专业群，重点探索“现代学徒制”人才培养模式和管理制度，形成以政府为引导，学校、企业双主体育人，以高职专业为龙头衔接应用本科专业，带动中职专业发展的具有柳州特色“现代学徒制”培养体系。

柳州职业技术学院与采埃孚、英国瑞尔学徒制公司合作开展机械设计与制造、机电一体化和物流管理3个专业“现代学徒制”试点。成立了以院长为组长的“现代学徒制”试点建设领导小组，试点专业基本都完成了招生招工、校企共同研制人才培养方案、共同开发课程和教材、校企双导师培养学徒的工作。

柳州城市职业学院与上汽通用五菱汽车股份有限公司签订了校企合作协议，双方就汽车产业高技能人才订单培养，为上汽通用五菱印度尼西亚的生产基地培养技术工人和管理人才，共建汽车学院，实施国际化“现代学徒制”；学院实施伴随企业“走出去”行动，与上汽通用五菱携手招收印尼留学生到校培养，学生在校学习汉语、中国文化及专业知识，在上汽通用五菱公司实习，毕业后在上汽通用五菱印尼生产基地工作。实现了跨境招生招工一体化、学生学徒双身份交替培养，工学交替、产教融合的体制机制创新。柳州城市职业学院汽车营销服务实训中心和汽车售后维修服务实训中心被市教育局授予“柳州市汽车商务现代学徒中心”。

柳州市第一职业技术学校在牵头高职院校的引领下，在物流服务与管理专业引进英国“现代学徒制”人才培养模式；在旅游服务与管理、中餐烹饪与营养膳食专业试点“现代学徒制”人才培养模式，在校企合作、课程开发、方案研制、学徒遴选、师资培训、岗位轮训、项目评估等方面进行深度合作，达到预期效果。

柳州市第二职业技术学校在物流服务与管理、市场营销、工程机械运用与维修、汽车制造与检修专业试点“现代学徒制”人才培养模式。双方共同确定了学徒选拔标准、学徒岗位工种、工作职责以及人才培养方案。在英国瑞尔公司的指导下校企紧密合作，分别选派学校教师和企业技术型管理人员组成项目评估师团队，接受英方的专题培训及阶段评估，同时指导学徒开展相应的课程实习和实训。

广西机电技师学院通过完善订单培养，探索出“招工即招生、上课即上岗、学习即工作、课程即项目、毕业即就业”的“现代学徒制”培养模式。近年来，与企业合作采用“校企双制、工学一体”，企校双师带徒、工学交替培养、脱产和半脱产培训模式，开展企业新型学徒制人才培养。

柳州市交通学校与东风柳州汽车公司采用“现代学徒制”教学模式合作共建汽车专修学校，教学任务由学校教师和企业师傅共同承担，形成双导师制，学校和企业交替培训和学习。

广西商业学校重点在餐旅服务教学部、工科教学部相关专业开展“现代学徒制”工作。目前，餐旅服务教学部中餐烹饪专业和烘焙专业与上海大蔬无界餐饮有限公司、绍兴饭店开展“现代学徒制”实践教学，人数达160多人。

3. 探索“工学结合”办学模式，推动学校企协共同发展

基于前期职业教育的政策推动，各校均能做到：其一，按照工作过程组织教学，强调培养目标、专业教学与工作岗位三者的高度一致性，突出学生职业能力培养，体现以学生就业为导向；其二，打破传统的学科知识体系，整合重构教学内容，改革传统的教学模式和考核评价方式，构建职业能力体系，体现以职业生涯为背景；其三，根据不同的课程特点，灵活采用边学边练、讲练结合、学做合一、理实一体等教学方法和现代化的多媒体教学手段，体现以能力培养为主线。

各校的具体实践形式多样。

柳州铁道职业技术学院与“上通五”共建、共享和共管上汽通用五菱销售服务柳州培训中心，探索混合所有制校企联合办学模式。学校与企业进行师资互兼互聘，校企互利共赢。学校利用混合所有制校企联合建设培训中心，为企业培养技术技能型人才；学校利用企业的品牌和校企合作育人平台，推动汽车技术专业的建设与发展。

柳州城市职业学院根据东盟国家的中国企业对技术技能型人才的实际需求，在人才培养中践行校企一体化育人，创新性地构建了“三养成、三结构、三阶段”三维立体人才培养模式。其中的“三养成”是指人才培养目标的国际素养、职业素养和人文素养；“三结构”是指人才培养标准的知识结构模块、能力结构模块和素质结构模块；“三阶段”是指人才培养过程的理论学习阶段、实践训练阶段和顶岗实习阶段。

柳州市第一职业技术学校5个重点建设专业均形成具有“教产融合、工学一体”的特色人才培养模式，构建了以培养高水平职业素养和专业能力为核心、以职业岗位需求为导向的课程体系，建设了11个专业的83门精品课程，编写校本教材90部，实现了20%的专业课程在合作企业和经营性实训基地开设，使全部学生通过“教产融合，工学一体”途径获得技能训练。

柳州市第二职业技术学校形成以四大重点建设专业引领的人才培养模式辐射全校：物流服务与管理专业的“企业全程参与，工学有机结合”，服装设计与工艺专业的“五对接、六结合、三段提升”工学结合，工程机械运用与维修专业的“教产融合、做学合一”，市场营销专业的“五阶提升”等人才培养模式。

柳州市交通学校大力推行工学结合、突出职业实践能力的人才培养模式。学生在学习专业与技能知识的同时，通过进行职业道德、职业修养、职业纪律、职业安全、职业“5S”等各方面综合职业素质养成教育，培训良好的职业素养，培养了特长突出、职业素质全面的汽车人才。

广西商业学校构建了校企合作、工学结合的“岗位技能＋商科职业素质”的人才培养模式，构建与职业岗位、职业活动相对接，具有商科特色、结构科学合理的模块化课程体系，以改革创新为动力，改革办学模式、培养模式、教学模式和评价模式，培养“讲诚信、守规则、精技能、懂经营、会合作”的高素质技能型商贸服务人才。

（三）依托产业，校企联合办学，产教融合不断深入

柳州市坚持职业院校办学定位、专业布局与服务柳州支柱产业发展相结合，引导职业院校依托产业办好职业教育。坚持把“产教融合、校企合作”作为柳州职业教育改革发展的重要抓手，积极推进校企一体化合作办学。政府大力支持职业院校开展广泛的引企入校和引校入企等多样化校企合作模式，积极实践校企双主体育人，使企业成为职业院校的“后花园”，使职业教育校企合作、产教融合不断深入，形成完善的校企合作机制。

1. 校企联合办学，推动校企深度融合

各职业院校积极探索引企入校、校办企业、办校进厂、企业办校等多样化联合办学模式，不断创新校企融合形式。

柳州职业技术学院实行引企入校、送教进企、企业托管、植入式工作站、企业订单班、混合所有制二级学院、“双元制”等合作方式，与企业联合建立冠名学院——中兴通讯信息学院、华育中航学院。

柳州铁道职业技术学院先后成立由 50 多家企业会员参加的“柳州·产学合作促进会”，与中国电信柳州分公司建立校企联盟；与南宁铁路局、南宁地铁、青岛地铁、上汽通用五菱等 10 多个企业开展订单和半订单培养；南宁铁路局等企业为学校提供顶岗实习岗位达到年均 1 000 余个，捐赠学校实践教学设备价值

800 多万元，校企共同开发课程 34 门、教材 30 多部。

柳州城市职业学院实施校企双主体联合办学形式，与中印尼上汽通用五菱汽车学院合作订单培养。柳州市交通学校与企业共同招生、共同策划，共建生产性实训基地与培训中心，构建校企办学联合体；与东风柳州汽车有限公司、上汽通用五菱汽车股份有限公司等企业开展订单式办学、企业员工定制培训。广西机电技师学院通过探索与实践校企共建办学联合体——汽车专修学校，校企共建“五位一体”（共招、共建、共育、共培、共评校企办学联合体）的产业技术人才培养培训平台，通过引入职业标准、企业文化、企业资源、等级鉴定、评价模式等强化企业在学生（学员）的招生、培养、评价、实习与就业等方面全程参与，创新校企合作模式，为当地汽车产业培养培训高素质专门化技术人才。

柳州市第一职业技术学校先后引入中国电信柳州分公司、柳工集团路创公司、小麦公社、柳州快盈商务咨询有限公司与计算机信息管理专业、模具制造专业、物流服务与管理专业、电子商务专业共建。企业提供工作岗位给学生，学生利用课余时间在这些公司进行工作。

2. 校企共建实训基地，构建一体化的教学环境

学校与企业共同建立校外实训基地，教学与生产融为一体，构建了一体化的教学环境。柳州职业技术学院建立了 200 多家校外实训基地：在企业建立中兴通讯信息学院、华育中航学院等混合所有制二级学院；在柳州区域建立了柳工—柳州职业技术学院国际化工程机械客户体验与培训中心；与广西汽车拖拉机研究所共建实训基地；与广西汽车集团汽车工匠学院等企业共建教学工厂。柳州铁道职业技术学院先后与南宁局集团公司、广西沿海铁路公司、上汽通用五菱等企业共建校内外实训基地。柳州城市职业学院通过校企共建校外实习就业基地形式，与广西汽车集团、上汽通用五菱等企业合作。在校企合作过程中，企业为学院提供设备和技术，参与人员培训方案，提供师资，提供工作岗位等全方位的支持和服务。柳州市交通学校与柳州裕信方盛汽车饰件有限公司等企业共建校外实训基地，集“教学、实训、培训、服务、鉴定”于一体；校企共建汽车空调诊断中心、汽车故障件诊断中心等，成为广西壮族自治区第一个校企合作汽车故障件诊断中心。广西柳州畜牧兽医学校为政企建成技术培训基地 25 个，创建广西壮族自治区首批职业农民学院，成为学历教育与职业培训并举办学典范，打造职业农民培训新平台。通过开展技术培训，大力推广新技术、新方法、新品种、新模式，引领广西农牧业发展。

学校与企业紧密结合共建校内实训基地（含生产性实训基地），将生产与专业教学进行融合。柳州职业技术学院利用学院的场地及人力资源，通过自建生产车间引入企业，形成“校中厂”。通过“学生＋教师”进行产品生产和技术研发，同时完成企业的工作任务和学校的教学任务。柳州铁道职业技术学院与“上通五”共同建设上汽通用五菱销售服务柳州培训中心，是上汽通用五菱全国最大的“校中厂”培训中心，面向企业员工、职业院校的师生及社会人员开展汽车技术方面的培训、学习、实习、实训等相关业务。柳州城市职业学院与企业共建了罗克韦尔学院、汽车检测与维修生产性实训基地、东风柳汽汽车培训中心等校内实训基地。柳州市第一职业技术学校有 6 个生产性实训基地，集学生实训、复合型师资打造、人才培养模式改革于一体，实现了“五个一体、六个融合”。广西商业学校与企业共建老邻居超市、一号便利店、李宁专卖店、安踏专卖店、佳游站汽车美容店等。广西柳州畜牧兽医学校引企入校，与广西宏华公司合作经营第一教学实习牧场，将其打造成集教学、生产、实训、科研于一体的校内实训基地。

3. 校企共建课程体系，适应区域产业结构升级需求

学校与企业共同建立课程体系，是促进校企深度合作的重要途径。学校与企业双方聘用教师和企业工程技术人员、高技能人才。双方教师全程参与学校专业课程开发，建设理论与实践一体化的课程体系和教学体系，使专业建设与布局更适应区域产业结构升级需求。课程体系包括文化基础课程和专业基础课程，以及配套教材编写等。

柳州市第一职业技术学校与多家校内外企业共同建设，形成 11 个专业的企业课程体系，实现了校企教学联动，形成良好的校企合作机制、共建激励机制及相互服务机制，年受益学生 5 000 人。首先，依托校内经营性实训基地，组织学校骨干专业、全面推行企业课程建设。对企业工作岗位、生产任务与专业课程教学内容和要求进行对比分析，将二者相融的内容整理出来，重新整合新的课程，并将这些课程放到企业各项目工作室实施，初步创建了“五一体、六融合”企业课程体系。在这些企业课程中，学生进入的是真实工作场景，接受的是真实工作任务，提前进入员工角色。其次，在“校内经营性实训基地内建”模式基础上，柳州市第一职业技术学校还与上汽通用五菱汽车股份有限公司、柳州饭店、中国电信柳州分公司等校外企业合作建设了车身修复、餐饮服务、客房服务、计算机信息管理、电子商务等企业课程，形成“知名企业外建”“引企入校共建”企业课程建设新模式。

柳州铁道职业技术学院积极探索构建“学训赛节评”实践教学体系，瞄准岗位、对准职业，深化和突出“岗学融通”，引导教师走向企业、走进车间，与行业企业合作，共同研究制定教学过程与生产过程、教学内容与工作内容的对接方案，融入企业技术比武内容，引入企业评价标准和评价方式。教学内容结合生产流程、安全生产、技术标准、操作规程和岗位职责，合理融入教学过程。

4. 政企校深度合作，共建完善的合作机制

政府大力支持学校参与企业研发，并鼓励把研究所引入学校，构建了政产学研协同育人的合作机制。

柳州职业技术学院充分利用资源，与政府、企业、科研机构等协同主体开展协作育人，创建协同创新研究院，搭建了政产学研协同创新育人平台，为职业院校科研成果转化服务“大众创业、万众创新”，服务区域经济建设开创了新的空间。学校人才培养质量、学术研究水平、社会服务能力得到全面提高。

2017 年，柳州城市职业学院与上海发那科工业机器人公司及柳州市工业信息委员会合作，成立了柳州市发那科工业机器人学院，并获得公司授权，成为全国首家获得发那科机器人培训资质授权的高等院校，构建起政—校—企协同育人平台。仅 2017 年就为柳州汽车龙头企业开展工业机器人相关培训超过 1 000 人次。

围绕为企业培养实用的技术技能型人才，政府大力支持学校与企业开展各种校企合作，初步形成完善的校企合作运行机制。柳州职业技术学院建立了三大校企合作机制：利益共享机制、管理运行机制、激励约束机制。柳州铁道职业技术学院成立广西轨道交通工程职业教育集团，实行理事制；成立由 56 家会员单位组成的校企产学促进会，实行会员制；与中国电信柳州分公司建立校企联盟关系，实施一对一制；共建生产性的教学型车间，实行分理制；共建大型实训基地，实行共享制。柳州市第一职业技术学校提出校企依存共进，平衡发展的四项原则：广泛性原则、责权利统一原则、权利平等保护原则、循序渐进原则，形成“项目带动、教产研融合、校企人才顺畅流动”的特色合作机制。广西机电技师学院集校政行企四方联动，构建了“四元一体”的校企合作模式；贯彻“资源共享，优势互补，责任同担，利益共享”原则，采取校企合作、订单式培训以及导师制、模块式、课题式等多种方式实施高技能人才培养。

（四）响应“一带一路”倡议，借助产业优势，国际化合作实现创新性发展

柳州市职业教育不断创新国际合作模式，呈现“引进来”和“走出去”并重态势，构建了具有区域特色的职业教育国际化格局。2016 年 2 月 24 日，原教育部部长袁贵仁同志在全国人大常委会第十九次会议上，提出了广西柳州实施“企业走出去职业教育伴随计划”。柳州市借助作为西南工业重地的产业优势，积极鼓励和引导以企业为主体参与“一带一路”建设，大力实施“走出去”。职业院校主动服务产业转型升级及区域经济发展，拓宽职业教育服务企业“走出去”合作领域，在汽车、铁路等多个行业中培养了大量技术技能型人才，覆盖诸多“一带一路”沿线国家，扩大了国际影响力。

1. 派遣优秀教师赴海外学习，提升教师专业技能水平

紧扣国际化技术技能型人才培养对专业教师教育教学能力的要求，将选派优秀教师出国进修与邀请国外专家到校培训有机结合，打造国际化专业教学团队。2016 年，柳州选拔 58 名专业教师分 3 批次到德国纽伦堡、斯图加特和英国伯明翰学习培训。柳州市第一职业技术学校创造条件，派遣教师去国外学习交流。超过百名教师赴美国、加拿大、德国、奥地利、新加坡等国家学习培训。柳州铁道职业技术学院 2016 年完成国（境）外培训进修 3 批次共 10 人，分别到访德国、俄罗斯、泰国、印尼等国。

加强“现代学徒制”师资国际化培养。柳州市教育行政部门积极与英国总领事馆文化教育处等机构联系，引进英国“现代学徒制”培训标准和体系，先后 4 次邀请 5 名“现代学徒制”外国专家来柳州市进行英国“现代学徒制”师资培训，共计培训相关专业骨干教师 200 多人次；同时引进英国评估师标准，培养了 3 名内审员、30 名认证评估师。

“一带一路”建设使中国和东盟国家在高铁领域的合作不断深入，中老铁路、中泰铁路、雅万高铁等项目急需高技能人才。柳州铁道职业技术学院与东盟国家 20 多所职业院校合作培养高铁运营和服务人才，自 2016 年 3 月至今，已举办 3 期“泰国轨道交通师资培训班”，为 12 所泰国高校培养了 51 名教师。

2. 引入国际一流职业教育标准，推动学校内涵建设发展

柳州职业技术学院、柳州市第一职业技术学校和柳州市第二职业技术学校等职业院校，借鉴先进的国际化职业教育理念，引入德国“双元制”人才培养模式

及德国职业技能等级标准、英国“现代学徒制”人才培养模式及英国物流行业职业技能等级标准，并结合学校自身特色进行本土化。建立与国际标准互通互认的培训中心和职业资格认证项目，将国际人才培养标准、行业企业标准融入贯穿人才培养方案制定、课程标准、实践条件建设、考核和认证、师资培养等人才培养全过程，全面提高专业的国际化水平，培养具有国际视野的高素质技术技能型人才，服务职业教育伴随企业走向世界。柳州铁道职业技术学院汽车专业引进德国“双元制”AHK标准，成立了柳州市中德合作“双元制”职业教育基地。国际先进标准的引入，有效推动了学校的内涵建设，促进学校办学实力和品牌影响力获得大幅提升。

3. 输出柳州职教办学模式和理念，扩大国际影响力

在引进国际优质职业教育资源与标准的同时，深入实施“企业走出去职业教育伴随计划”。重点面向东盟国家，主动服务上汽通用五菱、广西柳工机械股份有限公司等企业在国外建厂的人才需求，重点打造了装备制造、现代物流、汽车商务、汽车技术服务和轨道交通等5个国际化专业集群建设项目，将产业发展的先进标准、最新技术引入人才培养过程，并伴随产业“走出去”，成为向国外职业教育提供中国职教模式的重要基础。

柳州城市职业学院与上汽通用五菱签订校企联合共建中印尼上汽通用五菱汽车学院，并在印尼成立了印尼中上汽通用五菱汽车教育培训中心，招收印尼学生到学院学习，为企业的印尼生产基地培养一线技术工人。柳州职业教育国际化发展迈出了坚实的第一步。该项目累计录取273名印尼留学生（2015年录取63名，2016年录取126名，2017年录取84名）。柳州城市职业学院进入我国高等职业院校国际影响力50强院校。2017年5月，中国柳州城市职业学院印尼必利达分院在印尼国民三语学校正式揭牌，柳州城市职业学院成为广西壮族自治区首个在境外设立分院的高职院校。

2016年，柳州市政府与德国工商大会上海代表处签署合作备忘录，在柳州职业技术学院设立中德（柳州）AHK职业培训中心，成为全国第5个与德国工商大会上海代表处签署合作备忘录的城市。柳工与柳州职业技术学院还有意向在沙特阿拉伯的达曼市，创办一所沙特国家教育部承认的职业培训学校。

柳州铁道职业技术学院提出“向北合作，向南发展”国际化办学行动计划，深入推进与俄罗斯、东盟国家等区域合作，开展“高铁＋汽车”技术服务输出，探索与中国轨道交通产业和技术“走出去”配套的职业教育发展模式，助力中国高铁走向世界；与俄罗斯乌拉尔国立交通大学共建中俄丝路学院；与泰国皇家理工大学共建中泰轨道交通学院，以“师资＋课程＋实训”一体化输出模式开展合作共建。中泰铁路、雅万高铁等项目建设为柳州铁道职业技术学院与东盟国家院校合作提供了广阔舞台，已举办 3 期“泰国轨道交通师资培训班”。柳州职业院校逐步形成全球化视野和国际化战略思维。

4. 输出留学生，服务海外中资企业

留学生教育培训是柳州职业教育模式提升国际影响的重要组成部分。随着我国综合国力和国际地位的提升，以及“一带一路”对外开放新格局的构建，柳州市采取“企业主建、院校主教、合作共赢”的模式，不断输出留学生，服务在海外扎下根的中资企业。

柳州职业技术学院共为柳工输送了 300 多名优秀毕业生，其中近 1/3 服务于东盟国家。柳州职业技术学院、柳工与沙特阿拉伯王国经销商卡坦尼集团合作共建的卡坦尼学院，筹建工作获得实质性进展，2018 年 10 月开始招生办学。

柳州城市职业学院长期以来与泰国、印尼、马来西亚、新加坡等国家的多所院校建立了稳定的合作关系，累计招收和培养了 1 359 名来自美国、俄罗斯、英国、比利时、吉尔吉斯斯坦、韩国、印尼、泰国、匈牙利、塔吉克斯坦、巴基斯坦、日本等国家的留学生。2015 年，柳州城市职业学院与上汽通用五菱股份有限公司、印尼西爪哇省共建汽车学院，招收 200 名印尼籍学生。一方面，通过招收印尼学生到柳州学习，为柳州企业在印尼的生产基地及相关产业园区培养和输送技术技能型人才；另一方面，联合建设国际化共享现代学徒中心，协同育人，共同承担订单班人才培养及在岗员工拓展培训。

（五）依托优质学校，对口帮扶，城乡职教实现一体化发展

校际联合对口帮扶是惠及广大贫困学子的一项重大政策。为了推进现代职业教育协调发展，促进城乡职业教育一体化发展，高职院校、市示范性中职学校积极开展对口支援帮扶工作。帮扶学校成立对口支援领导小组，签订合作协议，制定工作方案，帮助受援学校充分发挥各校在专业建设、人才培养、师资培训、教学研究、社会服务等方面的优势，开阔视野、更新办学理念。

1. 积极开展城乡联合办学，带动区域职教水平整体提升

柳州市各职业院校运用校际联合办学、专业师资定向培养培训等多种形式对口帮扶兄弟院校，充分发挥优质院校的辐射带动作用。

柳州职业技术学院和柳州铁道职业技术学院在自治区教育厅开展的“2015年县级中专综合改革考评”中均获得“高职帮扶奖”，分别获200万元的专项经费支持。广西生态职院与融水职教中心、三江职校开展观光农业融通办学。

市级中职学校与县级职校结对子，通过签订对口支援协议、开展集团化办学等方式助力县级中职顺利完成综合改革。柳州市第一职业技术学校在与融安职校、三江职校联合办学的基础上，又积极帮扶柳江职校。目前，柳江职校已经成为柳州市第一职业技术学校的分校。两校采取“专业托管”的方式，按照统一的建设标准、统一的管理模式、统一的评价标准，全方位开展紧密型合作办学，在学生培养、教学组织与管理、课程建设及教师团队建设等方面实现了“城乡职业院校结对发展”的共管共建。

广西机电技师学院与灵山县职校、容县职校、柳江县职校、柳州市机械电子工业技术学校、贺州市技工学校等职校开展对口帮扶，在创新人才培养模式，专业建设和课程体系建设，一体化实训基地建设，教师素质提升和教师、学生技能选手培养上给予帮助。

广西商业学校与柳州市第二职业技术学校进行对口帮扶，在设施设备上对该校进行支持，先后租用、借用了部分实训设备。此外，在专业建设、师资培养方面也对该校进行了扶持及帮助，派出专业教学团队参与该校的专业建设，并对该校的相关师资进行辅导、培训，提升他们的办学能力和教学水平。此外，广西商业学校、广西柳州畜牧兽医学校等自治区属学院与融安、柳城职校开展农产品电子商务推广合作办学。

柳州市交通学校以县级中职为主体，以汽车运用与维修、汽车制造与检修等品牌专业为纽带，融合象州职校、宜州职教中心、三江职校、融水县民族职业技术学校、融安职校、武宣职校、柳江职校等县域职校成员，利用职教集团平台推进城乡学校联合招生、联合培养、合作办学，先后在中心城市职业学校与农村职业学校结成10多个“对子”，进行联合招生；为农村学校培训专业课师资、提供实训条件、安置学生实习、开展技能鉴定；以集团名义联系就业单位，统筹安置学生就业等，推动了以城带乡、以强带弱。

2. 开展师资定向培训，提高县域职校教师队伍水平

受援学校（尤其县级职校）最大的问题是教师队伍建设问题，特别是“双师型”教师十分短缺。各帮扶学校根据实际情况选派理念先进、技术扎实、管理经验丰富的专业骨干教师和教育教学管理干部到受援学校进行挂职、支教，传授先进的职教理念、精湛的专业技术，为县级中等职业学校培养一批“下得去、留得住、用得上”的高素质的急需、紧缺专业教师，进一步带动学校管理水平和专业师资队伍水平的整体提升。

积极开展专业课教师素质能力提升等基础培训工作，组织柳江县职校、融安县职校的专业教师近 30 人次到柳州铁道职业技术学院、柳州城市职业学院进行学习及挂职锻炼，选派鹿寨、柳江两所县级中专学校的管理干部和专业骨干教师到成都工业职业技术学院进行为期一个月的挂职锻炼，推动县级中专师资队伍建设的改革创新。

3. 协调推进城乡中职学校招生，提升县域职校吸引力

市教育局与各县区教育局签订“柳州市中等职业教育招、送生责任书”，市、县、校三级联动，协调推进中职教育招生工作，提升县级职业学校的吸引力。组织县区应届初中毕业生和班主任进入职业学校，让师生亲身体验柳州职业教育发展成果；组织职业教育宣讲团，深入县镇初中学校，向广大初中二、三年级学生宣传国家大力发展职业教育，尤其免费就读、对口升学、顺利就业等利好政策，使国家、自治区职业教育的惠民政策深入人心，有力促进了中职招生尤其是县级中专招生工作。

（六）注重综合素质培养，产学文化融合，以工匠精神为引领的校园文化基本形成

2016 年，李克强总理在推进职业教育现代化座谈会上强调，要“切实把职业教育摆在更加突出的位置，加快培育大批具有专业技能与工匠精神的高素质劳动者和人才”，彰显了国家对技术技能人才的重视。对技术技能人才提出了更高要求，要求职业教育在加强专业技能培养的同时，也要注重对工匠精神的培育。建设具有工匠精神的校园文化，培养具有工匠精神的技术技能型人才是当前职业教育改革发展的重要课题之一。

1. 深化德育内涵，德育工作形成新特色

工匠精神的培育应以德育为先，将培育工匠精神和培养高技能人才结合起来，提升学生的综合素质。近年来，柳州职业院校围绕社会主义核心价值观，将职业精神、职业规范融入德育内涵，使德育工作形成新的特色。

柳州城市职业学院围绕“修德立身”，通过开展主题教育活动、开设系列“雅课程”等举措，营造了高雅文明的“柳橙汁”校园文化。

柳州市第一职业技术学校以学生的发展为本，大力推行德育精细化管理模式，抓实、抓细、抓小，将养成文化、专业文化、企业文化延伸至学生学习和生活中。充分挖掘升旗仪式育人功能；开展“人人入社团，一生一特长”社团文化建设，张扬学生个性，发挥学生特长，提振学生精气神；推行小微德育，以小求实，从小处着眼，让德育和学生的生活经验对接，开发了“一日一善、一周一讲、一班一特、一学一做、一支一先、一部一品”系列小微德育项目。

柳州市第二职业技术学校坚持走“礼、艺”特色德育教育道路，不断深化德育内涵，扩展教育形式，创造出“二职好声音”“二职礼仪操”“二职好舞蹈”等享誉社会的品牌活动，形成独特的“礼”“艺”德育特色，从德育理论课程、德育实践课程和德育大讲堂课程等 3 个维度开设德育课程。

广西商业学校以“快乐成长”为德育建设品牌，建设了“双核心、七快乐”德育模式。融安职校以“德育生活化”为理念，加强行为习惯养成教育，学生道德素质不断提升。

广西机电技师学院创新德育管理方式，在班级管理中引入企业管理手段，让技工学校学生提前体验社会企业的真实管理流程，为树立遵守纪律、团结合作、吃苦耐劳、勇于创新等高素质的职业操守打下坚实基础。

广西柳州畜牧兽医学校将职业道德教育渗透专业课程教学过程，在教学场景中引入企业“5S”（整理、整顿、清扫、清洁、素养）现场管理模式，对教学过程进行标准化管理，在培养岗位技能的同时提升综合职业素养。

2. 企业文化融入校园，凸显校园文化职业特色

职业院校依托行业、企业，把企业文化融入校园，打造多种具有特色的校园文化。以文化环境持续影响学生，引导学生形成正确的价值观，塑造学生行为方式，提升学生德育和综合素质水平。

柳州职业技术学院积极开展引入企业文化进校园系列活动，结合现代企业对人才的需求和学生实际情况，在校园文化建设中探寻校园文化建设、课程体系综合设计以及现代企业对人才要求三者的契合点，积极营造校园竞赛文化，培养学生的创新精神和竞争意识，打造富有高职特色的校园文化。

柳州铁道职业技术学院以“火车头精神”校园文化为建设核心，在校园精神文化、环境文化、行为文化和制度文化等方面融入学校的历史传承、行业背景、办学理念、办学特色。

柳州市第一职业技术学校以“洁·雅”行动为突破口，推行“7S”班级管理制度，实行班级“7S”管理，打造“企业文化进校园”系列活动；充分挖掘升旗仪式的育人功能，通过会场的精细管理，环节的精致设计，国旗下讲话人员和内容的精心挑选，从而达到以境育人、以理育人、以榜样育人的功能。

柳州市第二职业技术学校以入驻柳州职教园区为契机，通过加强校园文化活动的基础设施建设，创新校园文化活动的内容，创建内涵丰富、特色鲜明、独具特色的地方与工业文化相互交融的校园文化。学校通过引入企业管理文化、布局文化和精神文化建设实训室，通过实景教学渗透企业文化元素，使学生的职业素质得到潜移默化的培养。

广西机电技师学院依托以上汽通用五菱为代表的众多大中型企业，借鉴其丰富的企业文化，创新利用企业组织形象识别系统，师生全员参与，构建完成与企业文化深度融合的校园职业文化体系。学院引用情景模拟法将班级管理引入企业文化，制定《企业文化进班级管理制度》。根据教学内容和教学目标，有针对性地设计情境，并让学生扮演情境角色，模拟情境过程，让学生在高度仿真的情境中获取知识和提高能力。

柳州市交通学校在建设实训中心过程中，校企双方人员共同商定汽车整车装配中心的文化内涵、展现形式，一是纳入汽车整车制造企业的文化内涵，二是考虑汽车整车制造企业岗位员工的要求，三是关注学生行为规范的培养与养成等。在汽车装配实训中心构建一种既能展现汽车企业文化，又能结合学校教育培养学生品行需要的校内实训基地文化。

3. 民族文化融入校园，校园文化彰显民族特色

依托民族特色产品开发与推广人才培养实训基地，打造特色职业教育校园文化。柳州城市职业学院以传承本地区民族文化为己任，成立了非物质文化遗产传统技艺研究学会和茶文化研究学会，建有侗族木构建筑营造技艺博物馆、民族乐器体验馆、茶艺体验室等。柳州城市职业学院建成柳州市职业教育千万元设备值生产性实训基地——民族特色产品开发与推广人才培养基地，开发少数民族文化资源，加强民族文化艺术、民间工艺等领域的特色专业建设和产品研发工作，并将其融入校园文化建设工作中，形成特色文化品牌。

柳州市第一职业技术学校把社团文化与柳州少数民族文化相结合，把继承、发扬少数民族文化作为其中一项重要内容，着重打造了龙狮队、侗族大歌队、民族乐器队、民族礼仪队等民族特色社团。

充分利用融水苗族自治县、三江侗族自治县非物质文化传承基地的优势，通过项目扶持，以民族文化进校园、民族文化进课堂、民族文化进设计等方式，搭建市、县、传承基地三级联动协同创新平台。

4. 技能大师进校园，传承大国工匠精神

在中国从制造业大国迈向制造业强国的大潮中，工匠精神将成为“中国质造”的内在支撑。柳州职业教育依托技能大师工作室平台，把工匠精神培育与技术技能培育有机结合起来，贯穿整个教育教学过程。让技能大师全面参与学校各项建设、人才培养和教育教学改革中；让技能大师走进课堂、实训车间，走入学生中间，将现代企业的新理念、新技术、新工艺带到学校，带进课堂，让学生真正了解工匠精神，弘扬工匠精神，让工匠精神融入他们的学习、生活，乃至将来的职业生涯中。

柳州市第二职业技术学校建立非遗传承大师工作室，聘请柳州市非物质文化遗产侗绣代表性传承人韦清花大师进校园，向服装设计与工艺专业师生传承侗绣手艺；围绕侗族文化传承与创新等主题，以广西职业教育活动周的形式开展系列“大师进校园”活动。不仅提高了学校师生的技能水平与教学素养，更让广大师生品味到传统与现代兼容并蓄的职业教育魅力。

柳州市第一职业技术学校聘请本校优秀毕业生、中国烹饪大师王卫东回校，为烹饪与管理专业的学生作讲座；同时，邀请中国烹饪大师、国家级西餐烹饪技师蒙世涛，中国烹饪大师、国家级评委裁判员赖均仪走进实训室，为师生分别展示了精湛的中餐烹饪和西餐烹饪技艺，受到广大师生的欢迎。

四、基础性保障

（一）政策举措

柳州职业教育取得当前的成就，与政府的高度重视和大力支持密切相关。政府从柳州经济发展和人才需求实际出发，加大了政府统筹职业教育的力度，为职教发展营造良好的外部环境。自 2014 年至今，柳州市政府、市教育局先后出台了《柳州市人民政府关于印发〈柳州市加快发展现代职业教育的实施意见〉的通知》《柳州市人民政府关于印发〈柳州市职业教育国际化发展行动计划（2014—2020）〉的通知》《柳州市人民政府办公室关于印发〈柳州市开展职业教育“现代学徒制”试点工作实施方案〉的通知》《柳州市职业教育专业布局与结构调整规划（2015—2020 年）》等一揽子政策文件。鼓励职业院校与企业开展广泛的“引企入校”和“引校入企”，大力推动职业教育政校企深度合作，大力推动职业教育伴随行业企业走向国际。

（二）平台支撑

搭建政校企交流合作平台，进一步推动全市职业教育发展。一是建成柳州市职教园区。投资 10 亿元建设柳州市现代学徒中心——广西柳州职业技能公共实训基地平台。园区秉着“城校互融、资源共享，园校互融、校企共建”的建设思路，以职业教育园区为平台，稳步开展中高职衔接、校企一体化合作办学改革试点，成为集“产、学、研”一体化的现代化职教基地。二是成立柳州职业院校校长协作会，搭建院校交流平台。职业院校校长协作会由柳州市教育局牵头，市（区）属职业院校、广西科技大学、鹿山学院等 24 个单位组成。每年定期举办职业院校校长协作论坛，通过专题讲座、研究咨询、协作交流等形式推动学校发展。三是组建区域性职教集团。围绕区域发展规划和产业结构特点，依托柳州的工业优势，柳州市教育局牵头组建了面向柳州支柱产业、特色产业的区域性职教集团。例如，由政府、企业、学校共同参与的广西汽车产业职教集团，以柳州职业技术学院、上汽通用五菱为牵头单位，联合了企业、职业院校、科研机构和行业协会等组织，成立了 4 个专业委员会。另外，还成立了广西轨道交通工程职教集团、机械产业职教集团、现代服务业职教集团等行业和区域性职教集团，充分整合各方面的资源和力量，增强了政府与企业、政府与学校、学校与企业、学校与学校之间的交流与合作，进一步促进了产教融合，推动了行业企业参与职业教育的积极性。四是组建职业教育研究所。从几大中高职院校选调具有高级职称的中层以上干部，每年投入专项科研经费，支持开展柳州职业教育专业布局、产教融合、国际化合作等方面的研究，为政府决策咨询和指导学校实践服务。

（三）经费多元

财政经费的投入是支持柳州市职业教育发展的重要保障。近年来，始终保持着教育财政拨款的增长高于财政经常性收入的增长。2017 年，市级财政教育经费投入占财政教育经费投入总量的比例过半。样本学校办学经费收入总量为 117 028.1 万元，财政性教育经费投入总量为 98 643.05 万元。其中，中央财政教育经费投入 16 404.8 万元，占财政性教育经费投入总量的 16.6%；自治区级财政教育经费投入 34 961.55 万元，占总量的 35.4%；市级财政教育经费投入 47 276.7万元，占总量的 48.0%。依法制定职业教育经费标准，逐步提高中职学校生均公用经费。

实施资助育人，助力贫困学生圆梦。各职业院校都想方设法自筹资金，为学生提供各类奖助学金，帮助学生顺利完成学业。如柳州职业技术学院设立院内勤工助学岗位 800 多个，2017 年共支出资助经费 1 649.27 万元，同时，通过学费缓交、减免、院内奖学金、单项优秀奖励、扶贫助困助学金等形式予以资助；柳州铁道职业技术学院探索以新生入学“绿色通道”、困难补助、勤工助学、公益服务、家庭走访、就业帮扶为主要内容的“六位一体”学生帮扶模式，设立院内勤工助学固定岗位 568 个，2017 年资助学生 12 418 人次，资助金额 1 565.75 万元，实地走访贫困生 32 名，发放补贴 1 112.14 万元，其中自筹资金 238.53 万元；柳州市第二职业技术学校 2017 年自筹资金 22.1 万元资助贫困学生。

五、存在的问题

（一）学校及专业布局有待优化

中职学校的布局有待调整，尤其县域职业学校整体规模小，教学资源不集中，办学效益偏低。此外，中高职业院校专业重复率高，较多专业相似、知识结构相似、技能相似的毕业生进入就业市场，给毕业生就业和满足经济社会对多元化人才的需求带来一定影响，职业院校专业结构还需依据地方经济发展进一步调整优化。

（二）师资队伍建设有待加强

目前，柳州市职业院校专业教师数量严重不足，生师比偏高，外聘兼职教师多，教师队伍不稳定。师资梯队建设有待加强，有影响的学科（专业）带头人、国家级职业教育名师不多，教师的专业水平、教育教学能力和社会服务能力仍需进一步提高。

（三）职教园区管理体制有待创新

政府、企业、学校对资源共享缺乏有效的管理制度，造成职教园区资源共享的利用率较低，职教园区的内涵和功能有待提升。

（四）职业教育国际化发展需加快推进

职业教育国际化办学的制度设计和保障措施有待加强，需积极推动出台优惠政策，吸引企业参与。对职业教育国际化项目的质量监测和效果评估有待进一步完善。

（五）县域职业学校办学实力亟待提升

随着国家、自治区加快构建现代职业教育体系发展战略的启动实施，柳州市县级中等专业学校也暴露出整体发展水平相对较低的问题。县域职业学校办学吸引力不强，特色不明显，专业结构不合理，办学条件、师资力量、管理水平和教学质量明显落后于市属职业院校。办学规模和人才培养质量还不能适应地方经济社会发展需求，普遍存在招生困难，部分县域职校学生只有数百人，有的学校甚至连续几年没有学生，部分县级职校缺乏自我发展的内生动力。县级职校发展举步维艰，亟须进一步加快改革创新，持续协调发展。

六、对策与建议

（一）进一步优化职业教育布局

从市属学校、县域职校、专业结构等 3 个维度促进职业教育布局调整，引导职业院校围绕区域经济社会需求形成发展特色。学校要明确发展定位，发挥优势，探索符合自身发展需求的独具特色的发展战略，进一步提升职业教育服务产业发展能力。政府通过政策、资金和项目的扶持，引导各职业院校根据产业需要进行专业布局和结构调整，错位发展、特色办学。

（二）大力加强师资队伍建设

一是加大人才引进力度，优化教师评聘。根据职业教育特点、学生规模和专业发展需要等因素，科学核定职业院校教职工编制。新增职业教师应力求专业对口，以切实提高广大教师教育教学水平，应加强新进教师培训，提升职业教育新教师的育人意识和能力水平。二是建立校企师资互聘长效机制。以职业教育集团和联盟为主体，推动职业院校与行业企业紧密合作，双方聘用教师、企业管理人员、企业工程技术人员、高技能人才。一方面，从行业企业遴选推荐技术骨干力量作为学校特聘兼职教师，全程参与制定学校专业人才培养方案、课程开发、教学内容设计、教材撰写等专业建设，同时为学生传授企业的岗位技术和先进技能；另一方面，企业聘请职业院校专业教师参与企业的生产、研发、培训等工作，提升教师的实践和社会服务能力。三是加大教师团队（企业师傅团队）建设力度，完善教师培养培训机制，改善教师队伍梯队结构，鼓励专业教师到企业实践锻炼，不断提高教师的业务能力、实践技能和教学水平。

（三）创新职教园区管理体制机制

采取多部门联合成立专门的园区管理机构，责权统一。将投入的资金用到实处，努力打造国内先进的职业园区品牌效应。同时，多方协调、改善园区内生活、工作条件，吸引更多高水平、高层次人才入驻。政府部门要发挥监管职能，引入第三方评价机制，对职教园区管理的科学性进行评估。加强基础能力建设，丰富职教园区的内涵和功能，将职教园区建设成为柳州市职业教育改革发展的示范窗口和构建现代职业教育体系的重要载体，打造职教园区升级版。

（四）继续创新发展职业教育国际化试点计划

以建设“全国现代学徒制试点城市”和“广西职业教育国际化示范城市”为契机，继续推进《柳州市职业教育国际化发展行动计划（2014—2020 年》《柳州市开展职业教育“现代学徒制”试点工作实施方案》的实施。坚持点面结合、试点推进的原则，加大与德国、英国有关机构的合作力度，进一步搭建合作平台，拓展合作领域。同时，深入推进试点项目的建设，以高职院校为龙头引领中职学校，协同本地合作企业，以专业集群为纽带，重点在师资培训、课程资源的引进和开发、认证体系和质量标准的引进等方面加大力度，创新开展具有柳州特色的“现代学徒制”试点，进一步推进柳州职业教育的国际化。

（五）加快推进县域职校综合改革

政府应从全局的角度调整县级中等专业学校布点和专业建设，适应职业教育资源向城市聚集的发展趋势。县级中等专业学校应认清学校自身的优势和劣势，积极与城市职业院校结对合作，有效解决校企合作、专业师资队伍的“瓶颈”问题，拓宽其发展空间，以城乡职业院校结对帮扶的形式促进县域职校的改革发展，增强办学吸引力。推动县级中等专业学校发展成为柳州市现代职业教育体系的重要组成，基本形成“适应市场需求、体现多元立交、实现产教融合、彰显地方特色、充满办学活力”的县级中等专业学校发展新格局。努力将县级中等专业学校建设成为农村劳动力转移就业培训、扶贫开发和普及高中阶段教育的重要基地，为柳州市新型工业化和城镇化建设提供足够的高素质劳动者和人才支撑（见表 11～表 20）。

表 11　柳州样本职业院校 2017 年办学条件

院校名称	校园占地面积（亩）	教学仪器设备总值（万元）	生均教学仪器设备值（元）	多媒体教室数（间）	纸质图书册数（万册）	生均图书册数（册）
柳州职业技术学院						
柳州铁道职业技术学院						
柳州城市职业学院						
柳州市第一职业技术学校						
柳州市第二职业技术学校						
柳州市交通学校						
广西商业学校						
广西机电技师学院						
广西柳州畜牧兽医学校						
融水县民族职业技术学校						
合计						

表 12　柳州样本职业院校 2017 年校内外实训基地情况

院校名称	校内实训基地（个）	校内实训基地建筑面积（平方米）	校外实训基地（个）	国家级实训基地（个）	自治区级实训基地（个）
柳州职业技术学院					
柳州铁道职业技术学院					
柳州城市职业学院					

续表

院校名称	校内实训基地（个）	校内实训基地建筑面积（平方米）	校外实训基地（个）	国家级实训基地（个）	自治区级实训基地（个）
柳州市第一职业技术学校					
柳州市第二职业技术学校					
柳州市交通学校					
广西商业学校					
广西机电技师学院					
广西柳州畜牧兽医学校					
融水县民族职业技术学校					
合计					

表 13　柳州样本职业院校 2014—2017 年专任教师、“双师型”教师情况

院校名称	2014 年		2015 年		2016 年		2017 年	
	专任教师（人）	“双师型”教师（人）	专任教师（人）	“双师型”教师（人）	专任教师（人）	“双师型”教师（人）	专任教师（人）	“双师型”教师（人）
柳州职业技术学院								
柳州铁道职业技术学院								
柳州城市职业学院								
柳州市第一职业技术学校								
柳州市第二职业技术学校								
柳州市交通学校								
广西商业学校								
广西机电技师学院								
广西柳州畜牧兽医学校								
融水县民族职业技术学校								
合计								

注：中职“双师型”教师是指 2015 年以来通过自治区“双师型”教师认证的教师。

表 14　柳州样本职业院校 2017 年教师企业实践、参加培训情况

院校名称	企业实践总时间（人日）	企业实践人数（人次）	参加国家级培训（人次）	参加省市级培训（人次）	参加行业企业培训（人次）	出国（出境）培训（人次）
柳州职业技术学院						
柳州铁道职业技术学院						
柳州城市职业学院						
柳州市第一职业技术学校						
柳州市第二职业技术学校						
柳州市交通学校						
广西商业学校						
广西机电技师学院						
广西柳州畜牧兽医学校						
融水县民族职业技术学校						
合计						

表 15　柳州样本高职院校 2017 年专业结构基本情况一览表

院校名称	专业总数（个）	招生专业（个）	国家级重点专业（个）	自治区级优质专业（个）	自治区级特色专业（个）
柳州职业技术学院					
柳州铁道职业技术学院					
柳州城市职业学院					
合计					

表 16　柳州样本中职学校 2017 年专业结构基本情况一览表

院校名称	专业总数（个）	招生专业（个）	国家级重点建设专业（个）	自治区级示范专业（个）
柳州市第一职业技术学校				
柳州市第二职业技术学校				
柳州市交通学校				
广西商业学校				
广西机电技师学院				
广西柳州畜牧兽医学校				

续表

院校名称	专业总数（个）	招生专业（个）	国家级重点建设专业（个）	自治区级示范专业（个）
融水县民族职业技术学校				
合计				

注：国家级重点建设专业是指国家中职教育改革发展示范学校中的重点建设专业。

表 17　柳州样本职业院校 2014—2017 年立项课题与获教学成果奖情况

	国家级	自治区级	市级	校级	合计
立项课题（个）					
教学成果奖（项）					

表 18　柳州样本职业院校 2014—2017 年参加技能大赛获奖情况

	一等奖	二等奖	三等奖
全国职业技能大赛			
自治区技能大赛			
合计			

表 19　柳州样本职业院校 2017 年社会培训情况一览表

	企业培训	农民工培训	社区培训	政府委托其他培训	合计
人次					

表 20　柳州样本职业院校 2014—2018 年毕业生留在广西壮族自治区内就业比例（%）

院校名称	2014 年	2015 年	2016 年	2017 年	2018 年
柳州职业技术学院					
柳州铁道职业技术学院					
柳州城市职业学院					
柳州市第一职业技术学校					
柳州市第二职业技术学校					
柳州市交通学校					
广西商业学校					
广西机电技师学院					
广西柳州畜牧兽医学校					
融水县民族职业技术学校					

附录 2　柳州市职业教育政策汇编

柳州市职业教育
政策汇编

（一）柳州市人民政府关于印发《深化教育领域综合改革 加快推进教育发展总体方案》的通知（节选）

柳 州 市
人 民 政 府 文 件

柳政发〔2014〕13 号

柳州市人民政府关于印发《深化教育领域综合改革 加快推进教育发展总体方案》的通知

各县、区人民政府，市直机关各有关委、办、局，柳东新区、阳和工业新区管委会，各有关单位：

现将《深化教育领域综合改革 加快推进教育发展总体方案》印发给你们，请认真组织实施。

2014 年 3 月 27 日

深化教育领域综合改革 加快推进教育发展总体方案（节选）

为贯彻《中共柳州市委 柳州市人民政府关于深化教育领域综合改革 加快推进教育发展的决定》（柳发〔2014〕7 号）和《中共广西壮族自治区委员会 广西壮族自治区人民政府关于加快改革创新全面振兴教育的决定》（桂发〔2014〕2 号），落实我市教育改革发展的目标任务，制定本方案。

一、总体要求

以科学发展观为指导，深入贯彻党的十八大和十八届二中、三中全会精神，优先发展教育，公平发展教育，进一步加大教育投入，2014—2017 年，多渠道筹措教育经费 150 亿元用于教育发展。

大力实施教育发展十大工程，新建幼儿园、义务教育学校、普通高中 114 所，改扩建一批学校，着力改善各级各类学校办学条件，有效增加教育资源，提高教育质量，提升教育服务经济和社会发展的能力和水平。

二、工作目标和任务

……

（五）实施中等职业教育发展工程

1. 工作目标

严格执行“城市教育费附加和地方教育附加安排用于职业教育的比例不低于30%”的经费投入政策，从政府土地出让收益中按比例计提的教育经费，安排一定资金用于促进城乡中等职业教育协调发展，努力实现中等职业教育优质发展，让学生成为适应工作变化的技术技能型人才。2014—2017年，计划投入财政资金6亿元，预计拉动社会资金6 000万元，通过实施中职示范校内涵建设项目、推进产业链和人才培养链融合发展项目、推动中高职教育有机衔接项目、加强职业教育国际交流合作、统筹职业教育同步发展，形成“学技能到柳州，好就业在柳州”的强大辐射力。到2017年，基本构建适应需求、有机衔接、多元立交的具有柳州特色的职教发展模式，使我市骨干职业院校整体办学水平位于广西前列，接近全国发达地区水平，成为柳州发展现代农业、升级现代制造业、强化现代服务业的重要基础，成为发展现代产业体系的重要支撑。

2. 主要任务和措施

（1）实施中职示范校内涵建设项目。

一是全面提升中等职业学校办学水平，进一步加强职业院校内涵建设，重点支持柳州市第一职业技术学校、柳州市第二职业技术学校、柳州市交通学校完成国家中等职业教育改革发展示范学校建设项目，切实加强内涵建设。到2017年，力争10所左右的中职学校达到国家级改革发展示范校或自治区级示范特色校标准，并在此基础上重点建设20个左右的市级示范特色专业和实训基地。

二是实施专业集群建设计划，围绕柳州升级现代制造业计划，重点扶持现代装备与制造、汽车及零配件、生产性服务业、现代农业和民族工艺产业等特色优势专业集群建设。

三是试点推进3～5个与先进制造业和现代服务业相匹配、优质资源共享的大型公共实训基地建设，并制定基地的规范管理制度，实现教学、科研、技能鉴定、社会服务功能的有效整合。

（组织实施单位：市教育局、市发改委、市财政局、市交通局等，各县人民政府。具体实施单位：各中等职业学校）

（2）组织实施产业链和人才培养链融合发展项目。

一是组建广西汽车产业职业教育集团，推进广西柳州汽车城汽车产业龙头企业与我市职业教育骨干院校专业群的有机衔接，在专业规划、课程开发、实训基地建设、师资队伍培养等方面实现深度合作，形成产教对话机制和协作机制。

二是实行职业院校差异化发展，引导各学校主动对接我市支柱产业需求，明确学校发展定位，科学制定学校发展规划，优化专业结构和师资队伍建设，引导各学校特色办学、错位竞争、合作共赢。

三是深化职业教育集团化办学改革试点，试点推进柳州机械产业职业教育集团、柳州现代服务业（生产性服务业）职业教育集团建设工作，建设3～5个区域性、行业职业教育集团，建立健全中高职院校之间、校企之间实训资源的共享机制，完善职业技术人才培养的协作机制。

（组织实施单位：市教育局、市工信委、市发改委、市财政局等。具体实施单位：各职业院校）

（3）推动中高职教育有机衔接项目。

一是促进中高职院校专业布局统筹与衔接，强化示范专业人才培养体系的有机衔接，积极发展五年一贯制、“2＋3”和“3＋2”等多种形式的五年制高等职业教育。

二是探索推进中高职院校发展共同体建设试点，合理确定中高职院校人才培养规格与定位，促进中高等职业教育在人才培养目标、专业结构布局、课程体系建设等方面实现有机衔接。

三是建立市职业教育数字化资源中心，以信息技术为手段，提升职业学校的教学、管理和科研水平，实现职业教育资源的共建共享。

四是推动普通教育与职业教育相互渗透，各级各类学校要重视学生的职业意识和职业技能教育，鼓励职业院校向普通学校开放课程和实训资源。

（组织实施单位：市教育局、市发改委、市财政局等。具体实施单位：各职业院校）

（4）积极引进国际职业教育项目。

一是根据产业发展需要，启动与德国等发达国家职业教育合作办学试点项目，引进国际发达国家职业教育标准，努力推动我市职业院校与发达国家职业教育机构和职业院校在专业建设、课程开发、师资培训、教材建设等领域的交流合作，推进柳州职业教育国际化发展进程。

二是在学习借鉴发达国家职业教育发展理念和成果经验的基础上，逐步扩大并提高我市职业教育国际交流合作的层次和水平。积极发展面向东盟各国的职业教育和职业培训，将我市优质职业教育资源辐射到东盟各国。

三是实施职业教育教师海外学习培训计划，培养一批职业教育学科及专业带头人。

（组织实施单位：市教育局、市发改委、市财政局、市外事办等。具体实施单位：各职业院校）

（5）统筹职业教育同步发展项目。

一是统筹城乡职业教育一体化发展，围绕服务现代农业发展，引导广西生态职业技术学院、广西柳州畜牧兽医学校、柳州市第一职业技术学校等城市院校对口帮扶县级职校，采取“业务托管＋对口帮扶”的模式，支持各县级职业学校（职教中心）办好1～2个涉农专业。

二是统筹市属职业院校和在柳区属职业院校，完善职业学校布局，明确发展定位，突出办学特色。

三是大力开展职业院校服务进社区活动，鼓励职业院校面向社区提供各种形式的短期职业培训、继续教育和文化生活技能提升服务，努力满足社区群众多方面、多层次的需求。

（组织实施单位：市教育局、市发改委、市财政局等，具体实施单位。各县人民政府，各职业院校）

（六）实施高等职业教育上水平工程

1．工作目标

根据广西千亿元产业和战略性新兴产业发展需求，坚持以柳州经济转型升级和人的全面发展需求为导向，在2014—2017年，计划投入资金6亿元，实施高等职业院校基础能力建设工程、本科教育建设工程和示范特色高职院校建设工程，重点建设机械制造、电子信息、交通运输、生产服务等专业集群，逐步将我市3所高等职业院校建设成为国内一流、行业领先、特色鲜明的示范性职业院校。继续支持广西科技大学进一步加强综合性大学建设。

2．主要任务和措施

（1）实施高等职业院校基础能力建设工程。

一是在2014年启动柳州职业技术学院机电分院项目建设，争取2015年实现入驻园区办学，进一步满足学院“后示范”建设及办学层次提升所需的办学场地和规模需求。

二是加快推进职教园区的二期建设，确保柳州铁道职业技术学院、柳州城市职业学院在 2014 年实现整体入驻园区办学，并进一步完善学院的基础设施设备建设。

三是通过做好我市首批“千万元设备值生产性实训基地”项目的终期验收工作，进一步改善和提升职业院校的实训条件，并以此为平台，进一步深化校企合作，及时总结和推广职业院校校企合作的新模式和新成果，实现产教深度融合。

（组织实施单位：市教育局、市发改委、市财政局等。具体实施单位：各职业院校）

（2）实施高等职业院校本科教育建设工程。

一是支持柳州职业技术学院、柳州铁道职业技术学院申报开展自治区县级中等职业学校教师定向培养工作，力争每年为县级中等职业学校培养一批“下得去、留得住、用得上”的高素质急需、紧缺专业教师，进一步推进我市高职院校举办本科专业的教育教学工作。

二是支持柳州职业技术学院在制造专业大类中分批、分阶段举办 3～5 个本科专业教育，支持柳州铁道职业技术学院在铁道运输专业大类中分批、分阶段举办 3～5 个本科专业教育。

三是根据职业教育紧贴行业、产业的特殊性，通过资助高校教师参与教育改革项目，培育高等职业教育重大教学改革成果。对于取得高级技师、技工等职业资格或在行业中有突出贡献的技术技能型人才，在高层次人才引进中给予更大的政策倾斜，为高职院校举办本科教育奠定坚实的人才基础。

（组织实施单位：市教育局、市发改委、市财政局、市编办、市人社局等。具体实施单位：各职业院校）

（3）实施示范特色高等职业院校建设工程。

一是继续支持高职院校的示范建设工作。支持柳州职业技术学院作为国家示范性高等职业院校、柳州铁道职业技术学院作为自治区示范性高等职业院校，不断强化基础能力建设，发展本科专业教育，在中外合作办学尤其是在中德合作办学方面积极开展试点工作，辐射带动我市职业教育实现创新发展，逐步探索我市职业教育的国际化。支持柳州城市职业学院创建广西示范特色高职院校。

二是大力推进特色高职院校建设工作。紧密结合我市经济社会和产业发展需要，重点支持建设 10 个急需专业、20 个示范特色专业及实训基地。支持柳州铁道职业技术学院创建广西特色高校，确保如期完成各项建设目标任务，成为广西首批特色高职院校。

（组织实施单位：市教育局、市发改委、市财政局、市外事办等。具体实施单位：各职业院校）

……

（八）实施教师队伍强质增量工程

1．工作目标

2014—2017年，进一步加强师德师风建设，将师德表现作为教师考核、聘任（聘用）和评价的首要内容。加大教师培养力度，优化教师队伍结构，鼓励更多优秀教师到农村一线任教，教师数量基本满足全市各级各类教育发展需要，教师结构性矛盾基本缓解。完善各级各类学校教师绩效工资分类指导制度，发挥绩效工资的激励作用。依法依规保障教师培训经费投入，进一步加大教师培训力度，提高教师专业素养，努力造就一支高素质的教师队伍。

2．主要任务和措施

（1）完善教师管理机制。

一是盘活教师编制存量。按自治区相关部门统一部署，及时核定中小学、幼儿园、特殊教育学校教职工编制，优化学校招聘教职工程序，配齐配足教职工，确保各级各类学校教育教学和管理工作顺利开展。

二是补充各类新教师。根据自治区相关部门统一部署，实施全区统一教师公开招聘制度、农村义务教育阶段教师特设岗位计划、农村小学全科教师免费定向培养计划、县级中等职业学校教师免费定向培养计划，补充新教师，优化教师结构。

三是切实解决普通高中教师短缺问题。重点补充音乐、美术、体育、信息技术和通用技术等学科紧缺教师，确保普通高中必修课程、选修课程的正常开设和有效实施。完善教科研队伍配置及管理制度，调配充实普通高中教研员。

（组织实施单位：市教育局、市编办、市财政局、市人社局等。具体实施单位：各县、区人民政府，各级各类学校）

（2）提高教师队伍质量。

一是完善教师培训体系。积极选派教师、校长参与国家、自治区级培训，构建市、县（区）、学校三级联动的教师培训体系，分级制定培训规划。加强教师培训机构建设，在市经济干校原址挂牌成立柳州市教师培训中心，整合资源，落实经费。依托市属高校，加大市级教师培训基地建设，并扶持每个县（区）各建设好一个教师培训机构，争创自治区示范性市、县级教师培训机构，在教师全员培训、远程培训和校本研修等方面发挥组织协调、服务支持作用。完善培训学分认证管理和培训机构资质认证制度。

二是实施教师全员培训和骨干教师培训制度。对全市中小学、幼儿园、职业院校教师进行分类、分层全员培训和开展骨干教师培训，落实教师培训5年一周期不少于360学时的规定。严格落实国家中小学校长专业标准和任职资格标准，实施中小学校长持证上岗制度。继续开展校（园）长任职资格培训、提高培训、全员培训，培养一批有教育理想、有办学理念、敬业精神强、管理能力强、专业素质高的名校（园）长。改进教师培训内容，加强师德教育，把职业理想、职业道德、学术规范以及心理健康教育融入教师培养、培训和管理全过程。转变教师培训方式，提高教师培训的实效性，进一步提升教师队伍专业化水平。

三是进一步提升高职院校师资队伍整体水平。实施高职院校教师培养“5121”计划，2014—2017年，每年投入经费100万元，通过“理论进修＋企业实践＋技术研发”等途径，培养5名行业教育领军人物、10个优秀教学团队、20名专业带头人、100名专业骨干教师。

四是加强特殊教育学校教师培养培训工作。适应残疾儿童少年教育普及水平提高的需要，大力支持特殊教育学校教师的继续教育，鼓励教师拓宽专业领域，扩大培养规模。探索特殊教育教师资格准入，非特殊教育专业毕业人员从事特殊教育工作，需具备特殊教育学习或培训经历。确保特殊教育学校教师培训经费，将特殊教育教师培训纳入教师继续教育培训计划，对在职教师实行轮训，重点抓好特殊教育学校骨干教师、校长培训。重视残疾人职业教育专业课教师培训，依托中、高等职业技术学校分期分批开展培训。

五是加强教育信息化应用与服务能力队伍建设。大规模开展教师信息化应用能力培训，探索和推广以教材多媒体化、资源网络化、教学个性化、学习自主化、活动协作化、管理信息化为特征的新型信息化教师教育模式。帮助教师有效应用信息技术，更新教学观念，改进教学方法，提高教师应用信息技术水平。建设一支专业化技术支撑队伍，服务信息化工程建设。

六是加强教师培训经费保障。除学校年度公用经费的5%用于教师培训外，各级财政还要加大教师培养培训经费投入，按照不低于市、县（区）教职工年度工资总额2%的标准专项安排教师培训统筹经费。各中小学、幼儿园、特教学校、中等职校按照学校年度公用经费预算总额的 5%安排教师培训经费；高等职校按照不同层次和规模安排教师培训经费。加强经费监管，确保专款专用，提高经费使用效益。

（组织实施单位：市教育局、市编办、市财政局、市人社局、市国土资源局、市住建委、市规划局等。具体实施单位：各县、区人民政府，各级各类学校）

（3）完善教师激励机制。

一是完善绩效工资制度。依法保证教师平均工资水平不低于或高于当地国家公务员的平均工资水平并逐步提高，保障教师工资按时足额发放。分类指导各级各类学校绩效工资实施工作。绩效工资分配向教学点专任教师倾斜。在义务教育学校奖励性绩效工资中增设校长奖励性绩效工资，相应增核该部分绩效工资增量并列入年度财政预算，不占用原教师奖励性绩效工资份额，由教育行政主管部门统一管理并制定考核分配办法予以分配。普通高中、中等职业学校、幼儿园等非义务教育学校参照执行。进一步提高非义务教育学校收入分配自主权，支持非义务教育学校通过开展社会服务取得合法收入，按照有关规定提取一定比例纳入奖励性绩效工资。

二是配合自治区人民政府分类推进教师系列职称制度改革。完善教师岗位聘任管理制度，按自治区相关部门统一部署适时调整教师岗位设置结构比例。对于现有人员结构比例超过核准比例的，按规定采取“退二进一”、竞聘上岗等方式进行调控，解决职称评聘矛盾，调动教师队伍的工作积极性。

三是加大教师表彰奖励力度。定期评选表彰奖励市优秀教师、优秀教育工作者、十佳校长，重点表彰在教育一线做出突出贡献的优秀教师。落实优秀教师休养和带薪休假制度。

（组织实施单位：市教育局、市编办、市财政局、市人社局等。具体实施单位：各县、区人民政府，各级各类学校）

（4）改善农村教师生活待遇。

一是实施农村学校教师周转宿舍建设项目。2014—2017 年，按自治区人民政府统一部署，开展农村义务教育学校教师周转宿舍建设，配备生活设施。

二是实施农村教师岗位补助计划。2014—2017 年，按自治区相关部门的统一部署，对连片特困地区乡、村义务教育学校和全区教学点教师给予人均每年 2 400 元的生活补助。各县（区）应制定实施当地乡村教师生活补助政策。

（组织实施单位：市教育局、市发改委、市财政局、市人社局、市国土资源

局、市住建委等。具体实施单位：各县、区人民政府，各级各类学校）

……

（十）实施家庭经济困难学生资助及营养改善工程

1. 工作目标

进一步完善从学前教育到大学教育全程覆盖的资助政策体系，落实家庭经济困难学生资助政策，深入推进教育扶贫，实施农村义务教育学生营养改善计划，实现中等职业教育免学费全覆盖，保障家庭经济困难学生平等接受教育权利，促进教育公平。2014—2017年，计划投入各级各类学生资助经费6.63亿元，年均资助家庭经济困难学生12.5万人；农村义务教育学生营养改善计划投入资金4.32亿元，每年受益学生约18万人。（详见附件8）

2. 主要任务和措施

……

（2）认真落实中等职业教育资助政策，实行中等职业教育免学费全覆盖。认真执行资助政策，加强中等职业学校助学金及奖学金管理，进一步扩大中等职业教育免学费范围并实现免学费全覆盖，促进教育公平和提高劳动者素质。2014—2017年，中职免学费项目计划投入资金1.4亿元，年均资助学生2万人；中职助学金项目计划投入资金0.26亿元，年均资助学生0.44万人；中职自治区奖学金项目投入488万元，年均奖励学生600名。

（组织实施单位：市教育局、市财政局等。具体实施单位：各县人民政府，各中职学校）

（3）实施家庭经济特别困难学生全程助学计划。自2014年起，按照定点、定向的原则，对全市享受城乡居民最低生活保障家庭的学生，构建定户、定人的教育精准资助扶贫脱困体系，从小学开始全程跟踪到中等职业教育毕业，实行学费全免、寄宿生生活费补助和中等职业教育国家助学金的扶持政策，并帮助其顺利就业，实现家庭脱贫。

（组织实施单位：市教育局、市民政局、市财政局、市人社局、市扶贫办等。具体实施单位：各县、区人民政府，柳东新区、阳和工业新区管委会，各中等职业学校）

三、实施步骤

（一）第一阶段

2014年3月至4月。编制印发深化教育领域综合改革、加快推进教育发展总体方案。市、县（区）成立工作领导机构，编制相应的项目规划。各县、区要制定具体实施方案。将教育发展十大工程作为市人民政府与各县、区人民政府签订责任状的重要内容，明确各县、区人民政府推进教育发展十大工程的目标任务、年度工作、完成时间等，层层落实责任。

（二）第二阶段

2014年5月至2017年12月。各级政府按职责落实项目资金、建设用地等重大建设要素，全面实施教育发展十大工程各项目建设，及时推广经验，解决问题，按计划推进工程建设进度。每年12月10日前，以县、区为单位向市人民政府提交工程年度进展情况自评报告，12月20日前市人民政府完成对县、区的检查复核评审，对存在问题提出整改意见，并将复核评审结果报自治区人民政府。2015年11月，各县、区做好中期自评工作报市人民政府，并做好迎接自治区人民政府进行的中期评估工作。届时，将对各县、区建设进度情况进行通报。

（三）第三阶段

2017年年底至2018年年初。各县、区人民政府对工程完成情况进行自评总结，市人民政府组织复核验收及做好迎接自治区人民政府进行的总体验收工作。

四、保障措施

（一）加强领导，明确责任

成立柳州市教育发展十大工程领导小组，市政府常务副市长任组长，市政府分管教育的副市长任副组长，成员单位包括市委组织部、市委宣传部、市教育局、市编办、市发改委、市财政局、市人社局、市住建委、市国土资源局、市规划局、市科技局、市卫生局、市地税局、市扶贫办、市物价局、市残联、市工信委、市政府发展研究中心、市综治办、市民委、市水利局、市农业局、市人口计生委、市审计局、市法制办、市国资委、公安消防市支队等单位（详见附件1）。领导小组下设办公室，负责统筹协调工程的推进工作，办公室设在市教育局，办公室主任由市教育局局长担任。各县、区相应成立工作机构，加强对教育发展十大工程具体实施的领导。

市教育发展十大工程领导小组成员单位要各司其职，相互配合，形成合力，确保教育发展十大工程的顺利实施。

市教育局负责承担领导小组办公室的日常工作，统筹协调教育发展十大工程的具体实施；负责指导优化教育布局结构调整，指导各县教育局组织编制教育用地专项规划，并协助市住建委督促各县将教育用地专项规划纳入城镇控制性详细规划，负责教育发展十大工程整体推进、项目管理、检查评估等工作，牵头协调解决实施过程中的重大问题。

市编办负责对各县、区上报的中小学教职工编制方案进行审核，指导县、区机构编制部门做好各级各类学校教师编制管理和使用工作，督促各地加强学校教师配备并落实中等职业学校、高等职业院校和普通高中有关非实名制管理政策。

市发改委负责将教育发展十大工程纳入国民经济和社会发展总体规划和年度计划，负责指导做好项目立项审批等前期工作，争取和安排中央和自治区预算内基本建设投资统筹用于教育项目建设，将符合条件的项目列入市统筹推进的重大项目。

市财政局负责拓宽投入渠道，充分发挥公共财政职能，增加经费供给总量，督促落实教育发展十大工程各项财政资金，加强资金使用的监督管理。

市人社局负责加强教育事业单位岗位设置政策指导、宏观调控和监督管理。与教育局共同做好教育系统岗位设置管理的组织实施工作。支持教育部门开展教师招聘、选拔、任用，健全教师工资激励机制。负责统筹做好技工学校改革发展。

市住建委负责指导各县、区做好学校建设工作，为学校建设开设“绿色通道”。

市国土资源局负责督促各县、区按分级保障教育用地的原则给予优先落实，加快审查报批、土地供应和确权登记发证等工作，在符合规划和有关规定的前提下积极配合做好教育用地的置换等工作。

市规划局参与基本建设重大项目的选址工作，提出审查意见；负责工程项目用地及建设的规划管理；加快项目报建的审批工作；加强项目监管，定期参与项目推进的督查工作。

市科技局负责指导和促进高等院校科技创新成果转化，支持科研院所与高等院校的深度合作。

市卫生局负责指导和支持各地完善教师健康服务体系，支持特殊教育师资、康复类专业技术人才培养。

市地税局负责落实国家、自治区支持教育发展的税收优惠政策。

市扶贫办支持和协助教育部门做好贫困地区劳动力转移就业培训工作。

市物价局会同市财政局负责落实自治区关于学校收费和教育建设项目收费优惠减免政策。

市残联负责协助特殊教育学校教师培训及特殊教育优秀教师评选。

市委组织部、市委宣传部、市工信委、市政府发展研究中心、市综治办、市民委、市水利局、市农业局、市人口计生委、市审计局、市法制办、市国资委、公安消防市支队等相关部门根据各自职能，协同做好教育发展十大工程建设工作。

各县、区政府和各学校要将教育发展十大工程列入重要议事日程，一把手亲自抓，要结合本地、本校实际情况，分年度制定实施方案，明确年度实施目标和任务，完善支持政策，落实工作措施，及时掌握进展情况，解决实际问题，确保完成目标任务。

（二）建立考评机制，推动工作落实

建立健全考核评价体系，将教育发展十大工程的完成情况列入各县、区人民政府及市相关部门的年度重点工作，把推进教育事业发展、落实教育发展十大工程作为各县、区人民政府和市相关部门政绩考核的重要内容，并完善考核机制和问责制度，把落实情况作为干部任用的重要依据。通过考核、督查和指标体系管理、绩效管理，确保项目建设有效推进。市教育发展十大工程领导小组办公室牵头建立督查机制和信息通报机制，定期开展督导检查，及时通报督导结果。

（三）加强宣传，营造氛围

各县、区和各部门要加大对教育发展十大工程实施的宣传，充分利用网络、电视等媒体，大力宣传教育为民办实事、服务柳州的重大意义，大力宣传先进典型和成功经验，共同营造关心教育、支持教育的良好社会环境和舆论氛围。

附件：1. 柳州市教育发展十大工程领导小组成员名单

2. 2014—2017 年柳州市拟新建乡镇中心幼儿园任务分解表

3. 2014—2017 年柳州市拟新建县城（城区）幼儿园任务分解表

4. 2014—2017 年柳州市拟新建（迁建）农村小学规划项目表

5. 2014—2017 年柳州市拟新建（迁建）农村初中规划项目表

6. 2013—2017 年市区义务教育均衡发展学校基本建设规划汇总表

7. 柳州市 2014 年乡镇及以上义务教育阶段农村学校“宽带网络校校通”各县区建设任务分解表

8. 家庭经济困难学生资助及营养改善工程项目表

抄送：市委办、市人大办、市政协办、市委宣传部。

柳州市人民政府办公室　　　　2014 年 3 月 27 日印发

（二）柳州市人民政府关于印发《柳州市加快发展现代职业教育的实施意见》的通知

柳州市人民政府
办公室文件

柳政办〔2016〕79号

柳州市人民政府关于印发《柳州市加快发展现代职业教育的实施意见》的通知

各县、区人民政府，市直机关各有关委、办、局，柳东新区、阳和工业新区管委会，各有关单位：

《柳州市加快发展现代职业教育的实施意见》已经市人民政府同意，现印发给你们，请认真贯彻实施。

2016年5月31日

为贯彻落实《国务院关于加快发展现代职业教育的决定》（国发〔2014〕19号）、《广西壮族自治区人民政府关于贯彻的实施意见》（桂政发〔2014〕43号）文件精神，加快柳州现代职业教育发展，制定本实施意见。

一、加快发展现代职业教育的总体要求

（一）指导思想

以科学发展观为指导，坚持以立德树人为根本，以服务柳州经济发展方式转变和产业升级为宗旨，以促进就业为导向，围绕实施“实业兴市，开放强柳”战略，深入推动职业教育产教融合，加速推进职业教育国际化进程，努力构建具有柳州特色的现代职业教育体系，提高技术技能人才培养质量，为柳州打造“西江经济带龙头城市”提供充足的中高端技术技能人才支撑。

（二）基本原则

——政府引导、统筹发展。发挥好政府保基本、促公平作用，着力营造制度环境、制定发展规划、改善基本办学条件、加强规范管理和监督指导。牢固确立职业教育在人才培养体系中的重要地位，统筹各行业、各部门发展职业教育，统筹发展各级各类职业教育，统筹学校教育和职业培训，统筹公办与民办职业教育共同发展。

——市场导向、协调发展。充分发挥市场机制作用，进一步发挥行业、企业、学校和社会各方面的积极作用，引导行业企业和社会力量参与办学；扩大职业院校办学自主权，推动学校面向社会需求办学，促进政府办学、企业办学和社会办学共同发展，激发职业院校办学活力。

——服务需求、促进就业。服务产业发展、服务经济转型升级、服务人的全面发展。推动职业教育专业设置与产业需求对接、课程内容与职业标准对接、教学过程与生产过程对接、毕业证书与职业资格证书对接、职业教育与终身学习对接，提高毕业生就业创业能力与就业质量。

——产教融合、特色办学。坚持同步规划职业教育与经济社会发展，优化发展环境，深化产教融合，强化校企协同育人，协调推进人力资源开发与技术进步，推动教育教学改革与产业转型升级衔接配套；推进教育教学改革，推动职业教育内涵式发展，支持各职业院校特色办学，错位发展，提高职业教育办学水平和人才培养质量。

——系统培养、多样成才。推进中等和高等职业教育紧密衔接，发挥中等职业教育在发展现代职业教育中的基础性作用，发挥高等职业教育示范引领在优化高等教育结构中的重要作用。加强职业教育与普通教育沟通，为学生多样化选择、多路径成才搭建“立交桥”，建立健全面向“终身教育”的人才培养培训体系，扩大职业资格鉴定的规模与层次，持续提升劳动者的综合就业能力与素质。

（三）主要目标

形成适应发展需求、产教深度融合、中等和高等职业教育紧密衔接、职业教育与普通教育相互沟通渗透、与柳州产业发展相适应、体现终身教育理念、具有柳州特色发展模式的现代职业教育体系；职业教育助力精准扶贫、就业富民以及服务柳州经济社会发展能力显著提升，将我市打造成为全国职业教育改革示范城市、区域性职业教育中心、职业教育国际化试点城市和产教融合示范区。

——现代职业教育体系基本形成。树立现代职业教育理念，完善中职、高职和应用型本科一体化的职教体系，建立产教融合机制和校企合作制度。到 2020 年，形成与柳州支柱产业紧密对接、中高等职业教育以及本科教育梯次衔接的专业结构，形成职业院校之间准确定位、错位竞争、优势互补、特色发展的柳州“大职教”格局。

——职业院校办学实力持续增强。加大投入，加强职业院校基础设施建设。加快职业教育园区二期建设步伐，完成广西（柳州）职业技能公共实训基地建设，推动县域新型中专综合改革，全面改善职业院校办学条件。到 2020 年，实现中等职业学校、高等职业院校办学标准在广西达到领先水平。

——职业教育国际化水平明显提升。以深化职业教育国际交流与合作为突破，以加快国际化步伐、拓宽国际化路径、提升国际化水平为重点，通过开展职业教育国际化发展“七大行动”，分三个步骤实施，瞄准国际一流职业教育标准，实施“引进来”与“走出去”战略。到 2020 年，柳州职业教育国际化水平明显提升，位于广西前列。

——职业教育服务产业能力明显提升。围绕柳州支柱产业和战略性新兴产业发展需求，科学调整职业院校专业布局与结构，提升职业院校专业结构与产业结构的契合度。到 2020 年，建立职业院校专业发展紧随产业转型升级的动态机制，并根据行业企业对技术技能人才的需求导向，加快职业院校办学机制体制和教育教学模式创新，全面提升职业教育服务产业发展的水平与能力。

——职业教育精准扶贫就业富民能力有效提升。按照国家、自治区精准扶贫工作要求，立足新时期城镇化建设进程及培养新型职业农民工作实际，面向城镇化农业转移人口和精准扶贫对象，全面实施“职业技能扶贫”，努力做到“培训一人，就业一人；就业一人，脱贫一家”。

——技术技能人才队伍持续扩大。根据柳州产业发展和创新需求，培养一支能充分满足柳州产业发展需求的技术技能人才队伍，高、中、初级人才结构更加合理。到 2020 年，全市技术技能人才总量达 42 万人，其中高级技术技能人才总量达 13%以上。

——职业教育品牌效应有效彰显。到 2020 年，建成一批产教深度融合、达到国内一流水平的装备制造、汽车服务、现代物流和轨道交通等大型生产性公共实训基地和 3～5 个示范性职教集团，力争有 1～2 所职业院校跻身国内同类院校一流行列，全市职业院校办学水平位于广西前列，接近全国发达地区水平。柳州职业教育园区成为我市深入推进“产城融合、产教融合”的示范窗口，柳州成为全国职业教育改革示范城市、区域性职业教育中心、职业教育国际化试点城市和产教融合的示范区。

二、发展现代职业教育的主要任务

（一）着力构建现代职业教育体系

构建从中职、高职、应用型本科到专业学位研究生的培养体系，满足各层次技术技能人才的教育需求；拓宽高等职业院校招收中等职业学校毕业生、应用技术类型高等学校招收职业院校毕业生通道，拓宽职业院校学生的成长空间；在机械、汽车、电子信息等专业领域，试点开展中职、高职、应用型本科贯通培养；建立职业教育和普通教育双向沟通的桥梁，试点开展普通学校和6所职业院校之间课程和学分互认、转学、升学；到2020年，职业教育精准扶贫、就业富民以及服务柳州经济社会发展能力显著提升，技术技能人才的社会地位显著提高，职业教育吸引力显著增强，形成“学技术到柳州，好就业在柳州”的良好品牌与氛围；形成适应发展需求、产教深度融合、中职高职衔接、职业教育与普通教育相互沟通渗透、与柳州产业发展相适应、体现终身教育理念、具有柳州特色发展模式的现代职业教育体系。

（二）持续增强职业教育基础条件

加大政府支持力度，打造柳州职业教育园区升级版，优化职教园区学校结构、扩大规模，加快共享区文化、体育、医疗、商贸等建设，完善生活设施配套；围绕柳州市支柱产业、新兴产业和紧缺产业链的关键结点，优先发展各校优势专业或专业群，引入多方资源，集中力量建设一批技术设备先进、国内一流的生产性实训中心；落实职业院校用人自主权，全面提升职业教育师资水平，优化师资来源结构，深化校企合作、产教融合，鼓励职业院校按照国家相关规定聘请企业管理人员、工程技术人员和能工巧匠担任专兼职教师，培养一批有企业工作经历的职教骨干教师，不断提升“双师”比例，到2020年，有实践经验的专兼职教师占专业教师总数的比例达到60%以上；对接柳州支柱产业发展、产业升级战略规划，依托国家示范性职业院校骨干专业（专业群），打造一批在广西领先、国内一流的优秀教学团队，培养专业带头人和骨干教师，重点培养专业领军人物。

（三）全面提高职业教育人才培养质量

优化职教资源配置，支持和引导各职业院校进一步明确发展定位、强化办学特色、突出办学优势。以提高职业教育人才培养质量为核心，着力构建国家、自治区、市级、校级四级重点专业体系，重点发展适应柳州汽车、机械、装备制造业发展需求的专业（专业群），创新实施五年一贯制中高职合作办学、积极实施“3＋4”中职加本科职业教育办学。以立德树人为根本，更加注重学生的职业道德、职业素养和职业技能整体培育与提升，并将国家职业准入制和职业资格评定标准作为职业教育人才培养质量提升的重要评价标准，全面提升柳州职业教育的办学水平和人才培养质量。

（四）大力推动职业教育产教深度融合

创新产教融合方式，重点发展政、企、校共同参与的现代职业教育集团，积极探索引企入校、校办企业、办校进厂、企业办校等多样化产教融合模式。通过行业龙头企业、骨干职业院校、区域内职业教育资源组建行业性、区域性、特色鲜明覆盖全产业链的职业教育集团，促进产业链、教育链、专业链、价值链的有机融合。推进校企联合培养人才，支持企业和学校开展订单培养，共建技能教室（教学工厂），共育共建教学团队，共同建设基于工作内容的专业课程和适应柳州产业发展的“现代学徒制”课程体系，开发基于岗位工作内容、融入国家职业资格以及职业准入标准的专业教学内容和教材。

（五）加速推进职业教育国际化进程

立足柳州“实业兴市、开放强柳”发展战略，围绕我市加快推进“区域性先进制造业基地、区域性现代服务业中心、区域性交通枢纽”等工作，以深化职业教育领域综合改革为动力，以推进职业教育国际交流与合作为突破，以加快国际化步伐、拓宽国际化路径、提升国际化水平为重点，探索建立与柳州经济社会发展水平相适应的、完整的职业教育国际化体系，在人力资源输出、服务企业参与国际竞争方面取得突破，柳州职业教育国际化达到国内一流水平。

（六）巩固提升职业教育信息化水平

结合“智慧柳州”建设，加快推进职业院校“智慧校园”建设，全面推进信息化技术在教育教学、管理、服务等方面的广泛应用，利用信息化技术和手段全面加快职业院校教育模式、教学方式转变，开发职业教育数字化优质资源，建设一批在区内具有示范引领作用的“职业教育信息化示范学校”，建设柳州职业教育数字化信息中心，巩固提升柳州职业教育信息化水平。

三、实施现代职业教育发展重点工程

（一）职业教育园区升级工程

按照产城教一体化发展的思路，探索推动职教园区、产业园区和城市新区融合发展。成立由柳东新区、市教育局和相关院校等共同参与的职教园区管理委员会，共同协调加快柳州职业技术学院一机电分院等职教园区项目建设，完善园区内市政和生活配套服务设施。持续推动园区内职业院校的基础条件及内涵建设，到2020年，将职教园建设成为职业教育国际化交流平台、国家级职教师资培训基地、国家级装备制造与汽车技术人才培养培训基地，成为柳州引领广西职业教育改革发展的示范窗口。

（二）职业教育集团建设工程

按照产教深度融合、校企紧密合作、城乡一体联动、中高职协调发展的思路，大力推进职业教育集团化办学。在巩固深化“广西汽车产业职教集团”建设成果的基础上，到2020年，建成机械产业、现代服务业、轨道交通等3～5个行业和区域性示范职业教育集团，实现职业教育与产业之间、校企之间、院校之间的全方位合作，形成资源共享、人才共育、优势互补的良好发展态势。深化职业教育办学体制改革，创新办学模式，打造国内领先、广西特色的产教融合和资源共享平台。

（三）职业教育国际化发展工程

扎实推进首批“现代学徒制国家试点城市”建设工作，按照职业教育国际化发展与本土化转移相结合的发展思路，实施职业教育国际化发展战略，积极引进国际优质职业教育资源，主动服务柳州城市参与国际竞争。引入德国“双元制”、英国“现代学徒制”和新加坡“双轨制”等国际先进职业教育人才培养模式，构建符合国际标准的本土课程和教育教学体系，重点开展职教园区国际化升级、国际化理念学习、国际化资源引进、国际化师资培养、国际化院校结对、国际化平台建设、国际化对外服务七大行动，健全完善职业教育国际化工作机制，普遍提升教师国际素养，丰富优质职业教育资源，大幅提升人才国际化培养水平，努力实现职业教育国际化发展与柳州本土化转移的有效衔接。将柳州打造成为我国西部地区职业教育对外开放与合作交流中心、东盟先进制造技术技能人才培养与输出基地，助力“柳州智造”与“柳州技艺”走向全国，走向世界。

（四）职业教育专业布局优化与结构调整工程

围绕柳州打造“区域性先进制造业基地、区域性现代服务业中心、区域性交通枢纽”的工作实际，以满足柳州经济社会发展对技术技能型人才的需求为宗旨，遵循“适应需要、适度超前，科学规划、特色发展”的原则，根据柳州“巩固提升汽车、机械、冶金三大支柱产业，培育壮大化工、有色金属与新材料两大新支柱产业，改造升级食品、建材、造纸、日化四个传统优势产业，大力发展新能源汽车和高端装备制造、电子信息、生物和制药三个新兴产业”的产业升级战略需要，面向生产、管理和服务第一线培养技术技能型人才。重点开展专业发展定位规划、调整专业结构，重点建设25～30个品牌特色专业加实训基地。到2020年，建成一批面向汽车、机械支柱产业的国际知名、国内一流的装备制造、汽车服务、现代物流及轨道交通类专业；建成一批国内有影响力、广西一流的生产性服务及城市服务类专业。

（五）职业教育师资队伍能力提升工程

进一步完善和落实市属各职业院校实行实名制和非实名制教师管理制度及有关政策，支持各职业院校根据专业和实验实训教学需要，扩大聘请行业企业专家、工程技术人员、生产技术骨干担任专业教师工作力度，支持校企共同组建“企业师傅团队”。落实职业院校教师流动编制和编内聘用兼职教师财政支持政策，建立灵活的人才流动机制，校企双方共同制订学校与企业之间人员互聘共用、双向挂职锻炼、横向联合技术研发、专业建设的激励制度和考核奖惩制度。支持和鼓励市属高等职业院校和柳州大中型企业合作共建2～3个广西职业教育“双师型”教师培养培训基地；实施“柳州职业教育名师、名校长”培养和“双师素质”教师培养计划，造就一批具有先进教育理念和创新精神的职业教育领军人物，培养一批优秀教学团队、专业带头人和专业骨干教师。

（六）职业教育贯通发展工程

系统构建从中职、高职、应用型本科到专业学位研究生的培养体系，满足各层次技术技能人才的教育需求，拓宽高等职业院校招收中等职业学校毕业生、应用技术类型高等学校招收职业院校毕业生通道，拓宽职业院校学生的成长空间。以专业（专业群）为纽带，率先在装备制造、汽车工程等专业群开展试点，广泛建立职业院校发展共同体，统筹城乡之间、院校之间协调发展。到2020年，实现中职、高职、应用型本科贯通办学。支持广西科技大学鹿山学院在办好应用本科教育基础上，举办专业学位研究生教育。架设职业教育和普通教育双向沟通的桥梁，普通学校和职业院校开展课程和学分互认，学生可以通过考试在普通学校和职业院校之间转学、升学。试点举办初等职业教育，在部分初级中学开办职业技能课程。发展中高职合作办学共同体。建立和完善合作办学共同体运作机制，优化对口专业课程设置，有效衔接中高职课程体系，提高人才培养质量和办学吸引力，共享办学资源，实现发展共赢。

（七）职业教育特色品牌建设和人才培养质量提升工程

引导柳州区域内各职业院校围绕柳州基础产业和支柱产业，以优势特色专业群建设为核心，全面提升职业教育办学水平和人才培养质量，培育打造柳州职业教育特色品牌。建设一批对接服务柳州重点产业的示范特色专业及实训基地，支持柳州区域各院校争创自治区级示范特色院校，支持广西科技大学鹿山学院争创普通本科转型发展示范校，重点扶持柳州职业技术学院、柳州铁道职业技术学院等优势突出的职业院校改革创新，跻身国内同类院校一流行列，打造柳州职业教育特色品牌。

（八）职业教育扶贫富民及服务产业能力提升工程

组织职业院校定点定向招收贫困地区学生，扩大职业院校招收贫困地区学生的比例；争取自治区项目支持，在职业院校建立职业教育扶贫培训基地，面向城镇化农业转移人口和精准扶贫对象，全面实施“职业技能扶贫”。各县区也要统筹人社、教育、扶贫、农牧、林业、科技、民政等部门培训资源，支持在职业院校建立职业教育扶贫培训基地，支持精准扶贫劳动力到基地参加实用技术培训，促进贫困劳动力转移就业，助力精准扶贫家庭加快脱贫步伐。采取与企业共同建立技术应用及推广中心、共建“大师工作室”等形式，积极参与并服务行业企业技术创新及新技术应用推广。重点建设5～6个技术应用及推广中心或工作室，为企业提供技术咨询、技术攻关服务，解决企业生产技术难题，助推企业生产技术改造升级，提升职业院校服务产业能力。

（九）职业能力建设及“双证融通”发展工程

进一步整合资源，在重点建设“广西（柳州）职业技能公共实训基地”的基础上，探索建立政府主导，行业、企业、职业院校、培训机构共同参与，社会化运作的公共培训和职业资格鉴定平台，并以平台建设为契机，试点推进职业院校毕业学生学历证书与职业资格证书“双证融通”工作，落实职业资格准入制度。同时，大力开展非学历职业教育和职业技能培训，广泛开展城乡社区教育和在职青年职工技能提升培训，满足行业、企业和社区的多样化需求；加强对企业在职职工和社会再就业培训的指导，逐步构建完善满足企业和社会各类人员全面发展和终身学习需求的综合性平台。

（十）职业教育信息化建设工程

提升职业教育信息化实力，完善各职业院校校园数字化建设，建立满足需要的电子阅览室、多媒体教室、计算机教室、数字技能实训室和仿真实训室等信息化教学设施，提升职业院校信息技术装备水平；推进职业院校智慧校园建设进程，不断创新信息化环境下的教育教学模式，提高职业院校教师的信息素养。开发和共享职业教育优质数字化资源，支持职业院校参与教学资源建设，支持数字资源开发应用基地和职业教育数字资源库的建设，扩大虚拟仿真实训软件专业覆盖率，推进职业教育优质数字资源共建共享，对获得国家、自治区级支持的共享型教育资源库开发项目给予专项经费的支持，建成一批“柳州职业教育数字化示范学校”。

四、发展现代职业教育的保障措施

（一）加强组织领导和统筹规划

将职业教育发展纳入全市经济社会发展总体规划；强化职业教育发展政府联席会议制度，每年定期研究解决涉及职业教育改革发展的重大问题；统筹区域内职业院校布局和专业设置，探索建立专业设置随产业发展动态调整机制。县级政府要统筹县域职业教育资源，深化县级中等专业学校综合改革，加快推进学校达标建设，不断扩大办学规模，切实提高县域内职业教育水平。

（二）完善职业教育经费保障机制

将中等职业教育纳入市级公共财政保障范围，制定并落实中等职业学校生均经费标准或公用经费标准。教育费附加、地方教育附加用于职业教育的比例分别不低于30%。充分发挥企业职工教育培训经费以及就业经费、扶贫和移民安置资金等各类资金在促进职业培训中的作用。落实职业教育经费绩效评价制度、审计监督公告制度、预决算公开制度。鼓励社会力量捐资、出资兴办职业教育，鼓励职业院校合法自筹资金用于院校自身建设。

（三）改革职业教育办学体制

加快完善政府主导、主管部门指导、企业参与的职业教育办学体制。鼓励行业组织、企业兴办职业学校，在学校投资建设生产车间、技术研发和服务中心，创新行业、企业和社会各方分担职业教育基础能力建设和转移实训成本的机制。鼓励行业、企业与学校组建职业教育集团、专业教学联盟等，完善集团化（联盟）办学的体制机制，实现教育与产业的紧密衔接。鼓励举办民办职业教育，对民办职业院校实行非营利性和营利性分类管理，对非营利民办职业院校在税收政策、政府购买服务等方面与公办职业院校公平对待，财政可给予补助。推进职业教育现代学校制度建设，建立行业、企业、科研机构、社会组织等共同参与的决策议事机制和合作治理制度，支持学校自主办学，深化人事、分配制度改革，调动员工积极性。加强职业教育国际交流与合作，鼓励中外合作办学。

（四）建立职业教育绩效奖励机制

实行分类考评奖励，建立职业教育绩效奖惩机制。市政府统筹安排中等职业教育相关资金，实行奖补分开、分类奖补，对招生送生工作、提高高中阶段教育毛入学率、改善办学条件、毕业生就业（含升学）工作、特色专业建设及培训工作开展等6项工作完成情况良好的县，安排项目经费奖励；对合作办学和结对帮扶成效显著、办学成绩突出的职业院校，优先安排市本级专业及实训基地建设项目，优先推荐国家、自治区职业教育项目。鼓励职业院校建立高技能人才职务津贴和特殊岗位津贴制度，按国家规定对符合条件的高技能人才给予奖励并适当提高相关表彰奖励中一线劳动者的比例；鼓励用人单位按规定建立一线劳动者表彰奖励制度。

（五）加强职业教育督导和宣传

将职业教育发展纳入市委、市政府对各县目标管理年度综合考核，对职业教育的统筹领导、发展规划、经费投入、办学水平、职教惠民富民等开展联合督查和专项督导。进一步优化质量考评体系，制定以毕业生职业道德、职业技能、就业质量、用人单位满意度为重点的质量评价标准，开展职校学生学业水平和技能水平测试，促进学生全面发展、特色发展。大力宣传生产服务一线劳动者和技能型、应用型、复合型人才在社会经济发展中的重要贡献。每年组织开展职教宣传月活动，大力宣传具有应用技术和技能的高素质劳动者在技术革新、工艺改进、产品升级、管理优化等方面的先进事迹，引导社会确立尊重劳动、尊重知识、尊重技术、尊重创新的观念，在全社会形成崇尚劳动、尊重技能，有利于职业教育发展和各类人才成长的良好氛围。

附件 1：

柳州市实施现代职业教育发展重点工程任务分工与进度表

序号	工程名称	主要任务	责任部门	完成时间	备注
一	职业教育园区升级工程	1. 完善园区市政和生活配套服务设施。在 2015 年完成柳州职业技术学院机电分院项目一期建设，入驻园区办学；确保柳州铁道职业技术学院、柳州城市职业学院在 2015 年实现整体入驻办学	市发改委、市财政局、柳东新区管委会	2015 年	
		2. 成立职教园区管委会，创新职教园区管理机制，统筹协调园区内政、校企之间的资源共享，引入国内外优质职业教育和培训资源，实施国家级职教师资培训基地、国家级装备制造与汽车技术人才培养培训基地项目建设计划	市教育局、柳东新区管委会、园区内职业院校等部门	持续实施	
二	职业教育集团建设工程	1. 建设 3～5 个行业和区域性职业教育集团	市教育局、市工信委、相关企业、各职业院校	持续实施	
		2. 巩固深化广西汽车产业职教集团建设成果，推进广西柳州汽车城汽车产业龙头企业与我市职业教育骨干院校专业群的有机衔接，在专业规划、课程开发、实训基地建设、师资队伍培养等方面实现深度合作，形成产教对话机制和协作机制		2016 年	
		3. 适时筹建柳州机械产业职业教育集团、柳州现代服务业（生产性服务业）职教集团，并将各职教集团建成自治区重点扶持建设的示范性职教集团		持续实施	
三	职业教育国际化发展工程	1. 瞄准国际一流职业教育标准，实施职业教育国际化发展战略，借鉴先进国际经验，引进国际优质职业教育资源，积极开展职业教育输出服务，参与职业教育国际竞争	市教育局、市发改委、市财政局、市外事办、各职业院校	2017 年	
		2. 开展国际化职教园区升级、国际化理念学习、国际化资源引进、国际化师资培养、国际化院校结对、国际化平台建设、国际化对外服务七大行动		持续实施	

续表

序号	工程名称	主要任务	责任部门	完成时间	备注
四	职业教育专业布局优化与结构调整工程	1. 开展专业发展定位规划、调整专业结构	市教育局、各职业院校	2015年	
		2. 围绕五大“产业—专业”集群，重点发展20个专业群、建设50个品牌专业及实训基地		持续实施	
		3. 培育建设共享型专业		持续实施	
五	职业教育师资队伍能力提升工程	1. 落实职业院校用人自主权，全面提升职业教育师资水平，优化师资来源结构。加强中等职业院校教师培养和高等职业院校高层次人才和紧缺专业人才的引进	市人力资源和社会保障局、市机构编制委员会办公室、各职业院校	2017年	
		2. 完善和落实市属各职业院校实行实名制和非实名制教师管理制度及有关政策，制定专职与兼职相结合的岗位设置和用人管理办法	市教育局、各职业院校	2017年	
		3. 落实和建立教师企业实践制度，企业高级管理人员与院校长、技术技能骨干与骨干教师相互兼职、任职制度。面向各职业院校和社会认定一批“双师型”教师，建立柳州职业教育“双师型”教师信息资源库。支持和鼓励市属高等职业院校和柳州大中型企业合作共建2～3个广西职业教育“双师型”教师培养培训基地		2017年	
		4. 实施职业教育教师重点培养计划和“柳州名师、名校长”培养计划；建立和实施职业院校教师轮训制度		持续实施	
六	职业教育贯通工程	1. 在装备制造、汽车工程等10～15个专业群开展试点，广泛建立职业院校发展共同体，实现中职、高职专科、应用本科贯通培养	市教育局、相关职业院校	2017年	
		2. 试点建立以提升职业能力为导向的专业学位研究生培养模式，支持广西科技大学鹿山学院在办好应用本科教育基础上，举办专业学位研究生教育	市教育局、广西科技大学鹿山学院	2020年	
		3. 架设职业教育和普通教育双向沟通的桥梁，普通学校和职业院校开展课程和学分互认，学生可通过考试在普通学校和职业院校之间转学、升学	市教育局、相关职业院校	2017年	

续表

序号	工程名称	主要任务	责任部门	完成时间	备注
六	职业教育贯通工程	4. 做好高职院校对口帮扶县域中职学校，所有县域中职学校均要求与相关高职院校结成合作办学共同体	市教育局、6 县人民政府	2015 年	
		5. 支持柳州职业技术学院举办 5～6 个应用型本科职业教育专业，支持柳州铁道职业技术学院举办 3～5 个应用型本科职业教育专业，支持柳州城市职业学院试点举办 1～2 个应用型本科职业教育专业	市财政局、市教育局、相关院校	持续实施	
七	职业院校特色品牌建设和人才培养质量提升工程	1. 支持各职业院校根据柳州产业和院校自身特点建设优势特色专业群，每所中等职业院校重点建设 1～2 个、每所高等职业院校重点建设 2～3 个优势特色专业群，形成错位竞争，共同发展	市教育局、市财政局、相关院校	2017 年	
		2. 打造柳州职业教育品牌和名校，支持各职业院校积极争取国家、自治区级的专业服务产业发展能力建设项目、示范特色专业及实训基地项目。支持柳州区域各院校争创自治区级示范特色院校和发展示范院校，重点支持建设示范特色中、高等职业院校各 3 所以上。支持广西科技大学鹿山学院争创普通本科转型发展示范校，重点扶持和培育柳州职业技术学院、柳州铁道职业技术学院等优势突出的职业院校改革创新，形成优势特色，跻身国内同类院校一流行列	市教育局、市财政局、相关院校	持续实施	
八	职业教育服务产业能力提升工程	1. 重点建设 5～6 个新技术应用与推广中心或工作室，为企业提供技术咨询、技术攻关服务，解决企业生产技术难题，推进科技成果转化	市科技局、市教育局、相关院校	2017 年	
		2. 发挥职业院校专项科研优势，推进科技成果转化，为企业提供科技创新服务，解决企业生产中的科技难题。发挥重点建设专业师资优势和技术优势，积极进行符合柳州产业结构调整与升级的应用技术研发，为企业生产技术改造提供支持	市科技局、市教育局、各职业院校	2017 年	
		3. 加大应用技术教学设备研发力度，方便教学，改革教学方法，不断提升教学质量	各职业院校	2015—2017 年	

续表

序号	工程名称	主要任务	责任部门	完成时间	备注
八	职业教育服务产业能力提升工程	4. 通过为企业进行员工专项职业能力培训、承办企业技术比武、技能比赛、技能赛事策划、组织、评判等多种活动，提升职业院校服务产业专项能力	各职业院校	2015—2017 年	
		5. 以“大师工作室”建设为契机，全方位提升服务产业综合能力，创立服务品牌	各职业院校	2017 年	
九	职业技能培训工程	1. 建立政府主导，行业、企业、职业院校、培训机构共同参与，社会化运作的培训平台与保障运行机制，扶持建设 8～10 个大型公共服务培训基地和机构	市人力资源与社会保障局、市财政局、市教育局	2017 年	
		2. 统筹扶贫开发和职业教育等资源，支持各职业院校建立职业教育扶贫培训基地，重点扶持一批培训机构；加强农村贫困劳动力短期技能培训，促进贫困劳动力转移就业	市扶贫办	持续实施	
		3. 大力开展非学历职业教育和职业技能培训，搭建满足各类人员全面发展和终身学习需求的综合性平台	各职业院校、市人力资源与社会保障局	持续实施	
		4. 建立职业院校和职业培训机构非学历职业教育质量认证体系、学分积累和转换制度、学分银行和职业资格考试学历认证等	各职业院校、市人力资源与社会保障局	2017 年	
十	职业教育信息化建设工程	1. 加大各职业院校信息建设的投入，提升职业教育信息化基础能力和信息技术装备水平	市教育局、市财政局	2016 年	
		2. 推进职业学校数字校园和智慧校园建设计划	各职业院校、市工信委	2017 年	
		3. 加强开发和共享职业教育优质数字化资源建设，建成一批“柳州职业教育数字化示范学校”	各职业院校、市教育局	持续实施	

（三）柳州市人民政府关于印发《柳州市职业教育国际化发展行动计划（2014—2020）》的通知

柳 州 市

人 民 政 府 文 件

柳政发〔2015〕11 号

柳州市人民政府关于印发《柳州市职业教育国际化发展行动计划（2014—2020 年）》的通知

各县、区人民政府，市直机关各有关委、办、局，柳东新区、阳和工业新区管委会，各有关单位：

《柳州市职业教育国际化发展行动计划（2014—2020 年）》已经市人民政府同意，现予印发实施。

2015 年 3 月 23 日

柳州市职业教育国际化发展行动计划（2014—2020 年）

职业教育是推进城市化进程中不可或缺的重要基石。城市化是一个国家现代化水平的重要标志，推进城市化是国家的一项庞杂而巨大的系统工程。要加快城市化进程就必须培养一大批从事城市现代化建设所需要的各种层次的专业技术人才，而这种人才的造就和培养，单靠普通教育来培养是远远不够的，大量复合型实用技能人才要通过职业教育来造就和培养。职业教育主要是通过影响劳动力的数量、质量、结构与观念，促进人口转移，实现经济与城市文明和谐发展。职业教育能促进农村劳动力的顺利转移、促进劳动力品质的提升、促进劳动力合理分流，从而促进城市文化的发展。职业教育已经成为转移农村劳动力促进城市化进程的桥梁和纽带，是促进城市化进程的载体和平台，是促进城市化进程并实现可持续发展的重要补充。

职业教育国际化是指一国或地区（城市）积极参与职业教育国际交流、分工、合作、服务与竞争，职业教育要素聚集、流动和对外扩散的历史进程。职业教育要素主要包括职业教育信息、人员、财物、机构、研究项目等。有研究者认为，职业教育国际化的核心是职业学校学生国际化，综合体现的是职业学校国际化，职业学校国际化的关键是校长的国际化。职业教育国际化的主要内容包括职业学校的国际化（校长群体的国际化、办学理念的国际化、管理理念的国际化、学校设施的国际化、专业建设的国际化、课程建设的国际化、教学理念的国际化以及有中国特色且符合国际发展趋势的人才培养模式）、教师国际化（境外学历经历或工作经历、国籍的多样化）、学生的国际化（在读学生国籍多样化、毕业生就业的国际化）、学习成果的国际化认证与转换（学分的国际转换、学历文凭的等值认定）。

一个城市的职业教育国际化发展与该城市国际化功能定位、城市经济社会发展的提速与转型、当前产业结构劳动结构调整对职业技术人才质量与结构需求密切相关。开展职业教育国际化发展，不仅是加速与国际教育质量标准接轨、适应国际劳动力市场就业准入要求、实现职教跨越式发展的需要，也是吸收全人类职业技术教育文明成果、扩大优质职教资源、促进职教改革、提高办学效益与水平的需要，更是探索具有城市特点的职教发展模式、塑造职业教育品牌的需要。

从广西、柳州经济社会发展来看，未来五年甚至更长一段时间内，广西将处于“加快转变经济发展方式，推进工业化、城镇化、信息化、市场化、国际化，深入实施西部大开发战略”的机遇时期，柳州将处于“经济升级、城市转型”“实业兴市、开放强柳”的关键时期，也是柳州市城市化进程加快、城市对外开放程度与国际化水平进一步提高的时期，既面临着新一轮发展机遇，也面临着环境资源、区域竞争、产业发展、技术技能人才培养、居民就业等方面越来越严峻的挑战。

从柳州职业教育发展来看，柳州市职业教育国际化发展既有一定基础，也面临新的形势和挑战，共享型职业教育园区初步建成，职业教育水平在广西处于领先，职业院校国际交流日益频繁，技能人才输出服务稳妥开展，产业结构调整和升级转型给柳州职业教育国际化发展带来了新的契机，中国特色职教路线为柳州职业教育国际化发展提供了宏观环境，柳州市综合经济实力为柳州职业教育国际化发展奠定了坚实基础，“实业兴市、开放强柳”战略以及国际化发展体制机制创新对柳州职业教育国家化提出了更高要求，面临更加激烈的区域竞争压力。

把握柳州未来发展新机遇，加快职业教育国际化发展，对于破解产业转型升级难题，进一步提升柳州科学发展水平、增强城市综合竞争力和国际影响力，实现把柳州打造成为珠江—西江经济带核心城市、在广西率先全面建成小康社会、建设“五美五好”柳州的战略目标具有十分重要的意义。

一、指导思想

以科学发展观为指导，深入贯彻落实党的十八大和十八届二中、三中全会精神，围绕广西“与全国同步全面建成小康社会、基本建成西南中南地区开放发展新的战略支点”两个建成，“建设中国—东盟自由贸易区、构筑国际区域经济合作新高地、打造我国沿海经济发展新一极”以及柳州“实业兴市、开放强柳”“打造珠江—西江经济带核心城市”的总体目标和发展定位，根据柳州加快建设“区域性先进制造业基地、区域性现代服务业中心”，全面建设“创新型城市、开放型城市”的战略要求，以推进职业教育领域综合改革为动力，以深化职业教育国际交流与合作为突破，以加快国际化步伐、拓宽国际化路径、提升国际化水平为重点，通过开展职业教育国际化发展“七大行动”，分三个步骤实施，瞄准国际一流职业教育标准，实施“引进来”与“走出去”战略，借鉴先进国际经验，引进国际优质职业教育资源，积极开展职业教育输出服务，参与职业教育国际竞争，提升柳州职业教育国际化水平。

二、基本原则

（一）坚持为广西及柳州经济建设和社会发展服务的原则

把推进职业教育国际化与广西及柳州经济社会发展大局有机结合，从突破知识、技术、人才瓶颈，支撑广西及柳州经济社会发展继续保持高水平，从柳州“经济升级、城市转型”“实业兴市、开放强柳”的实际需要出发，推动和加快职业教育国际化进程。

（二）坚持致力于提高职业教育发展水平的原则

主动把握职业教育国际化带来的机遇，不断创新国际交流与合作的途径和方式，通过教育创新获得更广的发展空间、更高的教育质量和更强的办学活力，形成“以开放促进创新，以创新带动质量提升和特色凝练”的格局。

（三）坚持“引进来”与“走出去”相结合的原则

以“提高水平、扩大服务”为主旨，在进一步加强“引进来”工作的同时，积极推进“走出去”，努力实现柳州职业教育国际化高效、可持续发展。

（四）坚持国际化与本土化相结合的原则

学习借鉴其他国家职业教育方面的先进模式和成功经验，结合柳州作为“广西汽车城”“区域性先进制造业基地”以及中小企业众多的实际特点，加快推进符合柳州特点并具有竞争力的职业教育国际化发展。

（五）坚持点面结合、以点带面的原则

整合现有开展的职业教育国际化工作，如柳州职业技术学院开展中德职业教育汽车机电、中德采埃孚精密制造教学工厂、中日 FANUC 数控系统应用中心、中美康明斯发动机培训中心等项目。在此基础上拓展，重点扶持若干所国家示范、自治区示范性中高职院校，在项目经费上给予支持，尽快实现国际化办学，并发挥其示范、辐射作用，带动全市职业院校提高国际化水平。

三、行动目标

到 2016 年，职业教育国际化交流合作平台与运行机制基本建立，在职业教育国际化理念学习和资源引进方面取得重大进展，全市职业教育国际交流与合作成效初显，职业教育国际化水平走在广西前列；到 2018 年，职业教育国际化交流合作平台与运行机制健全顺畅，初步实现与国际职业教育平等对话交流，输入与输出相结合，全市职业教育国际交流与合作取得深入进展，国际化主要指标跻身全国优秀行列。到 2020 年，建立与柳州经济社会发展水平相适应的完整的职业教育国际化体系，在资源输出、参与国际竞争方面取得突破，柳州职业教育与国际融为一体，形成国际化品牌，职业教育整体实力显著提升，柳州职业教育国际化水平达到全国一流水平。把柳州职教园区建成国内先进、国际知名的国际化职教园区，使柳州成为我国西部地区职业教育对外开放与合作交流中心、东盟先进制造技术技能人才培养与输出基地，形成“学技术到柳州、要技术人才到柳州”的氛围，助力“柳州智造”与“柳州技艺”走向全国，走向世界。

1. 教师国际素养普遍提升

培养具有国际视野、掌握国际先进职业教育理念和培养方式的院校长和教师队伍。培养掌握国际进制造业、现代服务业，特别是汽车产业领域的技术、工艺、管理的职教师资队伍。

2. 国际优质职业教育资源显著增加

大力引进国（境）外知名职业院校和职业培训机构，引进国际优质课程资源，学习和借鉴国（境）外职业教育先进经验。争取国际职业教育组织在柳州设立分支机构，开展培训与交流合作。

3. 人才国际化培养水平大幅提升

构建注重培养学生学习能力、实践能力、创新能力的职业教育体系。显著提升职业教育国际化水平，培养一批具有国际视野的创新型人才和技术技能型人才。

4. 职业教育国际化服务能力有效增强

增强职业教育“走出去”的主动服务意识，将技术技能人才培养与输出前移，与柳州知名企业海外业务推广战略结合，从被动应对需求向主动发现需求转变，充分理解和利用需求，主动参与多种形式的国际职业教育合作与竞争，拓展发展空间，密切与世界各国（城市），特别是与职业教育发达国家（城市）的交流合作，实现互利共赢。

5. 职业教育国际化工作机制健全完善

制定和实施职业教育国际化专项规划配套文件和工作方案，完善政策支撑体系。建立中外合作交流机构（项目）监督制度，保障有效监管。借鉴国际跨境职业教育认证的做法，建立职业教育中外合作交流质量评估与考核制度。

四、主要任务

（一）国际化职业教育园区建设行动

在现有柳州职教园区的基础上，按照国际化理念与标准，进一步完善职教园区的组织管理体制，完善职教园区的管理与项目运行机制，完善职教园区与工业园区、与产业有效对接的机制。成立职教园区管委会，以法规、财政支持为平台，以对接支柱产业为重点，以企业全程参与、校企合作为主干，推动政府、企业、职业院校三方协作联动，加速职业教育创业园区建设，逐步形成园区一体化、资源集约化、办学现代化、环境和谐化、管理一元化、功能区域化的园区特色。同时，管委会下设立柳州职业教育国际化发展交流合作中心（办公室设在市教育局），统筹管理与协调柳州职业教育国际化发展事务，管理和引导柳州职业院校与国外学校加强合作，积极开展合作办学、课程引进、招生培训、技术技能推广等方面的中外交流，推动职业教育国际化发展，将柳州职业教育园区建成国内先进、国际知名的国际化职教园区。

（二）国际化职业教育理念学习行动

开展国际化职业教育理念学习、宣传和教育行动，使职业院校进一步树立职业教育国际化观念，形成全球化视野和国际化战略思维，增强国际合作与交流意识，把职业教育国际化作为加速提升职业教育整体实力的重要途径，切实提高对职业教育国际化内涵及其重要性的认识，增强自觉学习领会、借鉴吸收世界各国职业教育的先进理念和成功经验。邀请国际（国内）知名职业教育研究专家走进职业院校开展系列“职业教育国际化”专题讲座；定期组织全市职业院校校长及管理人员赴德国、澳大利亚、新加坡等职业教育发达国家进行短期学习研修，重点学习先进职业教育理念，领会借鉴国际职业教育先进标准，提升职业教育国际观念和国际视野。此外，利用柳州职业院校校长联席会，开展“校长论坛”活动，形成国际化职业教育理念学习、研讨、交流常态机制。

（三）国际化职业教育资源引进行动

开展引进国（境）外优质职业教育资源行动。分别从培养模式、课程资源、教育机构、优秀师资和教育标准等方面全方位引进优质职业教育资源。

1. 引入世界知名职业教育人才培养模式

支持符合产业发展需求、条件较为成熟的若干个专业，全程导入国际先进职业教育人才培养模式，试点德国的“双元制”、英国“现代学徒制”和美国社区大学教学模式。全程导入课程标准、教学模式与教学方法及考核标准，并进行全程的质量跟踪与评价。

2. 引进职业教育优质课程资源

鼓励职业院校引进国外先进职业教育课程，对国外教材进行本土化改造，设计满足行业、专业、工种和职业群需要的课程体系和实训项目。支持职业院校引进高新技术产业相关专业国际优质课程，力争增设若干门与柳州市先进制造业、特别是汽车产业相关专业的全外语或双语教学课程。

3. 引入世界知名职业教育机构

完善配套政策，多渠道吸引境外知名职业院校、职业科研机构、职业培训机构、职业资格认证机构到柳州设立分支机构，进行项目合作。至少引进 1～2 家理念新进、服务优质的职业教育服务机构，开展职业教育交流合作。

4. 引进（聘请）优秀外籍教师

引进（聘请）具有合格资质的外籍专业教师参与职业院校的教育教学及管理；吸引国（境）外高端技术技能人才与学术团体参与科研、教育教学和技术合作等活动。鼓励职业院校与知名跨国企业合作聘任一批外籍企业技术人员作为外籍教师，实现资源共享。

5. 引入世界先进职业教育质量标准

引进国际先进职业教育人才培养标准，探索人才培养标准与国际职业资格标准对接，鼓励职业院校引进国际通用的职业教育质量标准和保障体系，遴选若干个专业开展与国外职业院校在学分学历互认、学位互授联授、专业技术证书互认等方面的合作试点。

（四）国际化职业教育师资培养行动

学习借鉴国外先进教育理念，树立立足国际视野、培育国际化人才的办学思想。组织若干期职业院校长进行国际化视野及领导力提升培训班和海外挂职研修班，到2020年，完成各职业院校长领导力海外研修1轮。

支持各职业院校骨干教师和管理干部出国进修、开展合作研究，积极探索国际合作职业教师培训，实施“专业带头人（骨干教师）职业教育能力提升海外培训”计划，选派专业带头人和骨干教师赴职业教育先进国家培训、学习，促进观念创新与改革发展，建设一支具有国际新观念、宽视野、高素质的职业教育教师队伍。组织一批职业院校专业负责人、骨干教师到德国、澳大利亚、英国、美国、日本、韩国、新加坡、中国香港、中国台湾等职业教育先进国家和地区学习、培训；通过“请进来”的方式，邀请国际化的职业教育专家来柳对职业院校一般管理人员、专任教师进行现场授课培训。遴选从国外培训回来的优秀管理人员、优秀教师对职业院校一般管理人员、专任教师进行现场授课培训。到2020年，职业院校重点专业负责人海外培训率达到100%，骨干教师海外培训率达到80%，专任教师100%接受国际职业教育理念与专业技术培训。

（五）国际化职业教育院校结对行动

借鉴国外先进的教育理念和办学模式，开展多层次、宽领域和形式多样的国外教育交流与合作，培养符合地方经济和社会发展的国际化高技能应用型人才。推进职业教育国际化进程，借鉴世界上发达国家成功经验，同时通过相互交流与合作，更新思想观念，提高我市职业教育水平。引进国外先进的管理模式、教学模式、具有国际资质的职业资格证书，开展与发达国家职业院校的职业教育课程开发，引进海外专家团队进行合作；根据国际国内行业通行标准开设的核心课程，开展学生海外实习项目、交换生项目、教师出国培训项目、参加国际学术会议、与跨国公司的校企合作。2020年前，力争每所学校与2～3所国外发达国家职业院校签订合作协议或战略合作框架，建立战略合作伙伴关系。

（六）国际化职业教育平台建设行动

由市政府引导，市教育局牵头，成立柳州市职业教育国际交流合作中心、研究中心、信息中心等机构，集结多方资源，搭建柳州市职业教育国际化发展平台，拓宽柳州市职业教育向国际化发展的路径，构建职业教育国际交流合作开放新格局。

1. 成立职业教育国际交流合作中心

在政府引导下，在柳州职教园区管委会下设立柳州市职业教育国际化发展交流合作中心，负责职业教育国际化交流合作具体事务。加强职业院校与知名企业联盟，引进职业教育国际机构，聘请国际职业教育专家，定期组织职业教育专家开展交流活动，共享国际职业教育资源，促进跨专业、跨地域并且具有国际前沿水平的职业技术项目合作。同时，统筹协调指导好各职业院校国际化合作交流工作，指导推动柳州市职业教育人才培养和专业技术的国际化发展。

2. 设立柳州职业教育国际化研究中心

整合全市现有职业教育研究资源，设立柳州职业教育国际化研究中心。中心将结合国际先进职业教育理念和教育经验，组织开展职业教育专题论坛，研究职业教育国际化发展趋势与路径，探索和创新本土特色的职业教育和人才培养国际化合作模式，研究适合本土职业教育发展的国际化教学资源，研究建立适应市场经济需求和劳动就业密切结合的现代职业教育体系，编写职业教育国际化发展简报，形成西部地区可借鉴的职业教育现代化转型的示范。

3. 构建柳州职业教育国际化信息中心

依托现代信息和网络技术，整合多方资源，建立具有开放性、互动性、满足个性需求的柳州职业教育国际化信息专题网站，及时发布柳州职业教育国际化发展动态，全面展示柳州市国际化职业教育工作成果；开发相关数据系统，各职业院校登录填报，不定期对职业教育国际化发展数据进行汇总集成；将人才培养方案、课程标准、项目培训包等优质教学资源上传到专题网站，实现跨地区、跨院校和跨行业的共享，促使学校、企业乃至社会人士各取所需、互利多赢。

（七）国际化职业教育对外服务行动

立足柳州，面向东盟及其他发展中国家，培养和输送大量复合型实用技能人才，依托柳州作为我国西部地区职业教育人才培养基地、东盟先进制造技术技能人才培养与输出中心的优势，增强职业教育“走出去”的主动服务意识，主动参与多种形式的国际职业教育合作与竞争，拓展发展空间，实现互利共赢。

1. 对外开展人力资源输出服务

鼓励职业院校利用学校品牌和专业优势，以校企合作作为突破口，与境内、境外若干知名企业签订合作办学协议，“借船出海”，面向东盟及其他发展中国家提供“订单培养”，每年输送技能型人才 1 000 人；高职院校试点与国（境）外院校开展“3+2”（3 年在国内，2 年在国外）、“2+2”（2 年在国内，2 年在国外）等形式的本科联合办学，联合培养高端技能型人才。积极开展对东盟及其他发展中国家的职业教育培训，吸引境外学生来柳学习，在职业院校学习的留学生数量明显增加。2020 年以前，海外联合办学项目达到 10 个以上，留学生规模达到 500 人。加强与东盟及其他发展中国家职业教育的交流和区域合作，扩大柳州在职业教育领域的国际话语权，宣传柳州职业教育改革发展成就。

2. 对外开展技术技能推广服务

成立技术研发中心，依托“东盟先进制造技术人员培养基地”“东盟现代服务业人才培养基地”，推动产、学、研结合，充实技术研究队伍，完善科研机制，充分发挥职业院校在柳州对外技术服务中的引领作用，为柳州企业、柳州产品“走出去”提供配套的技术咨询、服务。坚持工业园区与职教园区互动，推进职教园区与工厂企业全方位产教融合，加快科技成果转化。以广西柳州汽车城、柳州中欧汽车产业园为基础，以技术研发和技术改造项目为载体，教育行政部门、技术研发中心、职业学校、行业、企业等多领域相关人员联合开展对发展中国家，特别是东盟国家的技术技能推广服务。在先进制造特别是汽车制造领域建设若干技术应用与服务中心，每年为东盟及其他发展中国家提供技术咨询、技术改造、技术研发和技术培训服务，并签订长期技术服务合作协议。2020 年以前，使“柳州智造”和“柳州技艺”走向全国，走向世界。

3. 建立职业教育国际化师资培养培训基地

依托柳州现有的“全国职业教育骨干教师师资培养基地”“广西中高职师资培养基地”，建立“东盟职业教育师资培养培训基地”主动适应职业教育国际化发展的需要，迎合社会对“双师素质”人才的需求，同时开展华文教育，积极开拓职教师资培养培训的国际市场，形成以职教师资培训、行业技术培训、职业资格证书培训为主体的培训体系，为东盟及其他发展中国家培养职业教育师资队伍，扩大职业教育师资国际化培养培训交流，发挥柳州职业教育国际化发展的引领与示范作用。

五、实施进度

根据行动计划的原则与目标，结合柳州市职业教育国际化发展实际，从短期、中期、长期三个阶段考虑，将行动计划按三个步骤来推进，实施进程如下。

第一步：国际化交流合作平台建立期（2014—2016 年）。

主要目标：以学习理念和引入资源为主，以展示柳州优质职业教育资源为辅，加快部分职业院校职业教育品牌活动与国际接轨，以国家示范、自治区示范中高职院校和先进制造特别是汽车产业为重点，实现柳州市部分职业院校和面向柳州重点产业的职业教育国际化。

第二步：国际化合作交流全面推进期（2016—2018年）。

主要目标：强化柳州与国际职业教育体系对话，为实现平等对话交流奠定基础，初步采取输入输出同步进行的策略，进一步扩大我市参与国际化的职业院校，由以国家示范、自治区示范中高职院校职业教育国际化为重点向一般职业院校职业教育国际化推进，由以面向柳州重点产业职业教育国际化向一般产业职业教育国际化推进，基本实现柳州市职业教育国际化。

第三步：国际化合作交流品牌提升期（2018—2020年）。

主要目标：试点实现学分互认可转换，柳州职业教育参与国际化竞争与合作，以资源输出为标志，形成柳州职业教育国际化发展品牌，引领东盟、非洲及其他发展中国家乃至全球职业教育的创新发展。

六、保障措施

（一）统一认识加强领导

建立强有力的政策及领导支持体系，将推进柳州市职业教育国际化发展行动上升为市委、市政府的意志，主动融入柳州市经济社会发展整体规划。市教育局牵头，市发改委、市人社局、市财政局、市工信委、市国资委、市科技局、市外事办、柳东新区等部门通力协作，形成合力。在职教园区管委会下设立柳州职业教育国际化发展交流合作中心（办公室设在市教育局，建议增加2～3名工作人员全职负责职业教育国际化发展工作），负责对职业教育国际化的组织、管理、指导、协调工作，如负责签订政府间协议、联系组织出国研修和接待外宾来访、政策制定、标准引导、协调国际教育发展援助等工作。尤其是改革现行管理体制机制，创新工作方式，为中外合作办学、外籍人才引进、“现代学徒制”试点等职业教育国际化工作提供政策支撑；各职业院校要提高对教育国际化的认识，加强组织领导，结合工作实际，研究制订本行动计划的配套政策和具体推进计划。

（二）加大投入保障资金

加大职业教育国际化经费投入，将其纳入市财政预算，根据我市职业教育国际化交流合作和发展需要，每年从市财政职业教育“两费”中安排相应经费，保障职业教育国际化项目的有效实施和行动计划的稳步推进。试点设立“柳州市来华留学生奖学金”，吸引国外优秀学生来我市学习深造，特别是来柳州职业院校学习中国文化与历练技术技能。鼓励和支持职业院校、社会力量等多渠道筹资设立外国留学生奖学金，通过扩大留学生规模、开辟境外教育市场，争取教育贸易收入；通过与中外企业建立科研和人才服务关系，争取产业界对职业教育国际交流与合作项目的支持；鼓励各职业院校设立专项经费或从事业收入中提取一定比例专项用于国际交流合作，加快国际化课程和专业建设，扩大交流生、交换生规模。

（三）过程监测目标考核

明确全市各相关职能部门的职责，分阶段分项目进行监督和考核；明确各职业院校在职业教育国际化发展进程中的主体地位，引导各职业院校将职业教育国际化发展纳入学校发展总体规划，建立符合柳州市职业院校国际交流与合作工作实际的综合评价机制，建立和完善职业教育国际化评价指标体系，逐步开展年度监测。建立、健全相应的奖惩制度，通过政策倾斜和经费支持，提高全市职业教育国际化程度并确保职业教育国际化质量。

（四）配套服务留住人才

着眼“引得进”，更要立足“留得住”。畅通人才服务渠道，创新人才服务方式，做好外籍人员贴心服务。建立人才工作专员制度，专门为海外技术技能人才开辟“绿色快速服务通道”，在公共关系处理、居住就医、子女上学等方面提供全方位的服务。特别是在柳州建立国际学校，满足在柳外籍人员子女接受教育的需求，使学校成为在柳外籍人员子女及其家长了解柳州、学习中国文化的重要场所，确保留住外籍人才；探索建立“外籍人才驿站”，为他们提供生活、家政、交际、娱乐方面的服务，为外籍技术技能人才更好地扎根柳州解决后顾之忧。

（五）示范引领表彰激励

通过项目评比和资助等形式，对推进教育国际化工作成效显著的部门和院校进行表彰激励。加强先进经验宣传力度，充分发挥示范引领作用，通过示范引导和激励推动，有力促进整个国际化发展行动计划深入推进。

附件：柳州市职业教育国际化发展行动计划之主要任务表

抄送：市委办、市人大办、市政协办。

柳州市人民政府办公室　　　　　　　　　2015 年 3 月 25 日印发

柳州市职业教育国际化发展行动计划之主要任务表

行动内容	项目名称	项目计划	主要内容
1. 国际化职业教育园区建设行动	1.1 成立职教园区管委会及其职能科室	1.1.1 成立柳州市职教园区管委会	市政府层面成立由市教育局牵头，市发改委、市人力资源和社会保障局、市财政局、市工信委、市科技局、市外事办参与的职教园区管委会
		1.1.2 成立职教园管委会下职能科室	成立职教园区管委会办公室、柳州市职业教育国际化发展交流合作中心（增加2～3名工作人员全职负责职业教育国际化发展工作）、柳州市职教园共享实训中心等
	1.2 组建广西柳州汽车职业教育集团	1.2.1 组建广西柳州汽车产业职业教育集团	设计并成立广西汽车产业职业教育集团组织机构，开展职教服务工作
		1.2.2 建设柳州市职教园共享实训中心	以汽车行业关键共性能力需求为导向，按照零部件制造、整车制造、汽车商务、汽车服务、职业能力等产业链五个方面，建立专业性、系统性的共享实训中心
2. 国际化职业教育理念学习行动	2.1 “职业教育国际化”专题系列讲座	2.1.1 德国双元制职业教育模式及其启示讲座	借鉴吸收世界各国职业教育的先进理念和成功经验
		2.1.2 德国职业教育行动导向教学法专题讲座	
		2.1.3 开展英国“现代学徒制”专业讲座	
		2.1.4 开展美国社区学院人才培养模式专题讲座	
	2.2 职业院校领导海外培训项目	2.2.1 职业院校校长及管理人员海外研修班	赴德国、澳大利亚、新加坡等职业教育发达国家短期学习研修，重点学习先进职业教育理念，领会借鉴国际职业教育先进标准，开阔国际视野

续表

行动内容	项目名称	项目计划	主要内容
3. 国际化职业教育资源引进行动	3.1 引入世界知名职业教育人才培养模式	3.1.1 试点德国职业教育“双元制”人才培养模式	支持数控、机电一体化、汽车检测与维修等专业全程导入德国“双元制”职业教育人才培养模式
		3.1.2 试点英国“现代学徒制”人才培养模式	支持模具设计与制造、酒店管理、物流、会计试点“现代学徒制”
		3.1.3 试点美国社区学院人才培养模式	支持林业技术类专业试点美国社区学院人才培养模式
	3.2 引进国外先进职业教育优质课程资源	3.2.1 引进德国职业教育课程	支持数控、机电一体化、汽车检测与维修专业引进德国 AHK 课程
		3.2.2 引进英国、澳大利亚、加拿大职业教育课程	支持模具设计与制造、物流、会计专业引进英国职业教育课程
	3.3 引入世界知名职业教育机构	3.3.1 引入德国职业教育培训机构	开展合作办学、职业认证培训等项目
		3.3.2 引入美国社区学院协会	
	3.4 引进（聘请）优秀外籍教师	3.4.1 聘请优秀外籍技术专家	在部分专业和课程开展双语教学、专业技术合作
	3.5 引入世界先进职业教育质量标准	3.5.1 引入德国工商会职业资格证书（AHK）	引进国际职业资格认证，探索符合学院实际的职业学校办学标准、课程标准与国际职业资格标准对接；遴选数控、机电一体化、汽车专业开展专业技术证书互认方面的合作
		3.5.2 引入英国通用国家职业资格（GNVQ）	
4. 国际化职业教育师资培养行动	4.1 职业院校领导能力提升海外培养计划	4.1.1 院校领导海外研修班	组织职业院校领导班子成员开展完成院（校）长、副院（校）长海外研修
	4.2 专业带头人（骨干教师）职业教育能力提升海外培训计划	4.2.1 专业骨干教师职业教育能力提升海外培训班	组织完成职业院校 200 名专业负责人、200 名骨干教师海外培训，惠及培养 10 000 名高端制造业、现代服务业职业院校学生
	4.3 专业教师专业技术能力提升计划	4.3.1 专业教师专业技术能力提升计划	遴选从国外培训回来的优秀管理人员、优秀教师；邀请国际化职教专家来柳对职业院校一般管理人员、专任教师进行现场授课培训

续表

行动内容	项目名称	项目计划	主要内容
5. 国际化职业教育院校结对行动计划	5.1 职业院校与国家知名职业院校结对	5.1.1 职业院校与国家知名职业院校结对	职业院校与2～3所国（境）外职业院校签订合作协议或战略合作框架
6. 国际化职业教育平台建设行动	6.1 成立职业教育国际交流合作中心	6.1.1 成立柳州市职业教育国际化发展交流合作中心	在市教育局成立柳州市职业教育国际交流合作中心，新增2～3名工作人员，统筹协调管理柳州市职业教育国际化发展工作
	6.2 设立柳州职业教育国际化研究中心	6.2.1 柳州职业教育国际化发展课题研究	研究职业教育国际化发展趋势与路径，探索和创新本土特色的职业教育和人才培养国际化合作模式，研究适合本土职业教育发展的国际化教学资源
		6.2.2 职业教育国际化发展专题论坛	邀请国内外知名职业教育专家、企业、院校开展职业教育国际化发展专题论坛
		6.2.3 编写柳州职业教育国际化发展简报	编写职业教育国际化发展简报，推广柳州经验，形成西部地区可借鉴的职业教育现代化转型的示范
	6.3 构建柳州职业教育国际化信息中心	6.3.1 建设柳州职业教育国际化发展专题网站	实现职业教育国际化资源及人才的数据集成；构建开放、互动、满足个性需求的职业教育国际化信息专题网站窗口；展示柳州市国际化职业教育工作成果
		6.3.2 建成柳州职业教育国际化发展数据集成系统	
		6.3.3 开展柳州职业教育国际化发展资源上传、共享	
7. 国际化职业教育服务行动	7.1 开展海外服务技术人员“订单班”人才培养	7.1.1 开展柳工、五菱、泛亚高铁等海外服务技术人员订单班	“借船出海”，面向东盟及其他发展中国家提供“订单培养”
	7.2 “3＋2”“2＋2”联合办学	7.2.1 国际化“3＋2”“2＋2”联合办学试点	与东盟及其他国家开展“3＋2”“2＋2”联合办学试点，共同培养培训技术技能人才

续表

行动内容	项目名称	项目计划	主要内容
7. 国际化职业教育服务行动	7.3 成立新技术新产品应用推广中心	7.3.1 成立先进制造技术产品应用推广中心	与柳州知名企业合作，建立技术应用与服务中心，为东盟、非洲及其他发展中国家提供技术推广服务；柳州市职业院校参与先进制造类专业技术推广应用的国际合作，推动职业院校产、学、研发展
		7.3.2 成立汽车整车技术产品应用推广中心	
	7.4 建立东盟先进制造技术人员培养培训基地	7.4.1 东盟先进制造技术人员培养培训基地	整合试点专业先进制造技术课程资源，制定培养、培训计划、教学实施管理，完成基地建设，组建师资，发展学员，开展上岗培训
	7.5 建立东盟现代服务业人员培养培训基地	7.5.1 东盟现代服务业人员培养培训基地建设	培训面向东盟及发展中国家服务业的技能型人才
	7.6 建立东盟职业教育师资培养培训基地	7.6.1 东盟职业教育师资培养培训基地建设	实现以职教师资培训、行业技术培训、职业资格证书培训为主体的培训体系
		7.6.2 建立东盟华文教育基地	面向东盟，以语言培训服务为主，以文化交流为辅，开展华文教育培训

（四）柳州市人民政府办公室关于印发《柳州市开展职业教育“现代学徒制”试点工作实施方案》的通知

柳州市人民政府
办　公　室　文　件

柳政办〔2016〕3号

柳州市人民政府办公室关于印发
《柳州市开展职业教育“现代学徒制”试点工作实施方案》的通知

各县、区人民政府，市直机关各委、办、局，柳东新区、阳和工业新区管委会，各有关单位：

《柳州市开展职业教育“现代学徒制”试点工作实施方案》已经市人民政府同意，现予印发实施。

2016年1月20日

柳州市开展职业教育“现代学徒制”试点工作实施方案

我市是国家首批“现代学徒制”试点单位，为探索构建“现代学徒制”培养体系，有效整合职业院校和企业资源，深化产教融合、校企合作，创新人才培养模式，进一步提高我市职业教育教学水平和人才培养质量、提高劳动者技能水平和职业素质，根据《国务院关于加快发展现代职业教育的决定》（国发〔2014〕19号）、《教育部关于开展“现代学徒制”试点工作的意见》（教职成〔2014〕9号）和《教育部办公厅关于公布首批“现代学徒制”试点单位的通知》（教职成厅函〔2015〕29号）精神，结合我市实际，制定实施方案如下。

一、试点工作背景和基础

（一）深厚的产业发展背景和工业、职业教育基础

1. 柳州正打造成为“西江经济带”的龙头城市

当前，柳州正积极搭乘国家“一带一路”快车，深入贯彻广西壮族自治区党

委、政府实施北部湾经济区、西江经济带“双核驱动”的重大战略部署，大力实施“实业兴市、开放强柳”战略，进一步做大柳州经济总量，做大柳州城市规模，全面提升城市竞争力，充分发挥优势，主动对接，促进西江经济带发展，把柳州打造成广西“一带一路”有机衔接门户的重要节点和支撑广西经济崛起的“西江经济带”的龙头城市。

2. 柳州具有深厚的工业基础

柳州是广西最大的工业城市，也是中国西南工业重镇。柳州经济总量、规模以上工业增加值、财政总收入均占广西 1/4 份额。全市亿元以上产值工业企业达 429 家，规模以上工业企业突破 800 家。“十二五”期间，全市地区生产总值和工业总产值年均增长分别为 9.8％和 11.7％。2015 年，汽车、机械、冶金三大支柱产业发展势头强劲，汽车产业年产量 230 万辆，占全国产量的 9.7％，城市总产量由全国第 5 位跃升至第 3 位；柳州钢铁厂钢材产量超过 1 300 万吨；柳工国际国内市场份额稳中有升，相继落成国家土方机械工程技术研究中心和全球研发中心；战略性新兴产业快速发展，规模以上产值突破 400 亿元。

3. 柳州的职业教育品牌效应逐步彰显

长期以来，柳州市委、市政府把发展职业教育放到与工业经济发展相匹配的重要地位，明确提出了“抓职业教育就是抓工业经济”的指导思想，职业教育得到了长足发展，形成了具有柳州特色的职业教育发展模式，走出了一条“园区合作共赢，产教深度融合、城乡协调发展、品牌充分彰显”的职业教育发展路子。成为广西乃至西南地区职业教育的领头羊，在 2010 年全国职业教育工作会议上是唯一介绍经验的一个地市，两次获评为全国职业教育先进单位。现有各级各类职业院校 28 所，在校生近 10 万人（其中，高职院校 4 所，在校生 3.8 万多人，中职和技工学校 24 所，在校生近 6 万人）。参与本次试点的柳州职业技术学院为“国家级示范性高职院校”，柳州铁道职业技术学院为广西首批特色高职院校，柳州第一职业技术学校等 3 所中职学校为“国家中等职业教育改革发展示范校”。

（二）积极进行“现代学徒制”相关的探索和实践

我市有着悠久的传统学徒制历史，拜师学艺、尊师爱徒，蔚然成风。在现代职业教育体系建设中，我市于几年前就已开始积极进行“现代学徒制”的实践和探索。2015 年 3 月，我市正式印发了《柳州市职业教育国际化发展行动计划（2014—2020 年）》（柳政发〔2015〕11 号），以高职院校为龙头，引领中职学校，协同合作企业，以专业集群为纽带，在装备制造、现代物流、汽车商务、汽车技术服务、轨道交通等专业集群中启动了“现代学徒制”试点建设，为下一步开展职业教育“现代学徒制”试点工作打下了坚实的基础。

二、试点工作指导思想和基本原则

（一）指导思想

深入学习贯彻党的十八大和十八届三中、四中全会精神，认真落实习近平总书记对职业教育工作的重要指示精神。以企业用人需求与岗位资格标准为服务目标，以校企合作为基础；以学生（学徒）的技能培养为核心，以创新招生制度、管理制度和人才培养模式为突破口；以工学结合为形式，以学校、企业双主体育人为支撑，通过试点、总结、完善、推广，逐步形成具有柳州特色的“现代学徒制”培养体系。

（二）基本原则

1. 政府统筹、合作共赢

充分发挥政府统筹协调作用，利用好政府、行业、企业、学校、科研机构等方面的资源，协调好教育、人社、财政、发改等方面的关系，形成合力，共同研究解决试点工作中遇到的困难和问题。坚持校企双主体育人，学校教师与企业师傅双导师教学，明确学徒的双重身份，签好学生与企业、学校与企业两个合同，形成校企联合招生，联合培养的模式，切实提高生产、服务一线劳动者的综合素质，进而提高合作企业工人的技术技能，为合作企业的持续发展奠定良好基础。

2. 试点先行、稳步推进

根据教育部文件精神以及我市产业发展情况和职业教育办学条件，确定首批试点单位，在与柳州支柱产业相对应的装备制造、现代物流、汽车商务、汽车技术服务、轨道交通等专业集群中进行“现代学徒制”试点。试点单位要科学规划，加强统筹，制定本单位试点工作具体实施办法。做到一次规划，分步实施，先试点再推行，稳步推进，确保试点工作取得成效和经验。

3. 因地制宜、注重实效

从我市职业教育、经济发展的实际以及企业对人才培养的要求出发，解放思想，大胆创新，在招生与招工、学习与工作、教学与实践、学历证书与职业资格证书获得等方面积极探索切合实际的实现形式，形成特色，力争在关键环节取得突破，全面提升我市职业教育发展活力。

三、试点工作目标与任务

（一）工作目标

建立健全“现代学徒制”相关支持政策和配套措施；探索建立校企联合招生、企校双制、工学一体的教学管理及运行机制，推进专兼结合、校企共享的双导师队伍建设，采取企校双师带徒、工学交替培养、脱产或半脱产培训等模式共同培养新型学徒。到2018年，力争建成柳州市现代学徒中心（依托广西柳州职业技能公共实训基地平台，加挂柳州市现代学徒中心牌子），培养400名现代学徒，基本形成以政府为引导，学校、企业双主体育人，以高职专业为龙头，衔接应用本科专业带动中职专业发展的柳州特色“现代学徒制”培养体系。

（二）工作任务

为确保我市“现代学徒制”试点目标的实现，本实施方案从体制机制创新、产教平台构建、培养模式改革、师资队伍建设、经验与推广五大方面将目标任务进一步分解为可操作的验收要点，并明确了相关责任部门、完成时限。详见附件：柳州市“现代学徒制”试点工作任务推进表。

四、试点工作重点建设内容

（一）进行体制机制创新

职业教育是一种跨界的教育，必须建立起学校与政府、行业、企业多方联动的运行平台，把人才培养置于多方参与的开放体系之中，贯穿于教学、生产实践、创新研发和应用服务的全过程，才能适应经济社会和产业发展的需要。为此，我市将加强体制机制建设，探索建立适合柳州职业教育创新发展的运行体制机制。

1. 发挥政府的统筹作用

建立健全“现代学徒制”相关支持政策和配套措施，进行制度创新；通过局际联席会议、职教集团、校长协作会等搭建有效运行的平台。一是统筹部门资源。充分发挥政府职能作用，利用好政府、行业、企业、学校、科研机构等方面的资源，教育、人社、财政、发改等相关部门要形成合力，建立局际联席会议制度，共同研究解决试点工作中遇到的困难和问题。二是统筹企业资源。根据教育部和人社部文件精神，依托广西汽车产业职教集团等职教集团平台，在柳州市的企业中选择一批实力强、资源丰富并积极参与教育及教学改革的骨干企业作为首批试点单位，整合行业企业资源参与试点工作。三是统筹院校资源。“现代学徒制”是教育部推行的一种新的人才培养模式，教育局、人社局要结合我市实际情况遴选一批校企合作条件好、办学水平较高，办学特色鲜明的职业院校，依托柳州职业院校校长协作会平台参加试点工作。

2. 形成与“现代学徒制”相适应的教学管理与运行机制

明确校企双方职责、分工，建立校企联合招生、多方参与评价的双主体育人的运行机制；建立教学运行与质量监控体系，共同加强教学过程管理；制定学生（学徒）管理办法，保障学生（学徒）基本权益；实行弹性学制或学分制；根据教学需要，合理安排学徒岗位，分配工作任务，保证学徒合理报酬。共同实施考核评价，建立多方参与的考核评价机制。

（二）建设“现代学徒制”产教平台

1. 构建“产业—专业”集群发展模式

依据《柳州市职业教育专业布局与结构调整规划（2015—2020年）》（柳教职成〔2015〕1号），加快推进“十三五”期间我市职业教育的专业布局和结构调整，立足柳州汽车、机械等支柱产业及现代城市服务业发展需求，重点建设面向汽车、机械、信息、现代服务业、轨道交通产业的17个“产业—专业”集群，构建产教紧密衔接的专业体系，加大职业教育专业链与产业链的匹配度和契合度，促进形成优势互补、错位发展、具有柳州特色和集群效应的专业群建设模式，形成一批特色鲜明、优势突出、国内一流的“产业—专业”集群，提高办学水平，使教育特色与产业特点良性互动，更好地为地方经济和产业群经济服务，助推产城融合。

2. 构建“产学研训”一体化的开放共享实训体系

充分整合校企资源，探索在试点院校和企业中构建“产学研训”一体化的开放共享实训平台，到2018年，在每个试点院校建成2个以上开放共享的大型公共实训基地，并通过校企共建的模式在合作企业建成1～2个共享实训基地，构建一批具有专业性、开放性、共享性、生产性公共实训平台。同时，在柳州职教园区建成一个功能齐全、技术先进、国内一流的面向全社会开放的广西柳州职业技能公共实训基地。该实训基地发挥高端引领作用，与职教园各实训平台建设错位发展，形成实训互补关系，实现职教园区集约共享功能，打造职教园区升级版，使之成为全区职业教育产教融合的典范，打造产教融合资源共享平台，服务柳州产业发展和职业教育改革创新。

3. 深化以产业为纽带的集团化办学模式改革

紧密结合柳州支柱产业、战略性新兴产业的发展需要，以产业为纽带，通过组建汽车产业职教集团、轨道交通工程职教集团、机械产业职教集团、现代服务业职教集团等，推进职业教育的集团化办学，充分整合政、校、企的资源和力量，深化产教融合，推动行业企业全程参与职业教育，积极探索推进产教融合的重要实现形式、校企合作的治理结构、校企融合的工作机制，优化职业教育的运营模式，形成面向行业的产业链和专业链相互衔接的产教融合模式；形成“企业元素融合实践教学”的职业能力培养模式；重点建成在汽车行业中具有推广价值的职业人才标准体系。

（三）深化人才培养模式改革

1. 改革招生招工方式

推进校企招生招工一体化是开展“现代学徒制”试点工作的基础，在试点过程中，根据合作企业的需求，与合作企业共同研制招生招工方案，通过先招生再招工、招工招生同步等多种形式，推行校企双方招生录取和企业用工一体化的招生招工制度。到2018年，在装备制造、现代物流、汽车商务、汽车技术服务、轨道交通等5个专业集群中培养400名现代学徒。

2. 改革人才培养模式

以人才培养对接用人需求为切入点，校企共同设计人才培养方案；共同制定专业教学标准、课程标准、岗位标准、企业师傅标准、质量监控标准及相应实施方案；共同建设基于工作内容的专业课程和适应柳州产业发展的学徒制课程体系，开发基于岗位工作内容、融入国家职业资格标准的专业教学内容和教材，推行以生产任务为导向的教学模式；通过签订校企合作协议，职业院校承担专业知识学习和基本技能训练，企业承担岗位技能训练，真正实现校企一体化育人。

3. 改革评价模式

引入国际先进职业教育人才培养标准，探索我市职业院校人才培养标准与国际职业资格标准对接；鼓励职业院校引进国际先进的职业教育质量标准和保障体系。改变传统单一的评价模式，以国家职业准入制和职业资格评定标准作为现代职业教育的评价标准，同时积极构建第三方评价机制，形成学生自我评价、教师评价、师傅评价、企业评价、社会评价的综合评价模式。

（四）加强“现代学徒制”师资队伍建设

校企共建师资队伍是试点工作的重要任务，学校教师和企业师傅共同承担“现代学徒制”的教学任务，各试点单位要建立健全双导师的选拔、培养、考核、激励制度，形成校企互聘共用的管理机制。明确双导师职责和待遇，合作企业选拔优秀高技能人才担任师傅，师傅承担的教学任务应纳入考核，并可享受相应的带徒津贴，在单位职位晋升方面给予优先考虑。组建“企业师傅团队”“技能大师工作室”“企业工程师工作坊”，并划拨专项经费予以支持，充分发挥我市大批技术精湛的老技师在“现代学徒制”试点工作中的主导作用。试点院校要选拔综合素质高的教师作为指导教师，要将指导教师的企业实践和技术服务纳入教师考核并作为晋升专业技术职务的重要依据，在职称评聘、评优评先时优先考虑。落实职业院校教师流动编制和编内聘用兼职教师财政支持政策，建立灵活的人才流动机制，校企双方共同制定学校与企业之间人员互聘共用、双向挂职锻炼、横向联合技术研发、专业建设的激励制度和考核奖惩制度。到 2018 年，培养 5 名行业教育领军人物，10 个优秀教学团队，20 名专业带头人，100 名专业骨干教师。

（五）开展试点研究及成果推广

加强科学研究工作，积极组织研究人员深入开展试点工作研究，将试点工作的研究课题列为柳州职业教育发展的重点研究课题，同时开展国际比较研究。坚持边试点边研究，及时总结提炼好的做法和经验，将其上升为理论再指导实践。在总结试点经验的基础上，逐步扩大实施“现代学徒制”的范围和规模，使“现代学徒制”成为柳州实施校企合作培养技术技能人才的重要途径，为完善中国特色的“现代学徒制”制度体系做出贡献。

五、实施步骤

根据试点工作的目标与原则，结合柳州职业教育前期推进“现代学徒制”试点准备工作的实际，从初期试点、深入试点、总结推广三个阶段考虑，将试点工作按三个步骤来推进，实施进程如下。

（一）初期试点阶段（2015 年 9 月—2016 年 12 月）

本阶段将在前期校企联合调研的基础上，全面启动“现代学徒制”试点工作。主要任务是制定“现代学徒制”的相关支持政策和配套措施；确定“现代学徒制”试点院校，明确试点专业、试点人数和合作企业，开展校企联合招生招工；引入“现代学徒制”人才培养标准、课程体系、课程资源并进行本土化研究改造；校企共同组建教学团队；启动柳州市现代学徒中心（中国广西柳州职业技能公共实训基地）等“现代学徒制”产教平台建设。

（二）深入试点阶段（2017 年 1 月—2018 年 9 月）

本阶段主要任务是贯彻落实已出台的“现代学徒制”的相关支持政策和配套

措施，初步形成与“现代学徒制”相适应的教学管理与运行机制；试点工作顺利推进，试点研究成效明显；“现代学徒制”师资队伍建设取得成效；完成柳州市现代学徒中心（中国广西柳州职业技能公共实训基地）等“现代学徒制”产教平台建设并有效运行。

（三）总结推广阶段（2018 年 10 月—2018 年 12 月）

本阶段主要任务是进行试点工作的经验总结和成果推广。

六、保障措施

（一）组织保障

1. 成立职业教育“现代学徒制”试点工作领导小组，加强组织领导

成立由分管副市长任组长，市教育局、发改委、工信委、财政局、人社局、规划局、外侨办等部门领导为成员的柳州市职业教育“现代学徒制”试点工作领导小组。

2. 明确职责

领导小组定期或不定期分析研究“现代学徒制”试点工作中出现的问题和困难，形成协调有力、快速高效的工作机制，指导实施工作。领导小组下设办公室，办公室设在市教育局，姚尹意同志任办公室主任。

各相关部门职责如下。

市教育局：具体指导职业院校开展“现代学徒制”试点工作，参与组织开展“现代学徒制”试点工作的督导评估。

市发改委：将职业教育“现代学徒制”试点工作纳入我市“十三五”规划，并配合教育行政部门将其纳入全市教育总规划。会同教育、财政、人社部门安排落实职业教育基础能力建设相关经费，指导全市职业教育资源整合工作。

市工信委：指导参与试点企业积极开展企校合作，促进全市各类规模以上企业向职业学校开放，为职业学校的学生和教师提供实习、培训场所和设备，并积极为职业学校提供兼职教师。

市财政局：负责制定落实“现代学徒制”试点工作的财政政策和经费保障，激励企业和职业院校积极开展“现代学徒制”试点。

市人社局：负责广西柳州职业技能公共实训基地的建设、试点企业接受学徒的职业培训补贴以及学徒职业技能鉴定考核及证书发放工作，参与“现代学徒制”质量评估评价工作以及学徒进入人力资源市场的管理工作。

市规划局：负责市城市规划区范围内涉及试点工作的规划管理工作。

市外侨办：参与“现代学徒制”试点工作的外事活动，为师资培训的“走出去、请进来”提供优质服务。

（二）政策保障

在贯彻落实《教育部关于开展“现代学徒制”试点工作的意见》（教职成〔2014〕9号）、《人力资源社会保障部办公厅 财政部办公厅关于开展企业新型学徒制试点工作的通知》（人社厅发〔2015〕127号）以及《中共柳州市委 柳州市人民政府关于深化教育领域综合改革 加快推进教育发展的决定》（柳发〔2014〕7号）、《柳州市人民政府关于加快发展现代职业教育的意见》《柳州市人民政府关于印发〈柳州市职业教育国际化发展行动计划（2014—2020年）〉的通知》（柳政发〔2015〕11号）、《关于印发柳州市职业教育专业布局与结构调整规划（2015—2020年）的通知》（柳教职成〔2015〕1号）等文件精神的基础上，加快制定《柳州市参与“现代学徒制”企业师资（师傅）评价考核标准》《柳州市开展“现代学徒制”试点工作第三方评价考核办法》《柳州市开展“现代学徒制”试点工作督查评估办法》等相关推进“现代学徒制”试点工作的政策和措施。

（三）经费保障

加大职业教育国际化经费投入，将其纳入市财政预算，根据我市职业教育国际化交流合作和发展需要，每年从市财政职业教育“两费”中安排相应经费，保障职业教育国际化项目的有效实施和行动计划的稳步推进。此外，通过财政资助、政府购买服务等激励措施，引导企业和职业院校积极开展“现代学徒制”试点工作。

（四）加强督导评估

认真抓好试点工作的督导评估，建立和完善试点工作的监测制度，定期对试点工作进行监测、分析和评估，组织好对试点实施过程的督查和指导，促进试点管理工作的制度化、规范化和科学化，确保顺利实现试点工作目标。

（五）加大宣传力度

充分发挥媒体作用，组织开展形式多样的宣传活动，大力宣传柳州市“现代学徒制”试点工作进展情况和重要作用，动员各级政府、行业企业、职业院校以及社会力量积极参与试点建设工作，努力营造有利于开展试点工作的良好社会氛围。

附件：柳州市“现代学徒制”试点工作任务推进表

柳州市人民政府办公室　　　　　　　　　2016年1月22日印发

附件：

柳州市现代学徒制试点工作任务推进表

类别	主要任务	主要责任部门	完成时间	备注
1. 体制机制创新	1.1 建立健全“现代学徒制”相关支持政策和配套措施，通过成立局际联席会议、职教集团、校长协作会促进“现代学徒制”有效运行	市教育局 市发改委 市工信委 市财政局 市人社局 市规划局 职业院校、合作企业	2018 年	
	1.2 形成与“现代学徒制”相适应的教学管理与运行机制。制定《柳州市参与现代学徒制企业的评价标准》《柳州市参与“现代学徒制”企业师资（师傅）评价考核标准》《柳州市开展“现代学徒制”试点工作第三方评价考核办法》《柳州市开展“现代学徒制”试点工作督查评估办法》等			
2. 试点平台建设	2.1 构建“产业—专业”集群发展模式。完成“十三五”期间我市职业教育的专业布局和结构调整；建设面向汽车、机械、信息、现代服务业、轨道交通产业，构建具有柳州特色和集群效应的专业集群建设模式，形成一批特色鲜明、优势突出、国内一流的“产业—专业”集群	市教育局 市发改委 市工信委 市财政局 市人社局 市规划局 职业院校 合作企业	2018—2020 年	
	2.2 构建“产学研训”一体化的开放共享实训体系 2.2.1 在每个试点院校建成 2 个以上开放共享的大型公共实训基地； 2.2.2 在合作企业建成 1～2 个共享实训基地； 2.2.3 建成一个大型的职业技能公共实训基地——柳州市现代学徒中心（依托广西柳州职业技能公共实训基地平台，加挂柳州市现代学徒中心牌子）。 2.2.4 实现柳州职教园区集约共享功能		2018 年	
	2.3 组建或推进汽车产业职教集团、轨道交通工程职教集团、机械产业职教集团、现代服务业职教集团等职教集团的建设		2018 年	

续表

类别	主要任务	主要责任部门	完成时间	备注
3. 培养模式改革	3.1 改革招生招工方式。校企共同遴选并培养400名现代学徒	市教育局 市工信委 市人社局 职业院校 合作企业	2018年	
	3.2 改革人才培养模式。参与试点的校企共同设计人才培养方案；制定专业教学、课程、岗位、企业师傅、质量监控标准及相应实施方案；共同建设基于工作内容的专业课程和适应柳州产业发展的学徒制课程体系，真正实现校企一体化育人		2018年	
	3.3 改革评价模式。构建现代职业教育的评价标准，引入国际标准，积极构建第三方评价机制，形成学生自我评价、教师评价、师傅评价、企业评价、社会评价的综合评价模式		2018年	
4. 师资队伍建设	4.1 组建“企业师傅团队”以及搭建“技能大师工作室”“企业工程师工作坊”	市教育局 市人社局 市外侨办 职业院校 合作企业	2016年	
	4.2 培养5名行业教育领军人物，10个优秀教学团队，20名专业带头人，100名专业骨干教师		2018年	
5. 经验与推广	5.1 进行柳州特色现代学徒制经验总结、宣传和推广活动	市教育局、市人社局 职业院校、合作企业	2018年	

（五）《柳州市职业教育专业布局与结构调整规划（2015—2020年）》

广西壮族自治区柳州市教育局

柳教职成〔2015〕1号

关于印发《柳州市职业教育专业布局与结构调整规划（2015—2020年）》的通知

各县教育局，全市各职业院校：

为贯彻落实《广西壮族自治区人民政府关于贯彻〈国务院关于加快发展现代职业教育的决定〉的实施意见》（桂政发〔2014〕43号）精神，科学调整我市职业教育专业布局与结构，探索建立专业设置随产业发展动态调整机制，努力形成与柳州经济社会和产业转型升级相匹配的学科专业结构，实现职业教育专业及人才培养链与产业链之间的紧密衔接。根据我市职业教育专业建设实际，我局制定了《柳州市职业教育专业布局与结构调整规划（2015—2020年）》，现印发给你们，请认真贯彻执行。

附件：柳州市职业教育专业布局与结构调整规划（2015—2020年）

柳州市教育局

2015年1月4日

政府信息公开选项：依申请公开

报　送：市政府

抄　送：市发改委、市工信委、市人社局，广西科技大学鹿山学院、生态职院、广西商业学校、牧校、工艺美校、高级技校

柳州市教育局办公室　　2015年1月4日印发

附件：柳州市职业教育专业布局与结构调整规划（2015—2020年）

目 录

为贯彻落实《广西壮族自治区人民政府关于贯彻〈国务院关于加快发展现代职业教育的决定〉的实施意见》（桂政发〔2014〕43号）精神，进一步优化我市职业教育专业布局与结构，科学引导职业院校明确办学及专业发展定位，努力形成职业院校之间准确定位、错位竞争、优势互补、特色发展的柳州“大职教”格局，实现职业教育专业及人才培养链与产业链之间的紧密衔接。特制定本规划。

一、产业发展与职业教育专业基本现状

（一）产业发展及人才需求分析

“十二五”期间，根据“工业立柳、强市富民”的总体要求，柳州市明确了以加快转变经济发展方式为主线，以产业结构调整为抓手，着力调结构、转方式、优布局。目前，柳州市工业已构筑“543”的产业新格局，即五大支柱产业——汽车、冶金、机械、化工、有色金属新材料；4个优势产业——制糖、建材、造纸、日化；3个新兴产业——新能源环保、机电一体化、生物制药。已形成汽车及零部件、钢材、家电、机电产品、建材、农副产品、服装、日用消费品等批发市场，商业网点服务功能完善，连锁经营、物流配送、电子商务发展迅速，物流业快速发展。

未来5年甚至更长一段时间内，柳州将处于“经济升级、城市转型”“实业兴市、开放强柳”的关键时期，已将“打造区域性先进制造业基地”作为强市之本，将“打造区域性现代服务业中心”作为强市之策，将“巩固提升区域现代交通枢纽地位”作为强市之依。柳州经济社会发展的新形势，对技术技能型人才的结构、数量和质量都提出了新的要求。据《柳州市中长期人才队伍建设规划（2010—2020年）》，到2015年，柳州高技能人才（主要包括技能劳动者中取得高级工、技师和高级技师职业资格的人员）总量达到4万人以上，到2020年达到5.8万人，专业技术人才数量约为23.88万人，高技能人才和专业技术人才分别新增2.11万人、8.9万人，新增技能人才7.8万人，3项人才累计新增18.81万人。柳州市将重点需求与汽车工业、机械工业、冶金工业、化工工业、有色金属新材料、现代城市服务业等产业对接的技术技能人才。

（二）职业教育专业现状与问题

1. 专业现状

柳州市现有普通高校转应用型本科院校1所，主要开设了机电工程类（机械工程、机械电子工程）、交通运输类（车辆工程、汽车服务工程）、土建类（土木工程、工程造价、工程管理）相关专业，重点服务机械、汽车行业；高职院校4所（市属院校3所，区直院校1所），主要开设有数控技术、电气自动化技术、汽车检测与维修、软件技术、物流管理等15个专业大类的151个专业（各专业比例如图1）；中职学校19所（市属学校15所，其中城市学校8所、县级学校7所，区直学校4所），主要开设13个专业大类的数控技术应用、汽车运用与维修、机电技术应用等132个专业（各专业比例见图2）。职业教育所办专业基础条

件不断增强，规模不断扩大，育人质量显著提升，培养了大批实用技术技能人才，有效促进了柳州经济社会发展。在专业结构上，基本形成以为本地产业培养技术技能型人才为特点的专业结构；在与产业结构对接上，开设专业以对接汽车、机械产业和现代城市服务业为主，基本上与柳州重点和支柱产业发展相匹配。

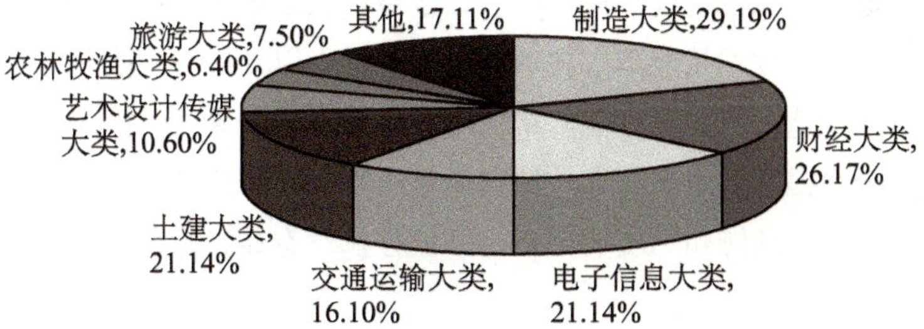

图1　高职各专业大类比例

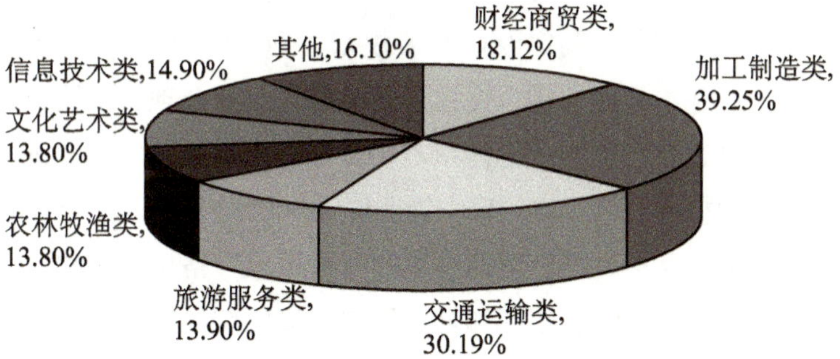

图2　中职各专业大类比例

2. 存在问题

一是专业结构与柳州产业结构的契合度有待提高。服务于钢铁工业、化工工业、有色金属与新材料工业的专业存在缺口，为新兴产业服务的专业比较薄弱甚至暂缺。二是专业集群化程度较低。与汽车、机械支柱产业相关的专业在各级各类学校开设，较多专业设置存在“跟风”现象，教学资源投入分散，专业水平差异大。如高职电气自动化技术、建筑装饰工程技术、旅游管理、汽车检测与维修技术、软件技术、物流管理等专业都达到4个布点，部分院校在校生人数不足100人；中职的电子电器应用与维修、电子商务、计算机应用、汽车运用与维修等专业布点达到8个以上，部分学校在校生人数却不足50人。三是品牌专业偏少，部分院校办学多年仍缺乏优势或特色专业。部分专业在区域内不同层次、不同院校之间人才培养定位趋同明显，实力不强，特色不够鲜明。比较典型的是“遍地开花”的计算机类专业和盲目跟踪“热门”“一拥而上”的汽车检测与服务类专业。

二、指导思想

围绕柳州“实业兴市、开放强柳”发展战略，全面服务柳州建设“区域性先进制造业基地、区域性现代服务业中心、区域性交通枢纽”工作推进，以满足柳州经济社会发展对技术技能型人才的需求为宗旨，以开展专业发展定位规划、调整专业结构、打造“产业—专业”集群与品牌专业、培育建设共享型专业项目建设为重点，全面提升技术技能人才培养质量，形成与柳州产业结构相适应的专业结构与布局，为实现柳州“实业兴市、开放强柳”奋斗目标提供有力人才与技术支撑。

三、总体目标

2015年，启动职业院校专业布局优化和专业结构调整工作，各院校开展调研，分析专业存在的问题，制定专业发展规划。到2017年，专业布局优化与结构调整成效初显，基本形成与柳州支柱产业对接的布局合理、结构科学、中等高等职业教育与本科有效衔接的专业体系，初步形成职业院校之间准确定位、错位竞争、有序发展的格局。到2020年，专业布局与结构更加科学合理，职业院校之间准确定位、优势互补、特色鲜明的柳州“大职教”格局正式构建，建成一批面向汽车、机械等支柱产业的国际知名、国内一流的装备制造、汽车工程以及轨道交通类专业群；建成一批国内有影响力、广西一流的现代物流、生产性服务以及城市服务类专业群。

四、调整思路

专业布局与结构调整工作遵循“适应需求、适度超前，科学规划、特色发展”的原则，围绕柳州“巩固提升汽车、机械、冶金三大支柱产业，培育壮大化工、有色金属与新材料两大新支柱产业，改造升级食品、建材、造纸、日化4个传统优势产业，大力发展新能源汽车和节能环保、高端装备制造和电子信息、生物和制药3个新兴产业”的转型升级战略需要，面向生产、管理和服务第一线培养高素质技术技能人才。

（一）立足柳州产业转型升级实际规划专业发展方向

重点优先发展面向汽车、机械等支柱产业所需的装备制造、汽车工程类专业群；大力发展面向现代服务业所需的商贸、物流、旅游会展以及信息服务类专业群；积极发展与能源、交通、土建等基础设施建设密切相关的专业群；适度发展面向都市与乡村现代农业的生态农业、观光休闲农业、高附加值农产品等专业集群；适时开发面向新兴产业的新材料、新技术、新能源专业群。

（二）依托学校所属行业与传统优势规划专业

行业所属的职业院校应充分利用行业的资源优势举办与行业发展密切相关、需求旺盛的专业，努力办成行业特色鲜明、具有影响力的品牌专业。非行业院校要着眼于从学校现有的优势特色品牌专业出发，衍生和拓展新专业，通过专业结构调整，集聚优质办学资源，集中力量打造优势专业集群，形成整体合力，实现规模效益。

（三）限制和淘汰社会需求不足条件薄弱的专业

加强对各院校新增专业及布点的指导协调与统筹管理，避免专业低水平重复设置，撤销和停办一批与柳州发展战略及产业转型升级要求不相适应、生源状况差、办学条件薄弱、就业状况不佳的专业。

五、主要任务

（一）开展专项调研，制定专业调整规划

各职业院校开展专业设置与结构调整专项调研，撰写调研报告。对院校现有专业设置进行梳理和调整，根据院校发展定位规划，明确专业定位和发展方向，注重在柳州区域内错位竞争、品牌建设整体水平的提高。制定学校专业调整规划方案，认真分析学校专业设置状况及发展形势，围绕专业建设发展规划完善制度建设、条件建设、队伍建设，合理分配资源投入，形成以核心专业为龙头、骨干专业为纽带、延伸专业为支撑的专业群，促进优质教育资源的充分利用，逐步建立起各院校专业的特色与优势，实现通过专业发展定位来体现院校办学特色的目标。

（二）实施专业结构调整，优化专业布局

统筹柳州职业教育专业布局，根据柳州支柱产业、传统优势产业、新兴产业实际情况，制定机械、汽车、现代服务、轨道交通等产业的“产业—专业”集群对接表。制定宏观调整方略，通过经费支持和政策支持的方式，重点支持柳州产业发展急需的主干专业，倾斜支持增设柳州经济社会发展急需的空白专业，积极发展有培养点且专业规模适度的专业。引导各职业院校进行专业结构调整优化，控制与调整培养点多且专业规模偏大的专业，适度合并培养点多且专业规模偏小的专业。各职业院校分析自身优势和定位规划，对专业设置进行科学合理调整，重点办好与柳州产业结构联系紧密的传统优势特色专业，撤并、联办规模过小、办学条件薄弱的专业，新增服务柳州基础产业、优势产业、新兴产业的专业。通过调整专业结构和优化专业布局，形成与柳州支柱产业对接的布局合理、结构优化、中高职与本科有效衔接、特色鲜明、品牌纷呈的专业体系，构建职业院校之间准确定位、错位竞争、优势互补、特色发展的柳州“大职教”格局。

（三）建设“产业—专业”集群，深化产教融合

立足柳州汽车、机械等支柱产业及现代城市服务业发展需求，重点建设面向汽车、机械、信息、现代服务业、轨道交通产业的“产业—专业”集群。依托广西汽车产业职业教育集团等3～5个集团，以“产业—专业”集群发展模式，重点建设装备制造、车辆工程、通信技术、生产性物流、轨道交通工程等17个专业群。针对每一个重点建设的“产业—专业”集群，统筹协调柳州职业院校师资力量，成立“产业—专业”集群建设工作协作组，促进形成优势互补、错位发展、具有柳州特色和集群效应的专业群建设模式。形成一批特色鲜明、优势突出、国内一流、国际知名的“产业—专业”集群，提高办学水平，使教育特色与产业特点良性互动，更好地为地方经济和产业群经济服务，助推产城融合。

（四）打造品牌专业，彰显办学优势特色

以提升办学水平、提高人才培养质量为核心，着力构建国家、自治区、市级、校级四级重点专业体系。按照分批立项、分类支持、持续推进的思路，高职立项建设20个左右市级示范特色专业和基地（或者品牌专业和基地），中职立项建设30个左右市级示范特色专业和基地（或者品牌专业和基地）。从各校办学基础良好、符合产业发展方向、校企合作紧密的专业中，择优选择重点建设的专业，试点德国“双元制”、英国“现代学徒制”以及新加坡“双轨制”等培养模式，引入国际先进人才培养质量标准，提升专业国际化水平。集中人力、物力、财力建成一批国内一流、达到国际水平的品牌专业，提升专业服务产业发展能力。鼓励和引导职业院校以质量和特色为教学改革重点，积极引入企业前沿技术标准和职业能力标准，引进优质课程资源、教学模式，提升专业人才培养质量。

（五）培育共享型专业，疏通职教人才培养体系

各级职业院校以支持服务柳州支柱产业的重点专业为基础进行校校合作、

校企合作，组建中高职院校发展共同体，建设“中职—高职”“高职—本科”协调发展的共建共享型衔接专业。重点扶持建设 10 对“中职—高职”共建共享型衔接专业，5 对“高职—本科”共建共享型衔接专业（含高端应用型本科专业）。支持联合共建共享型衔接专业的院校与企业开展深入合作，共同开发不同层次人才职业能力标准，探索人才培养模式改革、课程体系构建、实训课程开发与教学资源共建、实训基地建设、教学平台建设、技能比赛赛项开发、教学运行与管理等。力争在技术技能型人才培养上打通“中职—高职”“高职—本科”的培养路径，为探索多层级、立体化的技术技能型人才培养模式奠定基础。

六、实施进度

根据规划方案的思路与目标，结合柳州职业教育发展实际，从启动调整、深入调整、品牌塑造三个阶段考虑，将实施按三个步骤来推进，建设进度如下。

第一阶段：启动调整期（2015 年）。

全面启动柳州职业教育专业布局与结构调整工作。上半年各职业院校提交专业布局与结构调整调研报告和学校专业调整规划方案。下半年启动专业结构调整、“产业—专业”集群、品牌专业、共享专业建设项目。

第二阶段：深入调整期（2015—2017 年）。

继续深入推进专业结构调整、“产业—专业”集群、品牌专业、共享专业建设项目专业布局优化与结构调整，基本形成与柳州支柱产业对接的布局合理、结构优化、中高职与本科有效衔接、特色鲜明、品牌彰显的专业体系，初步形成职业院校之间准确定位、错位竞争、优势互补、特色发展的柳州“大职教”格局。

第三阶段：品牌塑造期（2017—2020 年）。

适时开展专业评估，总结经验，塑造典型。专业布局进一步优化，建成一批面向汽车、机械支柱产业的国际知名、国内一流的装备制造、汽车工程以及轨道交通类专业群；建成一批国内有影响力、广西一流的现代物流、生产性服务以及城市服务类专业群。

七、保障机制

（一）加强组织领导，确保调整工作有力推进

市教育局负责专业布局与结构调整优化工作的整体协调与管理，在充分尊重各职业院校办学自主权的同时，依照教育部的有关要求，通过新专业设置管理、专业评估、招生计划、资金投入等手段，加强对全市职业院校专业设置和布局的宏观调控与管理。各职业院校要高度重视专业布局与结构调整优化工作，并从院校发展战略、办学定位和社会人才需求出发，2015 年上半年以前，要结合学校自身专业情况制定出专业布局与结构调整规划方案和分年度实施计划，稳步推进本校专业结构调整工作。

（二）建立专业设置预警系统，预测人才需求

依托柳州职业院校校长协作会、广西汽车产业职教集团、柳州市职业教育研究所等机构，加快建立柳州职业院校专业设置、人才培养、就业状况信息资源库，定期发布各专业人才培养规模、变化趋势和供求状况等信息，为职业院校优化专业布局与结构调整提供信息服务和宏观建议。各职业院校要高度重视市场需求调研工作，密切跟踪市场，建立和完善依据社会产业人才需求调整设置专业的机制，为前瞻性调整专业结构、优化专业布局提供科学依据。

（三）健全专业评估体系，突出专业内涵建设

市教育局定期组织开展专业办学水平评估，把专业结构调整工作纳入考核各职业院校办学工作的重要内容，作为衡量各校办学水平的重要依据。各职业院校在广泛深入的市场调研工作基础上，充分论证、科学决策，找准专业培养目标定位，明确专业内涵，以人才培养模式改革、课程体系、实训基地、师资队伍、服务产业能力建设为重点，要积极开展校企合作、产教融合，努力打造专业办学优势和特色，厚实专业内涵，全面提升人才培养质量。

（四）拓宽资金筹措渠道，加大资金支持力度

市财政每年从职业教育“两费”中安排一定比例的经费用于职业教育专业结构调整工作，做到专业结构调整项目专款专用。分年度择优确定一批“产业—专业”集群、品牌专业、共享型专业进行重点建设，获得重点建设项目专业的院校要按一定比例配套建设资金，主要用于重点建设专业的软、硬件建设。鼓励各职业院校设立专项经费或从事业收入中提取一定比例专项用于专业结构调整工作，加快专业建设。积极鼓励企业和社会力量投资参与院校专业建设。

附件：1. 专业布局优化与结构调整规划主要任务表

2.“产业—专业”集群及主干专业一览

3. 柳州市职业院校“产业—专业”集群一览表

4. 柳州市职业院校规划新增专业一览表

附件 1：

专业布局优化与结构调整规划主要任务表

主要任务	任务内容	时间安排
1. 制定专业调整规划	1.1 开展社会调研，形成调研报告	2015 年 6 月底前完成
	1.2 分析专业问题，制定专业调整规划方案	2015 年 6 月底前完成
2. “产业—专业”集群建设	2.1 中职“产业—专业”集群	2015 年启动
	2.2 高职“产业—专业”集群	2015 年启动
	2.3 本科“产业—专业”集群	2016 年启动
3. 品牌专业	3.1 高职示范特色专业和基地（品牌专业和基地，共 20 个）	2016 年启动
	3.2 中职示范特色专业和基地（品牌专业和基地，共 30 个）	2016 年启动
4. 共享型专业	4.1 “中职—高职”联合共建共享专业	2016 年启动
	4.2 “高职—本科”联合共建共享专业	2016 年启动

附件 2－1

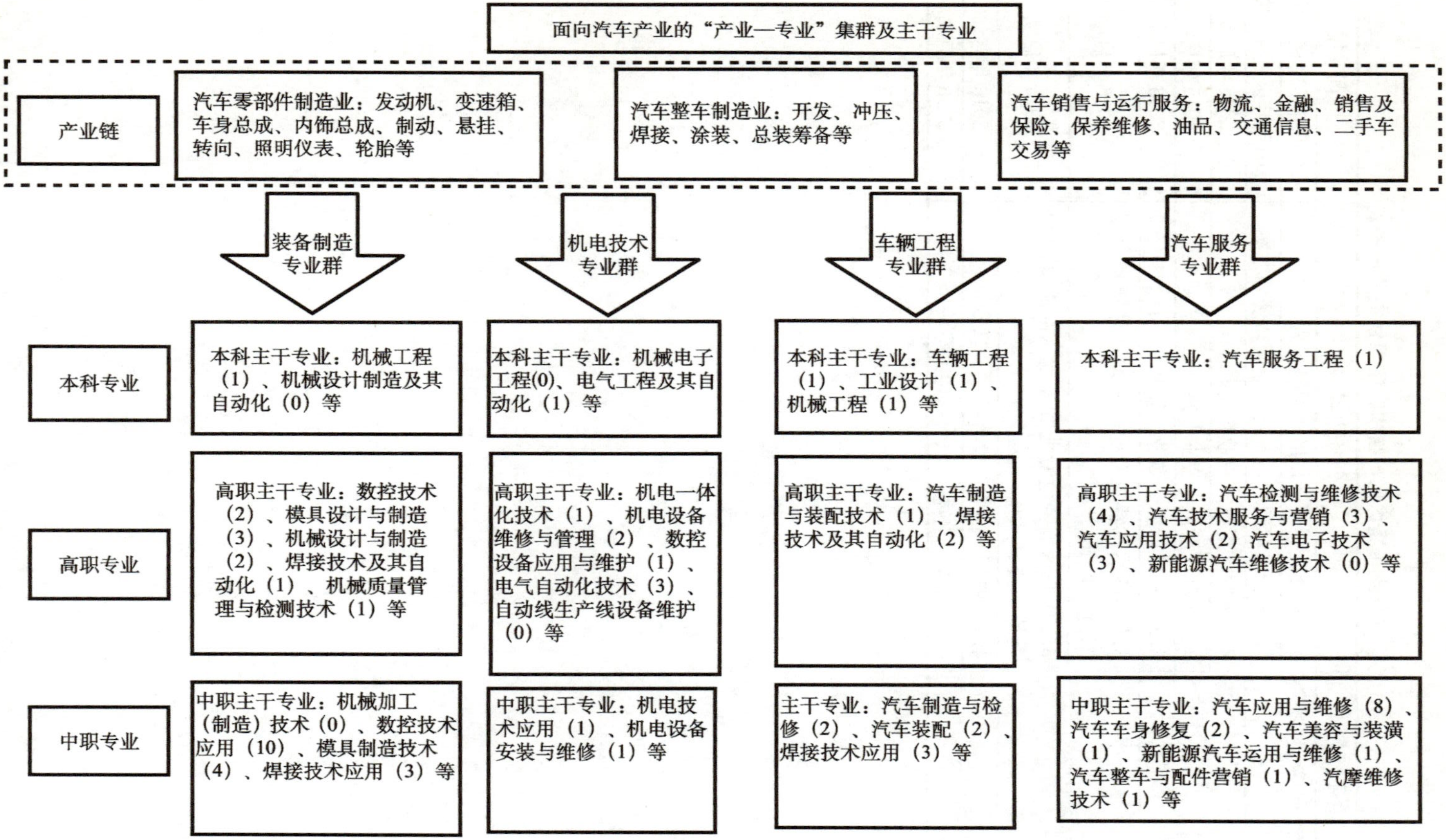

注：专业后括号中的数字表示该专业目前在柳州市职业院校布点数

附件 2－2

面向机械工业(工程机械)的“产业—专业”集群及主干专业

	装备制造专业群	机电技术专业群	工程机械技术专业群
产业链	零部件制造业：液压气动元件、轴承及密封、机械传动零部件、模夹具、电子器件、仪器仪表、自动化控制装置等	整机及成套机械制造业：数控机床、机器人、整车制造、工程机械、农业机械、矿山设备、冶金设备、动力设备、化工设备等	机电设备销售服务：机电设备销售、运行管理、维修服务、再制造、二次开发、技改等
本科专业	本科主干专业：机械工程（1）、机械设计制造及其自动化等	本科主干专业：机械电子工程、机械设计制造及其自动化（1）、工业设计、过程装备与控制工程（0）、电气工程及其自动化（1）等	本科主干专业：机械电子工程、机械工程（1）等
高职专业	高职主干专业：数控技术（2）、模具设计与制造（3）、机械设计与制造（2）、焊接技术及其自动化（1）、机械质量管理与检测技术（1）等	高职主干专业：机电一体化技术（1）、电气自动化技术（3）、机械设计与制造（2）、生产过程自动化技术（0）、焊接技术及其自动化（2）、工业机器人技术（0）等	高职主干专业：机电设备维修与管理（2）、数控设备应用与维护（1）、工程机械运用与维护（1）、工程机械技术服务与营销（2）、设备安装技术（0）等
中职专业	中职主干专业：机械加工（制造）技术、数控技术应用（10）、模具制造技术（4）、焊接技术应用（3）等	中职主干专业：机电技术应用（1）、电气技术应用（0）、电气运行与控制（0）、焊接技术应用（3）等	中职主干专业：机电设备安装与维修、钢铁装备运行与维护、有色装备运行与维护（0）、工程机械运用与维修（1）等

附件 2－3

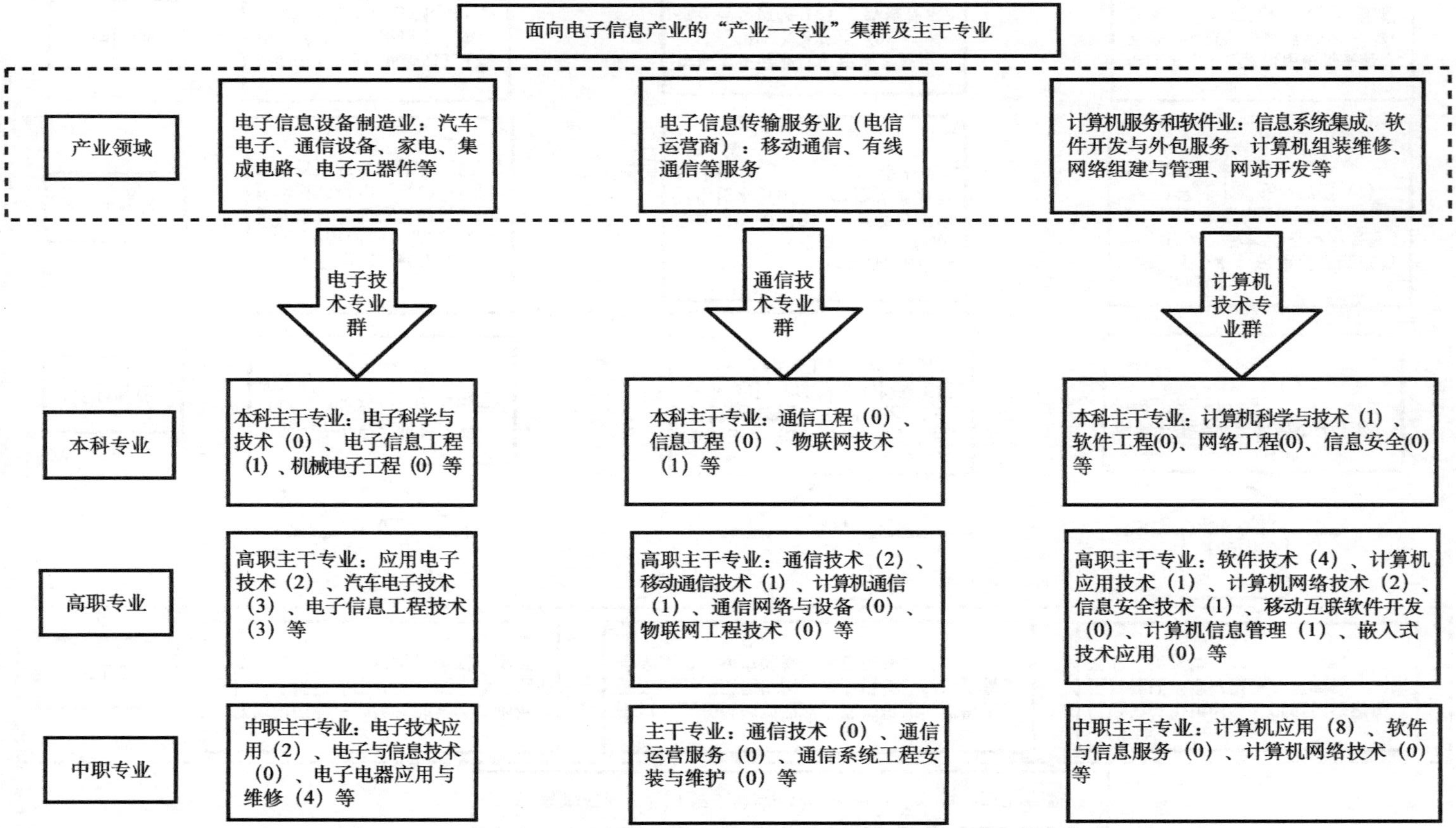
面向电子信息产业的“产业—专业”集群及主干专业
产业领域
电子信息设备制造业：汽车电子、通信设备、家电、集成电路、电子元器件等
电子信息传输服务业（电信运营商）：移动通信、有线通信等服务
计算机服务和软件业：信息系统集成、软件开发与外包服务、计算机组装维修、网络组建与管理、网站开发等
电子技术专业群
通信技术专业群
计算机技术专业群
本科专业
本科主干专业：电子科学与技术（0）、电子信息工程（1）、机械电子工程（0）等
本科主干专业：通信工程（0）、信息工程（0）、物联网技术（1）等
本科主干专业：计算机科学与技术（1）、软件工程(0)、网络工程(0)、信息安全(0)等
高职专业
高职主干专业：应用电子技术（2）、汽车电子技术（3）、电子信息工程技术（3）等
高职主干专业：通信技术（2）、移动通信技术（1）、计算机通信（1）、通信网络与设备（0）、物联网工程技术（0）等
高职主干专业：软件技术（4）、计算机应用技术（1）、计算机网络技术（2）、信息安全技术（1）、移动互联软件开发（0）、计算机信息管理（1）、嵌入式技术应用（0）等
中职专业
中职主干专业：电子技术应用（2）、电子与信息技术（0）、电子电器应用与维修（4）等
主干专业：通信技术（0）、通信运营服务（0）、通信系统工程安装与维护（0）等
中职主干专业：计算机应用（8）、软件与信息服务（0）、计算机网络技术（0）等

附件 2－4

面向现代服务业的“产业—专业”集群及主干专业

产业领域	金融服务业	现代物流业	商贸服务业	旅游业	文化教育产业	
	财务管理专业群	现代物流专业群	商务贸易专业群	旅游服务专业群	文化教育专业群	艺术设计专业群
本科专业	本科主干专业：财务管理（1）	本科主干专业：物流管理（0）、物流工程（0）	本科主干专业：市场营销（1）、工商管理（1）、电子商务（0）	本科主干专业：旅游管理（0）、会展经济与管理（0）	本科主干专业：公共事业管理（1）、学前教育（0）、教育学（0）、教育技术学（0）	本科主干专业：视觉传达设计（1）、艺术设计（0）
高职专业	高职主干专业：财务管理（4）、会计电算化（5）	高职主干专业：物流管理（4）、报关与国际货运（1）	高职主干专业：市场营销（2）、电子商务（3）、连锁经营管理（2）、营销与策划（2）、市场开发与营销（1）、商务英语（1）	高职主干专业：旅游管理（4）、酒店管理（3）、烹饪工艺与营养（0）、餐饮管理与服务（0）、会展策划与管理（0）	高职主干专业：公共事务管理（2）、学前教育（1）、文秘（2）	主干专业：动漫设计与制作（2）、服装设计与制作（1）、广告设计与制计（2）、艺术设计（1）
中职专业	中职主干专业：会计（2）	中职主干专业：物流服务与管理（5）	中职主干专业：市场营销（1）、电子商务（5）、现代商务（1）、商务英语（1）、连锁经营与管理（0）	中职主干专业：旅游服务与管理（7）、旅游管理（1）、高星级饭店运营与管理（1）、中餐烹饪与营养膳食（2）、烘焙（糕点面包）（1）	中职主干专业：学前教育（5）、文秘（1）	主干专业：工艺美术（4）、服装设计与工艺（5）、美术设计与制作（1）、民间传统工艺（1）、动漫游戏（1）

附件 2－5

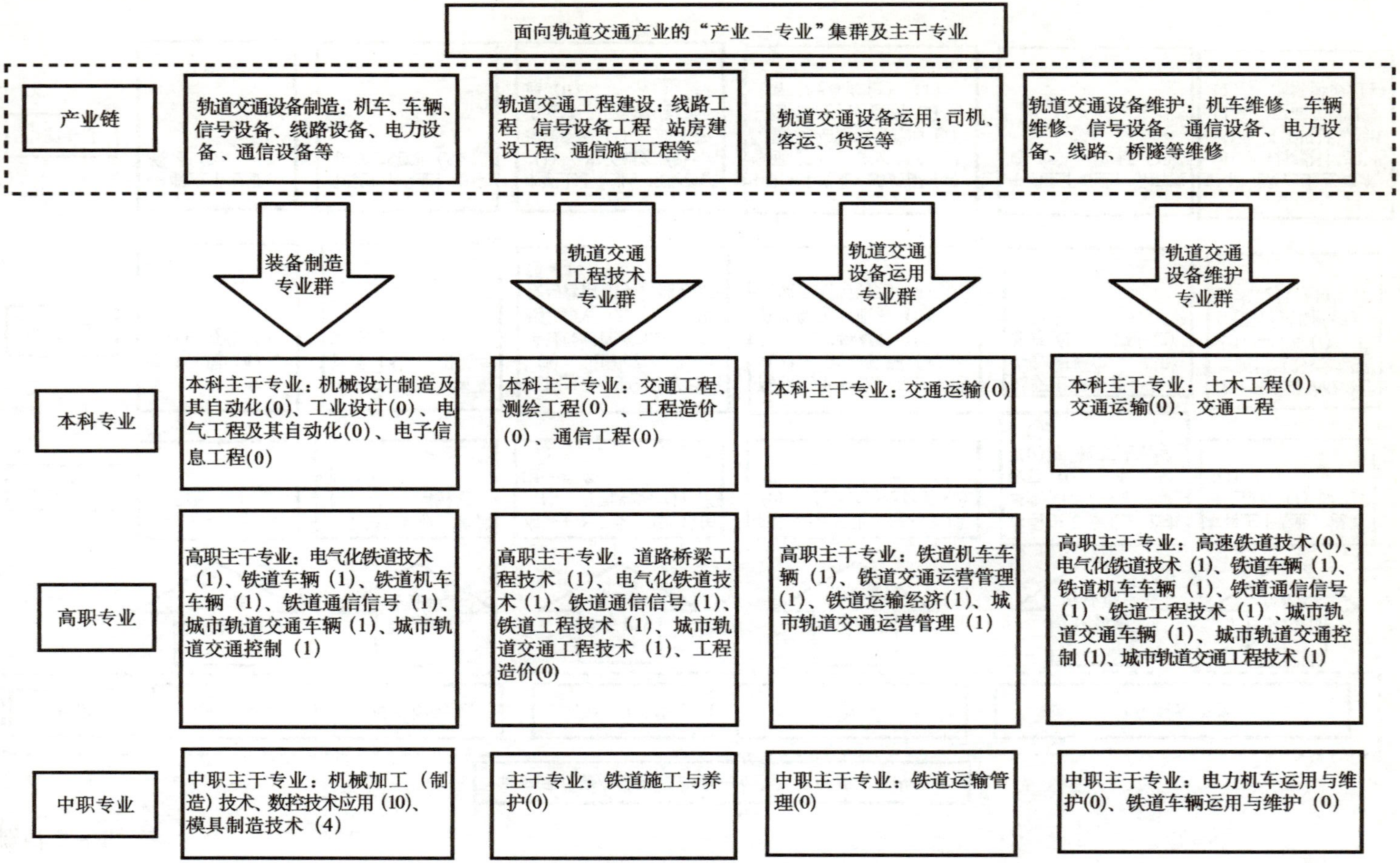
面向轨道交通产业的“产业—专业”集群及主干专业
产业链
轨道交通设备制造：机车、车辆、信号设备、线路设备、电力设备、通信设备等
轨道交通工程建设：线路工程 信号设备工程 站房建设工程、通信施工工程等
轨道交通设备运用：司机、客运、货运等
轨道交通设备维护：机车维修、车辆维修、信号设备、通信设备、电力设备、线路、桥隧等维修
装备制造专业群
轨道交通工程技术专业群
轨道交通设备运用专业群
轨道交通设备维护专业群
本科专业
本科主干专业：机械设计制造及其自动化(0)、工业设计(0)、电气工程及其自动化(0)、电子信息工程(0)
本科主干专业：交通工程、测绘工程(0) 、工程造价(0)、通信工程(0)
本科主干专业：交通运输(0)
本科主干专业：土木工程(0)、交通运输(0)、交通工程
高职专业
高职主干专业：电气化铁道技术（1)、铁道车辆（1)、铁道机车车辆（1)、铁道通信信号（1)、城市轨道交通车辆（1)、城市轨道交通控制（1)
高职主干专业：道路桥梁工程技术（1)、电气化铁道技术（1)、铁道通信信号（1)、铁道工程技术（1)、城市轨道交通工程技术（1)、工程造价(0)
高职主干专业：铁道机车车辆（1)、铁道交通运营管理(1)、铁道运输经济(1)、城市轨道交通运营管理（1)
高职主干专业：高速铁道技术(0)、电气化铁道技术（1)、铁道车辆（1)、铁道机车车辆（1)、铁道通信信号（1) 、铁道工程技术（1) 、城市轨道交通车辆（1)、城市轨道交通控制 (1)、城市轨道交通工程技术 (1)
中职专业
中职主干专业：机械加工（制造）技术、数控技术应用 (10)、模具制造技术（4)
主干专业：铁道施工与养护(0)
中职主干专业：铁道运输管理(0)
中职主干专业：电力机车运用与维护(0)、铁道车辆运用与维护（0)

（六）柳州市推进县级中等专业学校综合改革统筹工作方案

为贯彻落实《中共广西壮族自治区委员会 广西壮族自治区人民政府关于加快改革创新全面振兴教育的决定》（桂发〔2014〕2号）、《广西壮族自治区人民政府关于贯彻〈国务院关于加快发展现代职业教育的决定〉的实施意见》（桂政发〔2014〕43号）、《广西壮族自治区人民政府办公厅关于印发县级中等专业学校综合改革计划的通知》（桂政办发〔2014〕64号）精神，统筹推进我市县级中等专业学校（以下简称“县级中专”）综合改革，加快发展现代职业教育，特制定本方案。

一、指导思想

以邓小平理论、“三个代表”重要思想、科学发展观为指导，立足我市新型工业化和城镇化建设实际，坚持以服务发展为宗旨，以促进就业为导向，以扩大规模和提高质量为重点，进一步推进县级中专的改革与发展，努力将县级中专建设为适应地方经济社会发展需求，规模适当、结构合理、充满活力的教育综合服务平台，成为我市现代职业教育体系的重要支撑。

二、目标任务

（一）事业现状

我市目前拥有柳江县职业中等专业学校、柳州市鹿寨职业教育中心、柳城县中等职业技术学校、融安县职业技术学校、融水苗族自治县中等专业学校以及三江侗族自治县职业技术学校等6所县级职校，全日制在校生共计3 493人、年职业培训达5 463人次、专业课教师230人（其中，“双师型”教师140名）、校园占地面积904亩、校舍建筑面积203 464平方米、教学仪器设备总值5 535万元（各校详情见附表1）。

自2008年全区实施职业教育攻坚以来，我市各县级中专在办学条件、教学质量、管理水平等方面有较大提升，为当地培养培训了大批技能人才，对提高新增劳动力的科学文化素质和职业技能水平，推动地方经济社会发展和促进就业做出了积极贡献。

随着国家、自治区加快构建现代职业教育体系发展战略的启动实施，我市县级中专存在的整体发展水平相对较低、办学吸引力不强、特色不明显、专业结构不尽合理、办学规模和人才培养质量还不能适应地方经济社会发展需求等问题也日益凸显，亟须进一步在办学体制机制、专业设置、课程体系和教师队伍建设等方面加快改革创新，持续协调发展。

（二）总体目标

2014年，全面启动柳州6县中专学校的综合改革工作。到2017年，县级中专学校招生规模扩大，办学体制机制改革取得明显突破，有1～2所县级中专办学水平进入全区县级中专一流行列，其他县级中专达到自治区规定的办学标准，基本形成“适应市场需求、体现普职渗透、实现产教融合、彰显柳州特色”的县级中专办学新格局。到2020年，将县级中专建设成为我市现代职业教育体系的重要支撑力量。

（三）年度目标任务

1. 2014年目标任务

全面启动并推进我市县级中专综合改革统筹工作，指导各县编制完成并启动实施县级中专综合改革实施方案及发展规划。

指导各县级中专按自治区标准建成1个基本满足区域教师培训、适应本地行业培训、能够远程双向互动的多功能多媒体教室。

在各县级中专中全面启动农民工及新型职业农民培训、教师培训、民族文化传承培训、护理健康培训、业余体校培训等。

2. 2015年目标任务

在启动实施全市职业院校专业设置及结构布局优化调整工作的基础上，开展“十三五”全市职业院校重点建设专业、重点建设实训基地遴选及建设工作，多渠道筹措1 000万元以上专项经费，扶持2～3所具备条件的县级中专开展重点专业、重点实训基地建设；扶持2～3个面向农村实用技术推广，培养新型职业农民的涉农类示范专业建设，扶持1～2所学校进入自治区县级中专综合改革综合考评优秀学校或进步显著学校行列。支持县级中专构建基于岗位职业能力要求或工作过程的课程体系，按新课程理念开展课程建设。

抓好普通高中和县级中专招生工作统筹，按自治区工作部署，指导县级中专与普通高中开展融通办学、与普通初中合作开展职业教育渗透等试点工作。

抓好城市职业院校结对帮扶县级中专和开展联合办学工作统筹，力争各县级中专和城市职业院校均成为结对帮扶发展共同体。

指导6县教育行政部门建立贫困学生资助管理信息系统，对就读中、高等职业教育的家庭经济困难学生，落实相关免学费和补学费政策。

3. 2016 年目标任务

将推进县级中专综合改革统筹工作纳入全市教育事业“十三五”规划，多渠道筹措1 000万元以上专项经费，指导并扶持1～2个县级中专实训基地开展“全区职业教育民族文化传承创新基地”立项建设申报工作，继续扶持1～2所学校进入自治区县级中专综合改革综合考评优秀学校或进步显著学校行列。

4. 2017 年目标任务

各县基本普及高中阶段教育，高中阶段毛入学率达到93%。各县级中专顺利通过全区县级中专“合格学校评估”，各校的办学条件和规模质量均达到自治区规定标准，建设2～3个面向农村实用技术推广，培养新型农民的涉农类示范专业，1～2个实训基地成为“全区职业教育民族文化传承创新基地”。基本形成“适应市场需求、体现普职渗透、实现产教融合、彰显柳州特色”的县级中专办学格局。

5. 2020 年目标任务

县级中专成为全市现代职业教育体系的重要组成，有1～2个县进入“国家级农村职业教育和成人教育示范县”立项建设行列。

三、主要措施

从提高高中阶段毛入学率、提高劳动者素质、服务县域经济社会发展、服务新型工业化、新型城镇化建设实际出发，统筹发挥好政府和市场的作用，统筹并指导推进县级中专综合改革。

（一）科学统筹，明确县级中专办学定位及发展方向

统筹指导县级中专做好规划发展。指导各县编制完成县级中专发展规划，逐步将县级中专建成当地集高中阶段教育、教师进修培训、民族文化传承、就业和扶贫培训、业余体校、电大教育等“六位一体”的教育综合服务平台。支持各县中专依托地方经济，走特色和差异化的改革发展道路：支持融水县民族职业技术学校发展旅游类专业方向，融安职校发展现代农业生产与销售类专业方向，鹿寨职教中心发展数控、汽车类专业方向，柳江职校发展机械加工、汽车配件生产类专业方向，三江职校发展茶叶生产与加工、旅游类专业方向，柳城职校发展计算机、化工、缫丝类专业方向等。

（二）加强指导，努力扩大县级中专办学规模

统筹指导高中阶段招送生工作，努力扩大6县中专的招生规模。严格执行普通高中和县级中专招生比例大体相当的原则，改革高中阶段招生工作，落实“统一制定招生政策和措施，统一公布招生计划和信息，统一组织区域内初中毕业生报名和填报志愿，统一组织生源，统一安排招生录取”5个统一；完善中职教育招送生双向责任制和市、县（区）、校三级联动机制，逐级明确高中阶段招送生工作的目标任务和责任主体，由市教育局每年与各县区教育局、各中职学校签订招送生工作目标责任书，将任务完成情况列为对县（区）政府年度教育工作绩效考评指标。到2017年，实现高中阶段毛入学率达93%的工作目标，县级中专招生规模达到自治区规定标准。

（三）加快建设，努力改善县级中专办学条件

1. 推动实施县级中专基础能力强化工程

根据县级中专发展规划和国家、自治区确定的办学标准及要求，指导各县级中专持续推进县级中专基础设施建设。充分利用融水苗族自治县、三江侗族自治县非物质文化传承基地的优势，通过项目扶持，以民族文化进校园，民族文化进课堂，民族文化进设计等方式，搭建市、县、传承基地三级联动协同创新平台；推进优质特色县级中专建设和实训基地建设，到2017年，建成1～2个“全区职业教育民族文化传承创新基地”。

2. 指导实施县级中专信息化建设工程

指导各县级中专加强学校信息化基础设施建设，构建满足教学、生活、管理、安全需要的信息化平台。2014年，各县级中专建成1～2个满足区域教师培训、适应本地行业培训、能够远程双向互动的多功能多媒体教室。指导各县级中专加强与专业课程配套的虚拟仿真实训系统开发与应用，建设覆盖学生学籍管理、学生资助、招生就业、教师管理、教学管理、专业设置、实习实训等关键领域的管理信息系统。提高教师信息技术应用能力，推进学校管理和教学信息化的应用水平。

（四）改革创新，全面提升县级中专办学水平

1. 推进办学体制机制创新

发展城乡联合发展共同体。充分利用柳州市职业院校校长协作会等平台，统筹安排我市高职院校、城市示范性中职学校与县级中专结对开展城乡一体化合作办学，持续开展柳州铁道职业技术学院与柳江县中专、柳州职业技术学院与鹿寨职教中心、柳州城市职业学院与柳城县中专、柳州市第二职业技术学校与融安县中专、柳州城市职业学院与融水县中专、柳州市第一职业技术学校与三江县中专“一对一”的结对帮扶，逐步形成城乡联合发展共同体。

统筹校企合作办学。通过组建广西汽车产业、柳州机械产业、柳州现代服务

业（生产性服务业）等职业教育集团，积极推进校企一体化合作办学，指导县级政府通过委托管理、合作共建、集团化办学等多种方式支持县级中专参与职业教育集团。

推进职普融合。按教育厅的统一部署，指导各县稳步开展县级中专与普通高中融通办学、与普通初中合作开展职业教育渗透等试点工作，支持县级中专接收从初中三年级第二学期转入的初中学生，支持各县中等专业学校与普通高中实现学籍互转。

2. 统筹实施县级中专的专业设置及布局优化工作

将县级中专的专业建设纳入全市职业院校专业设置及结构布局优化调整方案（各县拟重点建设专业见附表 2），根据区域重点产业和社会事业发展需求，以城市优质职业院校为龙头，以优质专业群为纽带，通过结对发展、项目扶持等方式，深入推动城乡紧密型合作办学，努力形成“资源共享、优势互补、特色发展”的专业发展格局，促进城乡职业教育协调发展。

开展“十三五”全市职业院校重点建设专业、重点建设实训基地遴选及建设工作，扶持 3～4 所县级中专开展重点专业、重点实训基地建设，扶持建设 2～3 个面向农村实用技术推广、培养新型职业农民的农业类示范专业。

3. 深化课程体系改革

在高职院校、城市示范性中职学校帮扶下，支持县级中专开展基于岗位职业能力要求或工作过程构建课程体系，吸纳行业企业的课程设置意见，按照岗位需要设置课程，将企业管理、企业文化、爱岗敬业等企业课程引入学校。同时，按新课程理念开展课程建设，改革教学内容、教学手段与教学方法，强化职业能力培养，提高信息技术应用的水平。实现课程内容与职业标准对接、教学过程与生产过程对接、毕业证书与职业资格证书对接。

4. 创新教师队伍建设途径和内容

加大对县级中专师资队伍建设的扶持力度，在开展文化课教师转岗培训、专业课教师素质能力提升等市本级基础培训的基础上，采取脱产集中学习、顶岗挂职学习、城市职业院校专业教学团体入驻县级中专定点帮扶等多种形式。加强“一校一品”的县级职校重点专业师资团队建设，每年重点扶持各县建设 1～2 个重点专业师资团队；按照专业课教师占专任教师 60%以上、“双师型”教师占专业课教师 60%以上的政策，重点扶持县级中专“双师型”教师队伍建设，并优先安排国家级、自治区级师资培训名额。

（五）彰显公平，提升县级中专扶贫服务能力

1. 实施“9＋3”教育精准扶贫计划

落实“9＋3”教育精准扶贫计划。建立贫困学生资助管理信息系统。对完成9年义务教育未能升入普通高中继续学习的家庭经济困难学生，引导其到县级中专接受3年免费中等职业教育，帮助贫困学生顺利完成学业，实现就业创业，摆脱贫困的代际传递。对完成中等职业教育后升入高等职业教育阶段学习的家庭经济困难学生，按照自治区规定的标准给予学费补助。

2. 开展多种形式的继续教育

指导县级中专利用县级中专配套的教学、实训、生活、体育等设施和“双师型”师资力量，整合资源，坚持渠道不乱、用途不变、各司其职，发挥各部门各行业的优势，加强各部门与县级中专的合作，开展多种形式的继续教育，在县级中专全面启动农民工及新型农民培训、教师培训、民族文化传承培训、护理健康培训、业余体校培训等。

四、组织保障

（一）加强组织领导

继续发挥市、县两级职业教育攻坚工作领导小组和职业教育联席会议制度职能，加强对辖区县级中专综合改革的统筹领导，形成会商机制和工作合力，定期研究解决重大问题，确保县级中专综合改革工作顺利推进。

县级人民政府是举办县级中专的责任主体，要把县级中专综合改革工作纳入议事范围，定期研究解决重大问题。负责组织制定和落实县级中专综合改革实施方案。

（二）落实经费政策

各县（市、区）人民政府要落实国家和自治区有关职业教育投入、用地、建设等方面政策。确保教育费附加和地方教育附加安排职业教育的比例均不低于30％、公办县级中专年生均公用经费不低于自治区政策规定。“两费附加”可用于县级中专建设贷款贴息。各县（市、区）按不低于当地教职工工资总额的2％安排教师培训经费，各校按照年度公用经费预算总额的5％安排教师培训经费。

（三）建立考评奖补机制

2014—2017年，通过以奖代补的方式，对招送生工作、提高高中阶段教育毛入学率、改善办学条件、毕业生就业（含升学）工作、特色专业建设及培训工作开展等6项工作完成情况良好的县，安排项目经费奖励；对合作办学和结对帮扶成效显著的职业院校，优先安排市本级专业及实训基地建设项目，优先推荐国家、自治区职业教育项目。

（四）强化督导考评

市政府将县级中专综合改革工作列为对各县（区）目标责任考核范围，将高中阶段教育毛入学率纳入各县（区）年度绩效考评；各县（区）将初中毕业生升入高中阶段学校（含普通高中和中职学校）就读比例纳入辖区内各初中学校绩效考核。

市、县教育督导部门将县级中专综合改革列为年度教育工作目标管理责任制和县级政府教育工作督导评估的重要内容，每年对各县落实辖区县级中专综合改革情况进行专项督查，将督查结果向社会公告并作为市本级经费奖补以及安排职业院校专业及实训基地建设项目的主要依据。

（五）加大宣传力度

广泛动员全社会通过各种方式支持县级职业教育的改革发展，发挥新闻媒体的舆论导向作用，加大“上学免学费、就业有技能、升学有通道”等国家职业教育优惠政策的宣传，大力宣传我市县级中专的办学改革新举措，大力宣传中高职衔接“立交桥”，大力宣传学生就业创业升学典型，大力宣传先进做法和成功经验，全力营造全社会关心支持职业教育的良好氛围。

附表：1. 柳州市县级中等专业学校办学现状及建设目标

2. 柳州市县级中等专业学校专业设置及建设规划

柳州市职业教育攻坚工作领导小组（盖章）

2014年11月24日

附表 1

柳州市县级中等专业学校办学现状及建设目标

序号	学校名称	现状/目标	县域人口（万人）	全日制在校生（人）	短期职业培训（人次/年）	专任教师（人）				校园占地面积（亩）	校舍建筑面积（平方米）	教学仪器设备值（万元）		
						小计	文化课教师	专业课教师	其中“双师型”教师			小计	实习实训设备值	理化实验设备值
1	柳江县职业中等专业学校	现状	56.2	525	50	95	50	45	19	78	41 000	1 449.6	1 449.6	0
		2017 年目标	58	1 200	1 880	97	40	57	38	78	41 000	2 060	2 000	60
		2020 年目标	60	2 400	3 000	133	53	80	48	120	48 000	2 620	2 500	120
2	柳州市鹿寨职业教育中心	现状	41.32	812	1 050	89	29	60	41	265	50 569	1 758	1 758	0
		2017 年目标	42	1 200	1 700	111	32	79	56	265	50 569	2 250	2 200	50
		2020 年目标	45	1 500	2 000	130	43	87	69	265	50 569	2 550	2 500	50
3	柳城县中等职业技术学校	现状	40	308	400	48	37	11	6	186	23 900	610	610	0
		2017 年目标	41	800	1 000	70	28	42	26	186	24 860	1 215	1 200	15
		2020 年目标	42	1 000	1 000	70	28	42	26	186	24 860	1 530	1 500	30
4	融安县职业技术学校	现状	32	227	500	45	22	23	15	160	29 121.16	236	236	0
		2017 年目标	32	650	1 500	78	19	31	28	160	46 019	716	626	90
		2020 年目标	32	1 500	1 500	92	25	65	32	160	46 019	716	626	90

续表

序号	学校名称	现状/目标	县域人口（万人）	全日制在校生（人）	短期职业培训（人次/年）	专任教师（人）				校园占地面积（亩）	校舍建筑面积（平方米）	教学仪器设备值（万元）		
						小计	文化课教师	专业课教师	其中“双师型”教师			小计	实习实训设备值	理化实验设备值
5	融水苗族自治县中等专业学校	现状	50	1 200	300	112	41	71	41	155	44 977	1 202	1 200	2
		2017 年目标	50	2 400	3 000	133	53	80	48	155	57 977	1 810	1 800	10
		2020 年目标	50	2 700	3 000	150	60	90	54	155	57 977	1 815	1 800	15
6	三江侗族自治县职业技术学校	现状	37	421	3 163	41	21	20	18	59.88	13 897	279.4	279.4	0
		2017 年目标	39	1 200	5 300	50	22	28	25	59.88	24 000	475	450	25
		2020 年目标	40	1 500	6 000	75	25	50	56	115	31 000	580	530	50

附表 2

柳州市县级中等专业学校专业设置及建设规划

序号	学校名称	县域主导产业和特色产业	目前设置专业	重点建设专业		
				骨干专业（服务重点产业和社会事业）	涉农专业（适应农村改革和农业现代化）	特色专业（服务农村新生劳动力转移就业、扶贫富民和民族文化传承创新）
1	柳江县职业中等专业学校	汽车配件、制糖、医药	数控技术应用 汽车运用与维修 旅游服务与管理 服装工艺与设计 计算机应用 电子电器应用与维修	数控技术应用 汽车运用与维修	电子电器应用与维修	汽车运用与维修
2	柳州市鹿寨职业教育中心	机械加工、汽车配件制造	数控技术应用 汽车运用与维修 计算机应用 电子商务 学前教育	数控技术应用 汽车运用与维修 计算机应用 电子商务 学前教育	计划新设置 1 个农林牧渔类专业	数控技术应用
3	柳城县中等职业技术学校	甘蔗水果种植、桑蚕养殖	计算机应用 汽车运用与维修 焊接技术应用	计算机应用 汽车运用与维修 焊接技术应用	计划新增设缫丝技术专业	焊接技术应用
4	融安县职业技术学校	金橘种植	计算机应用 服装设计与工艺 电子电气应用与维修 机电设备安装与维修 旅游服务与管理 工艺美术	计划与城市院校联合举办学前教育专业	计划恢复设置农业多种经营专业	学前教育、农业多种经营

续表

序号	学校名称	县域主导产业和特色产业	目前设置专业	重点建设专业		
				骨干专业（服务重点产业和社会事业）	涉农专业（适应农村改革和农业现代化）	特色专业（服务农村新生劳动力转移就业、扶贫富民和民族文化传承创新）
5	融水苗族自治县中等专业学校	林业、旅游业	护理 农村医学 电子电器应用与维修 汽修 数控 学前教育 旅游 计算机应用	护理 农村医学 学前教育 汽修	农村医学 计划新增设林业经济相关专业	学前教育、护理、农村医学
6	三江侗族自治县职业技术学校	民族旅游 茶叶、油茶 侗族刺绣	旅游服务与管理 茶叶生产与加工 计算机应用 电子电器应用与维修 学前教育（联办） 汽车运用与维修（联办）	旅游服务与管理 茶叶生产与加工	旅游服务与管理 茶叶生产与加工	旅游服务与管理 茶叶生产与加工 计划新增设民族文化传承相关1～2个专业

（七）厅市共建“广西现代职业教育改革发展示范区”协议

为贯彻落实《国务院关于加快发展现代职业教育的决定》（国发〔2014〕19号）、《广西壮族自治区人民政府关于贯彻〈国务院关于加快发展现代职业教育的决定〉的实施意见》（桂政发〔2014〕43号）精神，加快推进柳州现代职业教育发展，为“柳州合格制造”走向“柳州优质制造”提供有力支撑。经商定，柳州市人民政府与广西壮族自治区教育厅在柳州市共建“现代职业教育改革发展示范区”。

一、建设目标

围绕广西“创新驱动、开放带动、双核驱动、绿色发展”四大发展战略和柳州“实业兴市、开放强柳”发展战略，着力构建具有柳州特色的现代职业教育体系，努力探索职业教育服务区域经济社会发展、服务扶贫富民、服务民众就业、服务民族文化传承、服务对外开放的新机制、新途径。

到2020年，将柳州打造成为全国颇具影响力的现代职业教育改革发展示范城市、职业教育国际化试点城市和区域性职业教育中心。

二、共建重点

统筹柳州职业教育布局和规模，与区域产业发展、社会需求有效对接。推动柳州市各市属职业院校的差异化发展，对接区域支柱产业需求，明确学校发展定位，科学制订发展规划，优化专业结构和师资队伍建设，推动各学校特色办学、错位竞争、合作共赢；统筹城乡职业教育一体化发展，支持城市院校对口帮扶县级职校，推动县级职校改革实现突破。以服务产业发展的示范特色专业及实训基地建设为龙头，构建与柳州支柱产业紧密对接、中高等职业教育以及本科教育梯次衔接的专业结构，形成职业院校之间准确定位、错位竞争、优势互补、特色发展的柳州“大职教”格局。

深化职业教育人才培养模式改革，共同推动中高等职业教育人才培养贯通衔接。构建区域职业教育发展共同体，创新发展职业教育系统培养及协同育人机制，构建完善中、高端技术技能人才贯通培养及发展“立交桥”，全面推进中等、高等职业教育紧密衔接；深化“五年制”中高职一体化人才培养试点，统筹在柳高职院校与中职学校（国家改革示范校）探索实施“五年制人才培养”方案和制度，实现中高职“七个衔接”，即：中高职培养目标、专业设置、课程设置、工学比例、教学内容、教学方式方法、教学资源配置等有机衔接；深化“3＋4”本科层次职业教育合作办学试点，推动招生指标单列，开展市属职业院校与区内试点本科院校协同育人试点。

深化产教融合，创新实施“现代学徒制国家试点城市”建设。重点推进建立健全“现代学徒制”的相关支持政策和配套措施，基本形成以政府为引导，学校、企业双主体育人，以高职专业为龙头衔接应用本科专业、带动中职专业发展的柳州特色“现代学徒制”培养体系；建设“现代学徒制”产教平台，按照“七个共同”的要求，即校企共同研究专业设置、共同设计人才培养方案、共同开发课程、共同开发教材、共同组建教学团队、共同建设实训实习平台、共同制定人才培养质量标准，促进行业企业参与人才培养全过程；围绕高端装备制造、汽车服务、现代物流及轨道交通类专业，选拔企业师傅担任指导教师，建设具有柳州特色的“现代学徒制”企业师傅团队；在企业师傅团队中遴选成立10～15个“技能大师工作室”，充分发挥企业在传承传统技艺中的作用。

加快职业教育国际化发展进程，推进“广西职业教育国际化试点城市”建设，实施柳州职业教育国际化发展“七大行动”，将柳州打造成面向东盟职业教育新高地。积极引入国际化职业教育的先进理念和优质资源，搭建职业教育国际化发展平台，提升汇聚资源要素发展柳州职业教育的能力；成立“中德（广西柳州）AHK职业教育培训中心”，开展国际职业技术资格证书认证、师资培训等服务；深入实施“职业教育协同企业走出去”计划；建立与柳州经济社会发展水平相适应的完整的职业教育国际化体系，使柳州成为我国西部地区职业教育对外开放与合作交流中心、东盟先进制造技术技能人才培养与输出基地。

强化职业教育基础能力建设，提升“职业教育扶贫富民能力”。按照国家、自治区精准扶贫工作要求，立足新时期城镇化建设进程及培养新型职业农民工作实际，推进“职业教育扶贫富民能力提升”工作；加大城乡结对帮扶力度，扩大职业院校招收建档立卡贫困生比例；加强职业教育扶贫精准度，以柳州市第一职业技术学校计算机应用（特教班）专业为基础，面向残疾学生定向招生，与高职院校共同研究制定“五年制人才培养”方案，开展特殊教育中高职一体化培养试点；建设一批集民族工艺传承创新、文化遗产保护、高技能人才培养、产业孵化于一体的职业教育基地，提升职业教育服务民族文化传承能力。

推动职业教育与继续教育融通，发挥职业教育促进终身教育体系和学习型社会建设的积极作用。强化各类职业院校在继续教育中的主体地位，通过多种教育形式为所有劳动者提供终身学习机会；重点扶持建设一批公共服务培训基地和机构，大力开展非学历职业教育和职业技能培训；强化职业技能培训在终身教育和促进就业创业中的地位和作用，积极构建面向全体劳动者的终身职业培训体系；广泛开展城乡社区教育和优秀青年职工技能提升培训，满足行业、企业和社区的多样化需求；加强对企业在职职工和社会再就业培训的指导，搭建满足各类人员全面发展和终身学习需求的综合性平台。

三、共建保障

共同加强对改革发展示范区建设的领导，建立工作商会机制。建立由柳州市市长、教育厅厅长为组长，柳州市人民政府主管教育副市长、教育厅主管职业教育副厅长为副组长，柳州市人民政府有关部门、教育厅有关处室负责人为成员的示范区建设工作领导小组。领导小组定期研究制定支持示范区先行先试的政策和措施，部署重大综合改革事项、评估共建工作效果，研究解决实际问题，共同加大职业教育宣传。领导小组下设办公室在柳州市教育局，负责领导小组日常工作。

柳州市人民政府继续深化职业教育创新改革，加大部门统筹力度，形成工作合力，加快发展现代职业教育。健全制度管理，确保柳州市教育费附加和地方教育附加用于职业教育的比例均不低于30%。落实市属高职院校生均拨款标准。

自治区教育厅对示范区建设给予倾斜扶持。加强对示范区的业务指导，支持示范区在现代职业教育体系建设、国家“现代学徒制”试点城市、“中本衔接”高校招生计划单列、特殊职业教育“五年制”办学、职业教育国际化试点城市和师资建设改革等方面先行先试，予以政策扶持和专项支持。

四、其他事项

经进一步协商，双方联合制定和印发《广西现代职业教育改革发展示范区实施方案》。

共建示范区工作期限为4年（2017—2020年）。

协议未尽事宜，由领导小组会议另行商定。

柳州市人民政府　　　　广西壮族自治区教育厅

2017年3月28日　　　　2017年3月28日

（八）广西现代职业教育改革发展示范区实施方案

为贯彻落实《国务院关于加快发展现代职业教育的决定》（国发〔2014〕19号）、《广西壮族自治区人民政府关于贯彻〈国务院关于加快发展现代职业教育的决定〉的实施意见》（桂政发〔2014〕43号）精神，深入推动柳州职业教育“十三五”期的改革与发展，创新推动首批全国“现代学徒制”试点城市建设工作。根据自治区教育厅和柳州市人民政府达成的关于在柳州市共建“现代职业教育改革发展示范区”相关协议，制定以下实施方案。

一、建设指导思想与基本原则

（一）指导思想

以科学发展观为指导，围绕广西“创新驱动、开放带动、双核驱动、绿色发展”四大发展战略和柳州“实业兴市、开放强柳”发展战略，着力构建具有柳州特色的现代职业教育体系，为打造“西江经济带”龙头城市提供充足的中高端技术技能人才支撑。

（二）基本原则

政府引导、统筹发展。通过自治区教育厅和柳州市人民政府厅市共建，强化教育主管部门和地方人民政府统筹协调，推动中高等职业教育协调发展。

服务需求、促进就业。服务产业发展、服务经济转型升级、服务人的全面发展。

产教融合、特色办学。坚持深化产教融合和产城融合，推进“现代学徒制”试点；加强职业教育国际化发展与特色办学。

系统培养、多样成才。发挥中等职业教育的基础性作用和高等职业教育示范引领作用，搭建学生多样化选择、多路径成才“立交桥”。

二、主要目标

通过合作共建，到2020年，将柳州市打造成为全国颇具影响力的现代职业教育改革发展示范城市、职业教育国际化试点城市和区域性职业教育中心。

在全区率先建成（示范广西）现代职业教育体系。形成与柳州支柱产业紧密对接、中高等职及本科教育梯次衔接的专业结构，建成具有贯通性、衔接性和精准化的现代职教体系。

面向东盟建成（辐射东盟）职业教育国际化试点城市。建立与柳州经济社会发展水平相适应的职业教育国际化体系，使之呈现“开放型”“智慧型”“伴随型”特征。

立足柳州建成（服务地方）产城融合示范区。在职教区内建成一批国内一流的大型生产性公共实训基地和3～5个示范性职教集团，成立5～6个技术应用及推广中心，成为“产城融合、产教融合”示范窗口。

在民族地区建成（影响全国）区域性职业教育中心。高水平推进中高等职业院校标准化办学建设，引领柳州（工业）职教园区成为“产城融合”“精准扶贫”等培养创新型技术技能人才的示范作用。

三、重点建设任务

（一）统筹柳州职业教育布局和规模，与区域产业发展、社会需求有效对接

1. 实施专业结构布局调整，推动职业院校特色化发展

对接柳州市支柱产业和战略性新兴产业发展需求，科学引导职业院校明确办学及专业发展定位，通过专业布局优化与结构调整，形成布局合理、结构优化、中高职与本科有效衔接的专业体系，形成职业院校之间准确定位、错位竞争、优势互补、特色发展的柳州“大职教”格局，实现职业教育专业及人才培养链与产业链紧密衔接。

2. 建设“产业—专业”集群，打造职业院校品牌专业

对接产业发展成立职业教育集团，以“产业—专业”集群发展模式，重点建设装备制造、现代物流、汽车商务、轨道交通工程等17个专业群。按分批立项、分类支持、持续推进的思路，在高职院校立项建设20个左右市级示范特色专业和基地，中职院校立项建设30个左右市级示范特色专业和基地，集中人力、物力、财力建成一批区内一流、达到国际水平的品牌专业。

（二）深化职业教育人才培养模式改革，共同推动中高等职业教育人才培养贯通衔接

到2020年，全市中职教育毕业学生升入高职、本科院校学生数量达到毕业生总数的20%左右。

1. 深化“3+4”本科层次职业教育合作办学试点

与广西师范大学、广西科技大学等试点本科院校达成“中本衔接”合作办学协议，首批选择11个专业开展试点，制定一体化人才培养方案报自治区教育厅审批。试点专业定向年招生规模500人左右。

2. 深化“五年制”中、高职一体化人才培养试点

统筹在柳高职院校与中职学校（国家改革示范校）探索实施“五年制人才培

养”方案和制度，实现中高职“七个衔接”，即中高职培养目标、专业设置、课程设置、工学比例、教学内容、教学方式方法、教学资源配置等有机衔接。首批选择旅游服务与管理等 8 个专业，年招生规模 500 人左右，并逐年增加。

（三）深化产教融合，创新实施“现代学徒制国家试点城市”建设

到 2020 年，建成柳州职业教育“现代学徒制”产教平台，建成一支规模在 200 人以上的校企共建共享企业师傅团队，培养 400 名现代学徒。

1. 建设具有柳州特色的“现代学徒制”企业师傅团队

建立校企共建共享企业师傅团队，围绕高端装备制造、汽车服务、现代物流及轨道交通类专业，选拔 200 名企业师傅担任指导教师。在“企业师傅团队”中遴选成立 10～15 个“技能大师工作室”，充分发挥企业在传承传统技艺中的作用。支持、鼓励高等职业院校和柳州大中型企业合作共建 2～3 个广西职业教育“双师型”教师培养培训基地。

2. 进行体制机制创新

发挥政府的统筹作用，建立健全“现代学徒制”相关支持政策和配套措施，进行制度创新。通过局际联席会议、职教集团、校长协作会等搭建有效运行的平台，形成与“现代学徒制”相适应的教学管理与运行机制。通过校企共建，在企业内建成 1～2 个生产性实训基地，构建“产学研训”一体化的开放共享实训体系。

（四）加速推进柳州职业教育国际化，把柳州建成“广西职业教育国际化试点城市”，打造成面向东盟职业教育新高地

1. 实施优质国际职教资源引入行动，构建“开放型”柳州职业教育

依托柳州职业技术学院成立“中德（广西柳州）AHK 职业教育培训中心”，开展国际职业技术资格证书认证、师资培训等服务。开展国际化职业教育院校结对行动，力争每所市属职业院校与 2～3 所发达国家（或境外地区）职业院校建立战略合作伙伴关系。对柳州职业院校在海外高层次人才引进、骨干教师和管理人员培训等项目给予倾斜，使重点专业负责人海外培训率达到 100%，骨干教师达到 80%；专任教师 100%接受国际职业教育理念与专业技术培训。

2. 深入实施“职业教育协同企业走出去计划”，拓展柳州职业教育发展空间

面向东盟国家提供“订单培养”，每年输送 1 000 名技能型人才；高职院校试点与国（境）外院校开展 10 个以上的本科联合办学项目，规模达到 800 人。

面向东盟开展技术应用服务，以广西柳州汽车城、柳州中欧汽车产业园为基础，建设若干先进技术应用与服务中心，为东盟国家提供技术咨询、技术改造、技术研发和技术培训服务。

（五）强化职业教育基础能力建设，提升“职业教育扶贫富民能力”

1. 推进“职业教育扶贫富民能力提升”工作

按照国家、自治区精准扶贫工作要求，立足新时期城镇化建设进程及培养新型职业农民工作实际，面向城镇化农业转移人口和精准扶贫对象，全面实施“职业技能扶贫”。鼓励柳州市属各职业院校定点定向招收建档立卡贫困学生，扩大职业院校招收此类学生比例。

2. 开展特殊教育中高职一体化培养试点

加强职业教育扶贫精准度，以柳州市第一职业技术学校计算机应用（特教班）专业为基础，面向残疾学生定向招生，与高职院校共同研究制定“五年制人才培养”方案，开展特殊教育中高职一体化培养试点。年招生规模 20 人左右，并逐年增加。

3. 建设一批民族文化传承职业教育基地

建设一批集民族工艺传承创新、文化遗产保护、高技能人才培养、产业孵化于一体的职业教育基地，提升职业教育服务民族文化传承能力。

（六）推动职业教育与继续教育融通，发挥职业教育促进终身教育体系和学习型社会建设的积极作用

1. 重点扶持建设一批公共服务培训基地和机构

强化各类职业院校在继续教育中的主体地位，通过多种教育形式为所有劳动者提供终身学习机会。在全市职业院校内重点扶持建设 8～10 个大型公共服务培训基地和机构，大力开展非学历职业教育和职业技能培训。

2. 积极构建面向全体劳动者的终身职业培训体系

强化职业技能培训在终身教育和促进就业创业中的地位和作用。广泛开展城乡社区教育和优秀青年职工技能提升培训，满足行业、企业和社区的多样化需求；加强对企业在职职工和社会再就业培训的指导，搭建满足各类人员全面发展和终身学习需求的综合性平台。

四、保障措施

（一）加强统筹协调

由自治区教育厅和柳州市政府共同成立广西现代职业教育改革发展示范区工

作领导小组。下设办公室在柳州市教育局，负责领导小组日常工作，并建立领导小组工作机构会商机制。

（二）保障资金投入

由自治区教育厅在“广西现代教育改革发展示范区”建设给予资金支持，柳州市教育费附加、地方教育附加用于职业教育的比例均不低于30%。

（三）加大政策支持

教育厅对柳州职教改革创新特别是“中本衔接”高校招生计划单列、特殊职业教育“五年制”办学、职业教育国际化试点城市和师资队伍建设改革等方面支持先行先试，予以政策扶持和专项支持。

（四）加强理论研究

开展广西现代职业教育改革发展示范区政策、科研课题研究。

（九）柳州市人民政府关于印发《柳州市中等职业学校布局调整和专业结构优化方案》的通知

柳州市人民政府文件

柳政规〔2018〕65 号

柳州市人民政府关于印发《柳州市中等职业学校布局调整和专业结构优化方案》的通知

各县、区人民政府，市直机关各委、办、局，柳东新区、北部生态新区（阳和工业新区）管委会，各有关单位：

现将《柳州市中等职业学校布局调整和专业结构优化方案》印发给你们，请认真贯彻实施。

柳州市人民政府

2018 年 10 月 29 日

柳州市中等职业学校布局调整和专业结构优化方案

为贯彻落实《广西壮族自治区人民政府办公厅关于中等职业学校布局调整和专业结构优化的指导意见》（桂政办发〔2017〕145 号），进一步优化我市中等职业教育资源配置，提高我市中等职业学校办学效益和整体办学水平，率先在全区建成现代职业教育体系，特制定本方案。

一、指导思想和基本原则

（一）指导思想

全面贯彻党的教育方针，坚持创新、协调、绿色、开放、共享的发展理念，围绕柳州实施“实业兴市、开放强柳”战略，发挥厅市共建“广西现代职业教育改革发展示范区”先行先试的优势，进一步巩固提高中等职业教育质量和水平，加快普及高中阶段教育，更好地满足人民群众对优质职业教育的需求，为柳州在全自治区率先全面建成小康社会、打造“西江经济带”龙头城市提供强有力的技术技能人才支撑。

（二）基本原则

1. 加强统筹，分类指导

由市人民政府统筹全市中等职业教育与普通高中教育发展，统筹全市各区直、市属、县级中等职业学校的布局和专业设置，统筹全市普通中等职业学校、技工学校、成人中等专业学校的布局和专业设置，统筹全市公办、民办中等职业学校的布局和专业设置，因地制宜，分类指导开展中等职业学校布局调整和专业结构优化。

2. 服务发展，适应需求

以服务柳州经济社会发展特别是产业发展、人的全面发展为出发点，适应产业转型升级对人才的需求，提升中等职业教育人才培养质量。

3. 整合资源，提高效益

按照规模化、集约化、特色化实施中等职业学校布局调整和专业结构优化，整合职业教育资源，加强产教融合、校企合作，努力实现我市职业教育资源效益最大化。

4. 依法实施，稳步推进

按照有关法律法规要求，规范程序和行为，妥善处理和化解在学校布局调整和专业结构优化工作中出现的各种矛盾，促进中等职业教育发展，防止中等职业教育资源流失，确保学校布局调整和专业结构优化工作有序推进，取得实效。

二、总体目标

到2020年，全市中等职业学校由目前的29所调整为20所左右，全日制在校生规模保持在6.5万人以上，校均规模约3 500人，鼓励3所学校办学规模达万人。在继续建好6所“国家中等职业教育改革发展示范学校”基础上，争取6～8所学校入围广西“十三五”期间自治区级示范性中等职业学校，基本形成适应我市经济社会发展、布局合理、结构科学、优势互补、特色鲜明的柳州“大职教”格局。

到2020年，建立专业设置动态调整机制，全市中等职业学校退出专业数约占原专业总数的1/4，同时新增专业数占未来专业总数的40%，全市中等职业学校拥有紧贴市场、紧贴产业、紧贴职业岗位的专业约45个。争取建成60个产教深度融合、办学特色鲜明、社会服务能力强、国内领先的示范特色专业点及实训基地，基本形成与我市经济发展和产业转型升级匹配程度高、结构合理、错位发展、特色鲜明的中等职业教育专业发展新格局。

三、主要任务和措施

（一）科学规划调整全市中等职业学校布局

柳州是西南工业重镇，工业体系完备，有利于中等职业学校布局发展。现有中等职业学校29所（其中区直9所、市属13所、县级7所），全日制在校学生68 628人。其中柳州市第一职业技术学校、柳州市第二职业技术学校、柳州市交通学校、广西科技商贸高级技工学校（原广西商业学校）、广西机电技师学院、广西柳州畜牧兽医学校6所学校为国家中等职业教育改革发展示范学校，拥有国家、自治区重点建设和示范专业50余个。

依据柳州区位、产业、职教等特点，围绕做大做强职业教育的总体要求，按照“助、创、托、并、撤、规”（即助推优势学校、创建特色学校、托管有潜力学校、合并散小学校、撤销不达标学校、规范办学行为）的调整思路，构建适应社会主义市场经济体制和现代化建设需要的“布局结构合理、专业门类齐全、条块结合、双园一体、城乡联动、中高本集聚发展”的柳州市中等职业学校布局结构，提升柳州市职业教育的办学质量和整体效益。

1. 助推优势规模中等职业学校发展

按照规模化调整原则，扶优扶强，对规模以上（全日制在校生5 000人以上）学校以及专业特色突出、服务区域经济发展贡献大（规模3 000人以上）的“国家中等职业教育改革发展示范学校”在资金和项目上予以支持，鼓励其建成万人以上规模学校。

2. 创建特色中等职业学校

按照特色化调整原则，鼓励融水县中等职业学校转型开展特色化办学，将融水县民族职业技术学校更名为“柳州市健康管理职业技术学校”。

3. 托管有潜力中等职业学校

按照集约化调整原则，由柳州市第一职业技术学校、广西机电技师学院、柳州城市职业学院等优质中、高职学校托管柳江区职业技术学校、广西柳州化工技工学校、柳州市鹿寨职业教育中心等有进一步上升和发展潜力的学校。

4. 合并散小学校

将融水民族卫生学校合并到融水县民族职业技术学校，以卫生、健康特色专业为主方向开展特色化办学，做大做强。

5. 撤销不达标中等职业学校

全面清理全日制学历教育在校生规模 500 人以下的中等职业学校以及非全日制学历教育规模 1 200 人以下的成人中专，同时撤销连续三年未招生学校的建制。

6. 规范中等职业学校办学行为

自 2018 年秋季学期起，每所学校在中等职业教育范畴内只保留一个教育事业统计代码，只保留一个规范的校名。校名应体现柳州地域、学校人才培养行业类别和办学特色，有多余校名的学校均要报原审批机关注销，具体校名的规范工作按有关规定执行。不得将中等职业学校办成以升学为目的的综合高中，中等职业学校不得举办普通初中班和高中班，已经举办普通初中班和高中班的必须在 2018 年 12 月 31 日前剥离。

（二）统筹优化全市中等职业学校专业结构

根据柳州产业特点，对接产业链，柳州建有中高职一体的 17 个“产业—专业”集群，中职学校目前共开办 14 类 155 个专业（专业布点 327 个）。遵循“适应需要、适度超前，科学规划、突出特色，持续协调、办出特色”的原则，按照“统、强、补、建、退”链的专业优化思路，对全市专业进行“统链”，围绕优势专业“强链”，缺失专业“补链”，战略性新兴专业进行“建链”，对不适应发展需求的专业“退链”，优化专业结构，不断提高专业与产业对接的吻合度。

1. 统筹优化全市专业结构

根据柳州现代产业特点，明确重点发展面向汽车、钢铁、机械等支柱产业所需的先进装备制造、汽车类专业；大力发展面向现代服务业所需的新一代信息技术、物流、商贸、旅游、会展服务、信息服务、养生长寿类专业；适时发展面向新兴产业的新材料、新技术、新能源类专业。

2. 做强做优主干专业集群和优势特色专业

一是做强主干专业集群：围绕柳州重点产业、特色产业，将汽车、机械、信息、铁道交通等柳州传统主干专业集群确立为骨干专业群，加强政策支持、资金扶持，使其招生规模和教学质量进一步提升，建成特色鲜明、优势突出、国内一流、国际知名的品牌专业集群；二是做优特色专业：围绕柳江区、北部生态新区

（阳和工业新区）和融水县区域经济发展特点，打造旅游、民俗运营、健康养老、观光农业等特色专业。

3. 补充产业链上缺失的专业

围绕产业链的上、中、下端要求，对于产业链上缺失的城市轨道交通车辆运用与检修、城市轨道交通供电、城市轨道交通运营管理、汽车电子技术应用、电子与信息技术等专业进行补充。

4. 新建紧密对接产业的专业

紧密对接“一带一路”建设、《中国制造 2025》等国家发展战略，重点对准广西创新发展九大名片、聚焦广西“14＋10”现代工业、现代服务业、现代农业、民族文化产业等领域以及柳州产业转型升级需求，以应对新兴行业产业需求，新建无人机驾驶及维修、城市轨道交通、VR 技术、智能交通、智慧物流、物联网技术、互联网金融等新专业。

5. 清退未能达标的专业

清理连续三年年均招生规模不足 30 人、与区域产业不匹配、办学水平低、就业质量差的专业，同时退出连续三年未招生的专业。

（三）妥善解决中等职业学校布局调整和专业结构优化过程中出现的问题

1. 人员分流安置

做好学校布局调整和专业优化过程中教职员工的分流、接收和在校学生的安置工作。被合并或托管的中等职业学校，其教职员工和学生由新组建的学校接收。属撤销的公办中等职业学校的教职员工，原则上由原主管部门安排，也可根据就近和自愿原则，安排、调剂到属地的中等职业学校、普通中小学或行政事业单位从事教育教学、管理和工勤等工作；属撤销的民办中等职业学校的教职员工，由原学校依据有关规定自行安排。要妥善安排好被撤销的中等职业学校的学生进入相应学校和专业学习，切实做好学生学籍管理、学生资助等有关政策的衔接，切实做好学生宿舍、食堂、生活用水用电等后勤保障工作。

2. 资源整合和处置

加强调整后相关校舍、设施、设备等闲置资源的整合和管理。调整后闲置的职业教育资源，可用于属地的职业教育培训、中小学教师培训机构建设和普通中小学办学，也可置换或变卖，处置收益全部用于职业教育发展。中等职业学校的国有资产按照《事业单位国有资产管理暂行办法》（财政部令第 36 号）和《广西壮族自治区行政事业单位国有资产管理办法》（自治区人民政府令第 68 号）规定管理，新组建、合并的学校要及时办理产权移交手续。民办中等职业学校的校产处理按照有关规定执行。根据资源整合、布局调整和专业优化工作进展情况，教育、人社、财政、机构编制和其他相关部门要在职责范围内及时做好整合后的中等职业学校名称规范、注册登记、机构编制调整、代码发放等工作，并向社会公布。

四、实施步骤

（一）启动阶段（2017年11月1日—12月30日）

科学论证，制定方案。深入调查、摸清家底，并提出我市中等职业学校布局调整和专业结构优化方案上报自治区教育厅备案。

（二）实施阶段（2018年1月1日—2019年12月30日）

1. 精心策划，稳步推进

根据获得自治区教育厅审核备案的方案组织实施我市“中等职业学校布局调整和专业结构优化”工作。市教育局、人社局等办学主体指导制定本单位的中等职业学校布局调整和专业结构优化实施工作方案，对目标任务进行细化落实。柳州市中等职业学校布局调整和专业结构优化工作领导小组定期召开会议，稳步推进全市中等职业学校布局调整和专业结构优化工作。

2. 动态监控，检查落实

市政府每年进行一次工作检查，每半年向自治区教育厅报送一次工作进展情况。

（三）总结推广阶段（2020年1月1日—9月30日）

实现预期总目标，完成柳州市中等职业学校布局调整和专业结构优化工作。

五、保障措施

（一）组织保障

成立柳州市中等职业学校布局调整和专业结构优化工作领导小组，加强组织领导。

明确职责。领导小组负责统筹协调，开展全市中等职业学校布局调整和专业结构优化工作，及时发现并解决好存在的问题。领导小组下设办公室，办公室主任由姚尹意同志兼任，副主任由市教育局副局长潘旭阳担任，负责柳州市中等职业学校布局调整和专业结构优化工作的日常工作。

相关职责如下。

县（区）人民政府：负责本辖区的中等职业学校布局调整和专业结构优化及备案工作（及时将调整及优化的结果报市领导小组办公室备案）。

市教育局：负责牵头完成柳州市中等职业学校布局调整和专业结构优化方案制定工作；做好所办中等职业学校的布局调整和专业结构优化工作。

市人力资源和社会保障局：做好所办技工学校的布局调整和专业结构优化工作；做好布局调整中合并、撤销的公办中等职业学校教职员工的人事调剂、安排工作。

市发展和改革委员会：负责会同教育、财政等部门安排落实中等职业学校布局调整和专业结构优化中基础设施、共享设施维修维护经费；配合全市中等职业学校布局调整和专业结构优化的规划工作；指导职业教育资源整合工作。

市财政局：提供资金保障，支持中等职业学校布局调整和专业结构优化工作中的基础设施、共享设施的维护和对工作成效显著的县（区）及有关学校进行奖补。

市机构编制委员会办公室：做好布局调整中合并、撤销的公办中等职业学校教职员工的编制管理。

各中等职业学校：编制本学校的布局调整和专业结构优化方案，做好人员分流安置、资源整合处置等工作。

（二）经费保障

市财政提供资金保障，用于支持中等职业学校布局调整和专业结构优化工作中的基础设施、共享设施的维护，同时，对成效显著的县（区）及有关学校给予适当奖补，并优先纳入柳州市有关项目支持范围。各县（区）财政要安排经费用于支持中等职业学校布局调整和专业结构优化工作。

（三）监督保障

加强督导检查，将中等职业学校布局调整和专业结构优化工作纳入绩效考核范畴。市政府教育督导机构定期对中等职业学校布局调整和专业结构优化进行专项督查，对工作不力、工作推进缓慢的县（区）、部门、单位按有关规定给予通报批评。

公开方式：主动公开

抄送：自治区教育厅

柳州市人民政府办公室　　　　　　　　　　2018年10月29日印发

后　记

2005年以来，教育部先后与多省区共建“职业教育改革试验区”。以“试验区模式”探索深化职业教育体制改革，完善中国特色社会主义教育制度体系建设。2009—2013年，广西壮族自治区与教育部合作共建“国家民族地区职业教育综合改革试验区”，广西壮族自治区教育厅则与柳州市人民政府共建“民族地区职业教育改革发展示范区”。随着试验区建设扎实有效地推进，已逐步形成以柳州市为核心的职业教育改革建设新局面。职业教育发展特色明显、成绩斐然：两次被评为“全国职业教育先进单位”，受时任教育部部长袁贵仁同志点名表扬，成为全国首批“现代学徒制”试点城市……

柳州职业教育发展从“特色”到“模式”，得到各级领导、专家学者和社会各界人士的高度关注和殷切期盼：自治区教育厅黄雄彪副厅长、李栋学处长、覃壮才处长曾多次要求做好职业教育发展柳州特质的总结凝练工作；国内知名职教专家姜大源、赵志群、刘育锋、徐朔、郭扬、高鸿、徐国庆等人都对柳州职业教育发展进行过热心的指导。2011年是“柳州模式”概念提出的发轫之年。该年3月，韦晓明在《广西教育》发表了《职教园区建设的“柳州模式”》，论述了柳州工业职教园实现校和校、校和城、产和教等多方面的互动融合，带动了整个柳州市的职业教育发展，他是最早提出“柳州模式”概念的学者。同年5月，柳州市市长郑俊康作为唯一一个地级市代表在全国职业教育工作会议上作了典型经验介绍后，《职业技术教育》杂志社随即刊文《广西攻坚——民族地区职业教育发展的样本：柳州模式》进行聚焦，从满足先进制造业基地的人才需求、面向“三农”、品牌立校3个方面，阐释了作为柳州第四张名片的职业教育。2019年2月，潘旭阳等人在《职业技术教育》上发表《现代职业教育改革发展示范区建设的路径选择——以广西现代职业教育改革发展示范区建设为例》，对职业教育柳州模式进行了概括阐释，从真正意义上体现了柳州职业教育特质。

2017年3月28日，市委常委、宣传部长焦耀光副市长代表柳州市人民政府与广西壮族自治区教育厅签订共建“广西现代职业教育改革发展示范区”协议。为更好地总结柳州职业教育成功经验，提炼职业教育发展柳州模式，柳州市教育局高屋建瓴地牵头成立了以潘旭阳副局长为组长的“柳州市职业教育柳州模式的研究和创建”项目组。项目执研两年来，得到自治区教育厅、上海教育科学研究院、柳州市职业教育研究所，以及柳州各职业院校人力、物力和财力上的大力支持，产生了丰硕的理论和实践成果，《职业教育发展柳州模式》一书就是其一。2019年3月1日，项目顺利结题，由马庆发、徐国庆、徐朔、岳龙和施新生组成的项目结题评审专家组给予很高的评价：

“职业教育柳州模式的研究与创建”课题是一个很有价值的课题。课题组在充分调研基础上，总结提炼了柳州职业教育模式。

该课题研究成果由三部分组成：《柳州市职业教育发展调研报告》《职业教育发展“柳州模式”（理论卷）》《职业教育发展“柳州模式”（实践卷）》。

理论卷揭示了柳州职业教育模式的特色：校企深度合作和产教广泛融合。主要体现在：政府在顶层设计、政策推进和高效管理等方面发挥主导作用；多种纽带形成校企命运共同体；全方位产教融合，突破一所学校、单一学历层次的专业教育，形成覆盖多岗位、涵盖各个层次的专业集群建设。

实践卷聚焦柳州市职业教育发展特色，围绕重点、难点和热点问题，从立德树人、体制创新、校企合作、专业建设、课程改革、师资培养、质量保障、国际合作等八个方面，佐证了柳州职业教育模式“政府领航、双元一体、教产相伴、融合发展”的鲜明特征。

柳州职业教育因地制宜形成的“柳州模式”，为其他地区职业教育发展提供了借鉴意义，对新时代职业教育的改革和发展具有重要的示范价值。

从2017年4月和9月项目组分别开展两次大规模调研，到2018年4月形成职业教育发展“柳州模式”撰写提纲，8月初稿出炉，再到2019年3月书稿付梓。两年来，尽管项目组全体成员付出了大量的时间、精力和心血，但由于时间仓促，水平有限，挂一漏万，值得商榷的地方还有很多，热诚欢迎职教同人和各界专家批评指正，以期再版时修正，使之臻于完美。

本书撰写分工：前言、第一至三章由潘旭阳撰写；第四至七章由潘旭阳、李莉、周海燕、史庭宇等人撰写；附录、后记部分由史庭宇、卞新明、韦晓华、付云、范桂佳、曾苡萱、杨林、徐荣国、阮志南、高停、唐满燕等人撰写。全书最后由潘旭阳、李莉统稿。

项目组在研究和撰写过程中还参阅了其他大量的单篇学术论文和相关资料，限于篇幅，不能一一列举，在此一并深表谢忱。

编 者

2019 年 3 月